太极之珠　天地之心

无言之言　可道之道

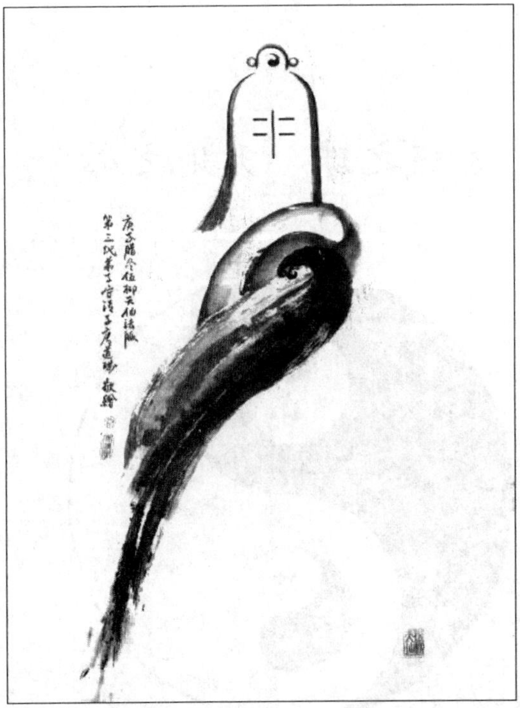

本无乾坤与坎离　一气流行天地场

塞破虚空都是我　未曾洗脸换衣裳

黄帝

观天之道执天行　把握阴阳不神神

心机能与天机合　斡运阴阳与五行

轩辕黄帝第一帝　深知天道医道义

人天共参著内经　真人之道齐天地

吕纯阳祖师

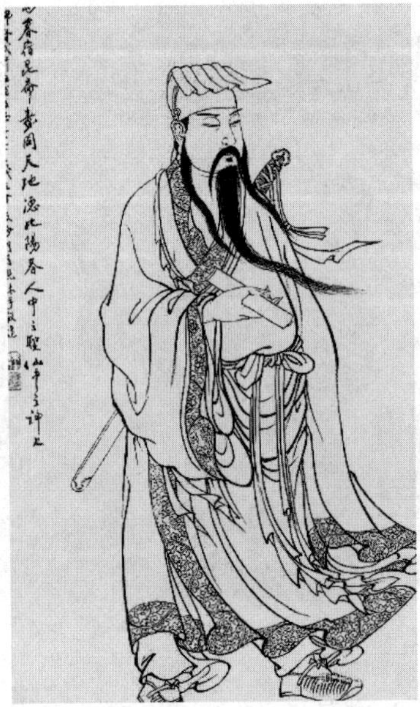

祖师道号号纯阳　通灵慧剑闪慧光
有无双忘道不忘　衣锦还乡还故乡

丹田有宝休寻道　对境无心莫问禅
功夫到头功德满　等闲探得妙中玄

张三丰真人

六十七岁终南行　得遇火龙大真人

迷时取之头头错　悟后拈来处处神

掐头去尾剩中间　要明大道问神仙

神仙善种无根树　先要捧读玄要篇

伍冲虚真人

了证无生必以了证长生为实诣，了证长生，必以了证无生为始终，所谓性命双修者也。

柳华阳禅师

天地之间，富贵及妻子是有定分。若大道则不然，可以苦志而得。

古云：有志者事竟成。古来多少不该成道者，而竟成之，非生来有分也。

曾庆余

道号存诚子，1937 年出生，现年 88 岁。先生自幼酷爱传统文化，特别是道家内丹修炼，中年幸得伍柳法脉的传承。经过几十年的修身实践，对老子《道德经》长生久视之道尤有体验，并在真修实证中加以印证，深刻体悟到《道德经》各篇所表内容的身体修炼真髓，从而指导当代人以身体去真修实证。

序 一

修学天仙之法　追求独立守神

《黄帝内经》把养生成就的高低分为四个层次：贤人、圣人、至人、真人，而其中真人境界能够呼吸精气，独立守神，寿敝天地，无有终时。《道德经》明确指出，认真修持至深根固蒂，就能长生久视，逍遥自在，无为而无不为，而其具体的理法就是广成子所传的道家金丹大道。

紫阳真人张伯端曰："学仙须是学天仙，唯有金丹最的端。"[①] 上阳子陈致虚亦云："大道唯有金丹门，金丹并无第二诀。"[②]

金丹大道，千百年来的实践证明，小而行之却病延年，大而用之入圣超凡！故而被称为人天合一、天人一体的"绝学"！

静虚子谭立三先生言，由王玄甫少阳帝君传于钟离权祖师，再传于吕洞宾宗师，而后再传南、北两大派之法，皆一脉相承。

由此可知：金丹大道各代真正受传而能成道者，必是同法、同修、同证。世俗学者所妄分南、北、东、西、隐仙各派（甚至各派之中更细分多派者）[③]，乃世人误信而妄称，皆因世俗丹功学者没读懂众真传世丹经中之实指而造成的。

传世丹经虽用不同表述方法，但皆实指同一天仙功法。只有示多、

---

① 张紫阳等著，董沛文主编：《南宋仙籍》，盛克琦、果兆辉编校，宗教文化出版社，2014。

② 陈致虚著：《上阳子道言》，蔡聪哲点校，宗教文化出版社，2013。

③ 括号内文字为编注者存诚子注，下同。

示少之差，隐示、明示之别，绝无实质功法不同及相互违背、相反之意。

研读丹经著作，应主要研读真大成就者、真过来人的著作，以免浪费时间，贻误修习。在此基础上加以实践，筑基有成，从而达到一定的层次和境界，然后再去研读其他丹经，特别是古丹经元典，可谓一看就懂，不会被各种注疏所误导。

“学仙须是学天仙”！公认的天仙法脉著作，除了《周易参同契》《钟吕传道集》以外，张伯端真人的《金丹四百字》《悟真篇》，张三丰祖师的《大道论》《玄机直讲》《玄要篇》《无根树》，伍、柳二真人的《伍柳天仙法脉》（旧本名《伍柳仙宗》），李涵虚真人《圆峤内篇》，黄元吉真人《道德经讲义》《乐育堂语录》《道门语要》等著作，皆是应该首读之书。

古丹经魏伯阳真人的《周易参同契》、张伯端真人的《悟真篇》《金丹四百字》，均用诗歌形式写成，且隐喻连篇，一般人很难读懂；加之注解蜂起，令人更莫知所从！上面介绍伍、柳二真人及后来的李涵虚、黄元吉二真人的著作，都是由语体文写成，比较易读、易懂，稍有文言文基础者，皆能理解。

然而，不少金丹大道天仙法脉爱好者中，有些人文化程度不是很高，加之未得正传，对丹经的理解仍感困惑，故而我对收集到的这些经典文献做了一些简注，以利读者加深对天仙法脉的理解。

简注由括号和小一号字体表示。其中若有误注、错注、不确切处，敬请读者严肃指出，以利今后改正。

存诚子曾庆余于成都存诚斋

2023 年 11 月 8 日

序二

道由炁而立　炁遵道而行

一、道德与性命

道为万物之本原，德为万物之本性。或曰：道是绝对真理——道理，德是相对真理——德理。全德即道——无数相对真理之和就是绝对真理。

老子将通天大道分为：不生不灭、形而之上谓之道的无体的无极之道○（本寂之体）——难以尽言之道的“常道”，生灭不已、形而之下谓之器的具体器用的阴阳大化之道（本智之用）——“物壮则老，是为不道”[①]之道的“非常道”；以及处于形而上、下间的太极之道⊙——可以尽言的可道之道，它下化万物之器、上归无极之道。

宇宙间最重要的学问为“人身性命”之学——不朽的先天不生不灭的“天命本性”，与速朽的后天生灭不已的“人体生命”，它们两者之间的大辩证关系之学！

对于“人身性命”之学，在现代哲学、科学、医学等学科的眼中，满眼都是秘与谜！也就是说，现代学术在物质领域可谓得心应手，独领风骚，上天下海无所不能，但一涉及精神领域、人身性命领域就开始晕头转向了！比如，人身性命中人们司空见惯的“爱情”这一主题，

① 黄元吉著，黄信阳主编：《道德经讲义·乐育堂语录》，蒋门马校注，宗教文化出版社，2003。

谁没见过、经历过？包括哲学家、科学家、文学家、数学家……至今未见哪位“家”写出一本“爱情原理”来，让我们依此爱情原理而爱，就可以爱到地老天荒而不致由爱生恨……也未见有一位大家能够列出一个“爱情方程式”，看看什么时候可能会出现由爱转恨的拐点而提醒世人可以预防之。

人生最大的悲哀，就是不能自主自己的寿延和命运，总是被无形之手摆布来摆布去而无可奈何！何遑回归不生不灭的天命本性？！

《黄帝内经》“寿敝天地，无有终时”的真人之道，与《道德经》“深根固蒂，长生久视”[①]的老子之道，已经透露了我们可以把握阴阳、扭转乾坤的这个天机，以及实现性命双修理想境界的方便善巧工具——金丹大道！

后来的诸圣魏伯阳、苏元朗、吕洞宾、张三丰、张伯端、伍冲虚、柳华阳、李涵虚、黄元吉等，身体力行，实证黄、老之道的真实不虚，并以自己的生命为代价实修实证，而留下了不朽的经典著作，以接引后来的贤圣拾级而上，登上昆仑峰顶，享受那里的月白风清。

二、道因炁而立

诸子百家，共奉一道。对于道家仙宗的真修实证者们而言，一致供奉老子为大道之化身！本书扉页的老子形象为伍柳天仙法脉弟子守清子唐道琳敬绘！这幅画像确实体现了老子“大道至简”的本义！

对于“道”的学问，从古至今，众说纷纭，公说公有理，婆说婆有理，都说明了道之某方面的一些道理与德理——朴道大树的某一处枝叶。对于“道树”之根深埋于地下，怎么也挖掘不到尽头，虽然如此我们还是要尽可能来进行寻根究底。

① 黄元吉著，黄信阳主编：《道德经讲义·乐育堂语录》，蒋门马校注，宗教文化出版社，2003。

“本无乾坤与坎离，一炁流行天地间！”乾坤、坎离、阴阳、八卦、五行、天干地支……是古人创造的一套认识工具，用于描述、把握永恒生命能量流的“道炁”之“天行健”——炁机运化的形态与轨迹！我们人类真要了知大宇宙“天行健”之秘、密、迷、谜，就不能仅仅停留在低级的物理层次，为物所累，必须进行亲修亲证，修证到人天合一与“道炁”一体，像老子那样亲自了知道炁化万物、万物化尽收藏回归道体的全过程从而开智生慧，才不致为粗浅层次物理层面所惑，而难以出离，才能成为一个脱离了低级物质趣味的修真证道者，不枉来这娑婆世界一遭。

道体炁化万物，化尽万物回归道体，归来化去，井然有序，隐虚中一定有一个宇宙真宰、总导演在暗中斡旋，但他就是不肯露面，使得我们听而不闻、视而不见、搏之不得，见头不见其尾，实在难以名之，勉强名之曰道，字炁号无极！亦即道就是炁，炁就是道，道炁一体，因境界不同出而异名。宇宙真宰、总导演休息时（虚极静笃）就叫做道，休息（在动脑筋）够了，起来干活（做功——化生天地万物），就叫作炁：道因炁而立！

“炁遵道而行！”炁机的运动变化，完全按照宇宙真宰“天道”编制的指令元码而有序地展开，从而化生天地万物与人间万事。所以，尽管宇宙万象纷纭，其运化过程总是井井有条，日升月落，春生夏长，万物繁衍，欣欣向荣。在二千五百年前，还令一大批“使者”下凡，撒落于地球村的东西两端——除了东方的老子、佛祖等以外，还有古希腊的柏拉图、亚里士多德……——对打杀不休的愚氓们进行“启蒙教育”，可惜至今没多少人听进去！

由此可见，道，即是宇宙元始祖炁之道炁及其运动变化之象——包括隐在的虚相：天堂与地狱！

三、把握阴阳　扭转乾坤

吕祖说："众生易度人难度，宁度众生不度人。"[①]因为常人太过聪明，以致聪明反被聪明误，至今不肯反省自己的起心动念是否合乎道理与德理！宇宙真宰之"道"，"以万物为刍狗"，随你们的便吧。"柳明花暗又一村"，只要留下一批"精英、道种"，随时可以星火燎原，条件成熟，娑婆世界仍然可以重新铸造"道治世界"，重现无为而治的道治春天！

大道留下了"性命双修"的"精英、道种"，就整个人类而言，真是少之又少，千万分之一、千万分之二、千万分之三。原因恐怕就是"大道不轻传，传与至诚汉"，故得真传者稀贵！

对于单传与普传的问题，我曾同师尊静虚子谭立三先生争论过：一次传一个、两个，等于没传。师尊解释道：

道家仙宗金丹大道经典，历来只讲理，不传法，起手、入手、转手、了手、撒手的具体功夫，主要依靠师徒之间"口传心授"，秘而不宣。师傅经常叮嘱弟子，对外"不该讲的不要讲"，或者点到为止，只吐露一鳞半爪，引而不发，故而有"掐头去尾剩中间，要明大道问神仙""神仙不肯分明说，说破源流得罪天"之说。

师尊说：只修心性无所谓，性命双修则不然，修持者从生理到心理必须经历脱胎换骨、洗心涤虑的彻底大清理、大扫除，反应之大似"大死一场""十分好汉到此亦无一分奈何"。"命功修炼九道坎，坎坎都是鬼门关"，过不了这些关，半途而废算是幸运，"走火入魔"确实存在；致使残疾、丢掉性命也不乏其例。故而金丹大道修持者，须有"委身于道，任凭天断"的勇气，无此勇气，只想求个心安体康，传其普通养生类安乐法门可也！

---

①《吕洞宾全集》，刘体恕汇辑，华夏出版社，2009。

为了弘扬金丹大道及其普及工作，我于2015年出版了《伍柳天仙法脉修持指要》和《内丹实修理法精要》，以及《金丹大道实修讲义》。最近又完成了《悟道——〈道德经〉身解》。

这次编辑整理的诸真文献有语体文、有诗歌，凡有古文基础者都能看懂。为便于文言文基础弱的同修阅读，对难以理解处作了简注，可一目了然！

真修切忌口头禅，一步一印苦耕耘。
先令赤血流为白，再教口吐炁成云！

大江初祖是纯阳，九转丹成道炁昌。
今日传心无别语，愿君个个驾慈航！

——李涵虚《圆峤内篇》

存诚子曾庆余于成都存诚斋

2024年3月2日

真人之道

（代前言）

《黄帝内经》之《素问》讲道讲理，《灵枢》讲用。

古人大致把当前的现象宇宙之生成分为四个阶段。

先天太易境界○：

古人认为此太易境界未见炁也！先天前宇宙的无始之始境界——无始则无终！此无始无终境界，乾坤（先天）坎离（后天）浑沦为一，鸿蒙状态是无象之相，无天无地，无是无非，无恩无怨，无爱无恨，无为而为的真大自然。形而上无极道乡，“有物混成，先天地生”，不是任何东西之东西的道乡风光。

先天太初状态⊙：

太初者，炁之始也！后天现象宇宙有始之始，无极而太极——有始则有终！一分为二又合二为一的阴阳混沌之先天一炁：元始祖炁、太和元炁、道炁——没有乾坤与坎离，道炁流行宇宙间。

后天太始阶段：

阴阳剖分，先天化为后天，乾坤降为坎离，炁气分明。炁虚而灵成性——不生不灭之先天精神的生命；气质而实成命——有生有灭之后天形体的生命；性成命立，其中有神——天道之代表天命元神。

后天太素阶段：

列子：“太素者，质之始也。”气聚、精生、形成，成就后天形而下器物；人则为“器长”。

万物归类于五行（金、木、水、火、土五大物态——宇宙中不知疲倦的五位行道者），

五行衍元于阴阳（乾纲阳刚之炁与坤纲阴灵之炁），

阴阳合抱于太极（一分为二又合而为一的太极混沌之炁），

太极肇始于无极（心物一元的宇宙太和元炁——宇宙大统一场），

无极本无〇（无象之相的太和元炁——宇宙大统一场），

太极始有⊙（元炁凝聚为元精——形成万物及生命的始基物质；高智慧的基本粒子）。

目录

黄 帝 1

有贤人者，法则天地，象似日月，辩列星辰，逆从阴阳（从阴阳之道者生，逆阴阳之道则死），分别四时，将从上古，合同于道，亦可使益寿而有极时（活满排四柱、列八字列定的法定年龄无极而终）。

黄帝内经·素问 3

阴 符 经 5

老 子 11

谷神不死（谷神［天命元神］有炁则灵，自然惺惺不昧，指挥元炁做功），是谓玄牝（化生天地万物——化化无穷、生生不息，这就叫作玄牝）。玄牝之门（天为玄门［阳］，地为牝门［阴］。天地合而玄牝出，阴阳交而万物生——玄牝之门开阖，万物蜂拥而出），是谓天地（所以玄牝之门是天地万物繁衍之本）根。（元炁生生不息）绵绵若存，用之不勤（尽）。

道 德 经 13

第一章 大道体用 13

第四章 道冲不盈 14

第六章　玄牝之门……14
第十章　童心是道……14
第十四章　大道希夷……15
第十六章　虚极静笃……16
第二十一章　孔德之容……16
第二十五章　大道混成……17
第三十八章　上德不德……17
第三十九章　得一之道……18
第四十章　道贵弱用……18
第四十一章　大器晚成……18
第五十五章　含德之厚……18
第七十章　被褐怀玉……19
常清静经……20

庄　子……23

圣人之生也天行（顺天道运化之势而趋行），其死也物化（随物理变化而变化）。静而与阴同德（厚德载物），动而与阳同波（普济天下）。不为福先（不求福），不为祸始（不惹祸）。感而后应，迫而后动，不得已而后起（敢于拿起，更能放下）。去知与故，循天之理（一切循天理而行）。故无天灾，无物累，无人非，无鬼责。其生若浮，其死若休（一切随顺自然）。

南华经……25
天　运……25
刻　意……25
知北游……26

逍遥游……26
齐物论……27
养生主……27
人间世……28
在宥（轩辕黄帝问道于广成子）……28

魏伯阳……31

勤而行之（小周天三百次循环基成不漏），夙夜不休（去矿留金，炼成三百个丹头）。服食三载（抽坎填离，金液还丹，服食过关，一点落黄庭，沐浴温养，约需三载），轻举远游（身内生身得阳神成就，超越阴阳五行，就可轻举远游）。跨火不焦（火不能毁），入水不濡（水不能溺）。能存能亡，长乐无忧（至此则数不得而限之，命不得而拘之，长乐而无忧矣！）。

周易参同契……33

崔希范……35

上鹊桥，下鹊桥（小周天进阳火、退阴符，天河水逆流时必经的两处关键之地，上之鼻腔处，下之谷道处，此两处皆属容易走丹漏精的危险地区），天应星，地应潮（玄关开后，炁聚药灵，下田波翻潮涌，元炁氤氲，即进阳火；进火功毕，还精补脑，上田星光闪耀，一片清凉，即退阴符；归根复命，温养沐浴）。

入药镜……37

吕洞宾……41

夫（行小周天）天机者何？（炁）之动机也，然（炁）有行则有住，（炁）有住亦有行。但（炁）动则（神）随之动，（炁）住则（神）随之住，顺其机而已。其（炁）升也有机（动机），顺其（炁动之）机而升，则无间隔之虞。其（炁）降也有机（动机），顺其（动）机而降，则无停滞之弊。应静（沐浴）之时不可强动，听其静而已。应动之时不可强静，顺其动而已。

道 乡 集（简注）……43
道乡集……43
《指玄篇》秘注……57
吕祖原诗……57
吕祖师原诗卅二首……76
“一”字赞……90
《吕祖百字碑》诗颂……91
敲 爻 歌……93

张紫阳……101

夫金丹于无中生有（静中一动，元炁萌发；虚中一觉，元神显现），（神炁混沌）养就婴儿，岂可泥象执文，而溺于旁蹊曲径？然金丹之生于无（虚极静笃中）也，又不可为顽空。当知此空，乃是真空（能生妙有者）；无中不无，乃真虚无。

金丹四百字（简注）……103
序……103
金丹四百字……106
悟 真 篇……110
自序（节选）……110
上卷……110

下　卷……………………………………………………………116
张三丰……………………………………………………………129

道法流传有正（正法）邪（小术），入邪背正遍天涯（得正传、正法者稀）。

飞腾罕见穿云凤（罕见真成就者），陷溺（旁门小术）多成落井蛙。难与辨，乱纷华，都将赤土（后天浊物）作丹砂。

要知端的通玄（金丹大道）路，细玩无根树下花（无中生有之精花，即先天之炁）。

张三丰祖师丹法辑注……………………………………………131
大道论……………………………………………………………131
服食大丹说………………………………………………………135
登天指迷说………………………………………………………135
道言浅近说………………………………………………………136
三丰祖师辑说……………………………………………………138
玄谈集……………………………………………………………140
无根树词…………………………………………………………142
自题无根树词二首………………………………………………142

伍冲虚……………………………………………………………155

夫所谓道者，是人所以得生之理，而所以养生致死之由。修道者，是即此得生之理，保而还初，使之长其生而不死之法。

得生之理者，一阴一阳，为一性一命，二者全而为人也。何以谓之阴阳性命？当未有天地，未有人身之先，总属虚无（大道之源），如《易》所谓无极而太极是也。

《伍柳天仙法脉》辑要…………………………………………157
天仙正理·伍祖自序……………………………………………157

道原浅说篇 157
直论九章 159
仙佛合宗语录 166

柳华阳 173

安乐太平之禅定，勿助勿忘而养，常寂常照而温。静定之中，忽觉一轮皓月，悬于当空，留而待之；一轮红日，升于月中，收而藏之。

金仙证论 175
序　炼丹 175

李涵虚 183

水自然清，火自然生，神自然交，气自然会，风（呼吸）自然正，车（河车）自然行，抽（铅炁）自然抽，进（进阳火）自然进，添（汞神）自然添，退（阴符）自然退。唯其神妙独得，故尔操纵如心，散乱自然归（宁静）也。

道　窍　谈 185
第一章　箴诸友书 185
第二章　开关问答 185
第三章　后天集解 186
第四章　筑基练己 189
第五章　养己练己 189
第六章　养己炼己 190
第七章　后天次序 191
第八章　内外二药 192

第九章　药物相类……193
第十章　三品互养……194
第十一章　炼功五关……195
第十二章　产药层次……196
第十三章　药物层次……196
第十四章　丹砂两种……197
第十五章　神炁性命……197
第十六章　先天直指……198
第十七章　神炁精论……200
第十八章　精炁神再论……203
第十九章　性命顺逆……203
第二十章　玄关一窍……204
第二十一章　玄关再说……204
第二十二章　两孔穴法……205
第二十三章　玄牝根基……206
第二十四章　中字直指……207
第二十五章　药物直陈……208
第二十六章　铅汞的辨……210
第二十七章　鼎器直说……210
第二十八章　乾坤坎离……211
第二十九章　采炼妙用……211
第三十章　河车细旨……212
第三十一章　真心论……213
第三十二章　心神直说……214
第三十三章　神息妙用……215
第三十四章　神息再论……215

第三十五章　气息妙用……215
第三十六章　神意妙用……216
第三十七章　神意再论……216
第三十八章　共（同）争（取）不朽之论……217
第三十九章　功成名遂身退论……217
第四十章　仙佛同修说……218
三车秘旨……220
第一件河车……220
第二件河车……222
第三件河车……223
收心法……225
收心法下手功夫……225
收心法杂谈……226
后天串述文终经……230

黄元吉……233

“出玄入牝”，是出非我本来面目，入亦非我本来面目，唯此一出一入间，中含妙谛，即虚灵也，所谓“真阴真阳形而为真一之炁”是也。

《道德经讲义》及语录摘要……235
序……235
乐育堂语录……248

静虚子……283

修功求道之法，自古以来，道宗有三千六百门，佛宗有八万四千法。门门自称正宗，法法自标清净，使世之真修实悟者，莫所适从，往往误入歧途。今体师祖普度宏愿，遵《道德经》第四十二章所示万物生化正理，以世人受胎成孕生形有序之理，示返还逆修三成有序正法；并示清净之真旨实指；使求道者执此照妖镜，人人能自辨正宗旁门、清净浊染，不受迷误。

辨别正宗旁门和清静浊染的正理正法
——读《道德经》第四十二章小得……285
序言……285
前言……285
一、受胎成孕生化顺序，有三变之理……286
二、返还证道逆修顺序，遵三成全法……288
三、几点浅见……294
金丹正功虽分门派　修持证果皆宗同法
——读各派名家丹经一得……297
一、绪言……297
二、白玉蟾得传渐法，证传渐法……298
三、李清庵亦得渐法，证得渐法……300
四、黄元吉传渐法，重在传入手孕、调药法……303
黄元吉真人玄关绝学……309

附　录……325
玄关、玄窍、玄牝与活子时……327
序诗……327
前言……328
对联选编……348

结束语……354

黄帝

黄帝内经·素问
阴符经

《史记·五帝本纪》记载：黄帝以前的华夏为神农氏统治。神农氏之末，出现了“诸侯相侵伐，暴虐百姓，而神农氏不能征”的政治乱象，于是“轩辕乃习用干戈，以征不享”，最终通过阪泉之战与涿鹿之战，击败了两个对手——炎帝与蚩尤，代神农氏而立：“诸侯咸尊轩辕为天子，代神农氏，是为黄帝。”

轩辕黄帝在得到上仙广成子教化之后，便在崆峒山建观修道，参悟身心性命秘密、万物繁衍规律，并且常与精通医术的岐伯，和善于中药炮制的雷公等大臣，坐而论医，阐述病理，以“岐黄之术”教民疗治百病，最终成就中医学巨著《黄帝内经》。

黄帝内经·素问[①]

黄帝曰：余闻上古有真人（道成德就，后天返先天，散则成炁、聚则成形，生死自在、隐显随心）者，提挈天地（先天性命、乾坤），把握阴阳（后天性命、坎离）。呼吸精气（进入先天“胎息”“真息”层次，丹田、穴位自呼自吸形成，直接把大宇宙精华“元炁”采摄入体——不采自采的真采），独立守神（神有炁则灵，视听八达之外，畅游南冥北冥），肌肉若一（肢体柔弱如婴儿）。故能寿敝天地（人天合一，天人一体），无有终时（与天地共化，和日月齐明），此其道生（此即人类养生的最高理想——生生不息的真人之道）。

中古之时，有至人（达“道生一”的阳神成就，但尚未还虚）者，淳德全道，和于阴阳，调于四时，去世离俗。积精全神，游行天地之间，视听八达之外（五眼、六通全备，游戏人间，随缘度人），此盖益其寿命而强者也（炼精化炁、化三“精气神”为二“炁与神”；炼炁化神、化二“炁、神”为一“阳神”，以达“道生一”的阳神成就，超越阴阳、五行层次——“跳出三界外，不在五行中”而获大自由，享大自在），亦归于真人。

其次有圣人（已经超凡入圣）者，处天地之和，从八风之理，适嗜欲于世俗之间，无恚嗔之心（圣人眼中无亲疏）。行不欲离于世（和光同尘），被服章（为百姓办实事），举不欲观于俗。外不劳形于事，内无思想之患。以恬愉为务，以自得为功。形体不敝，精神不散，亦可以百数（度上寿百二十岁潇洒而去，仍为阴阳、五行所拘，不能获大自由，

① 《黄帝内经·素问》，中国医药科技出版社，2016。

而享大自在）。

其次有贤人者，法则天地，象似日月，辩列星辰，逆从阴阳（从阴阳之道者生，逆阴阳之道则死），分别四时，将从上古，合同于道，亦可使益寿而有极时（活满排四柱、列八字列定的法定年龄无极而终）。

阴符经[①]

观天之道，执天之行，尽矣。

以道观心，心即道也；以心观道，道即心也。以心悟观形而上天理之流行，从而把握形而下人道之行止，如此则左右逢源，头头是道矣。

故天有五贼（德），见之者昌。

道化阴阳二气，气化五大物态——五贼（德），皆各自隐藏盗机（化机），彼此之间可以生克制化——克则生、制则化，生生不息、化化无穷；明白其理其机其制，盗机互用，生克制化得宜，五贼化为五德，则事业无不昌达。

五贼（德）在心，施行于天。宇宙在乎手，万化生乎身。

形而下五大物态彼此间的化机——盗机，若能了然于心识，藏之于神意，施行于天地，并契合天理流行之契机，即心机契合天机，则宇宙在乎手——斡运阴阳五行，万化生乎身——化生天地万物。

天性人也，人心机也。立天之道，以定人也。

天道性命，由人性而显。故人心所禀，天命之性；天性寂然不动，而人心变化多端。我们应该坚定地执持天理流行之道，以规范吾人的人道行止。

天发杀机，移星易宿；地发杀机，龙蛇起陆；人发杀机，天地反覆；天人合发，万变定基。

天地演化，人道流行，如果一旦失去和谐与平衡，过分或不及，必杀机频显，致天下大乱。天发杀机，天灾频发，天悬九日，大地干旱；地发杀机，火山爆发，洪水朝天，龙蛇乱窜；人发杀机，官逼民反，血流成河，天怒人怨。

---

① 《阴符经集释》，伊尹等注，中国书店，2013。

乱极思定，动极思静。天人合发的大难大乱之后，也为恢复天、地、人之间新的和谐与平衡定下基调。

性有巧拙，可以伏藏。九窍之邪，在乎三要，可以动静。

道者不言道，大智者若愚。他们藏巧显拙，不厌其深；深伏于心，待时而动。然九窍邪扰，不利伏藏，其中耳、口、目三窍最为重要，其动其静，在乎一心。

火生于木，祸发必克；奸生于国，时动必溃。知之修炼，谓之圣人。

火藏于木中，故木能生火，然火大则木焚，而为祸害。奸伏于邦国，隐而难见，窥时机到来，就纠集作乱而使国家崩溃。身国与帮国相似，道者深知伏藏，了知动静，燮理阴阳，无过不及，是为善于把握圣度之圣人。

天生天杀，道之理也。

万物非欲生，然不得不生；万物非欲死，而不得不死。此皆道化之至理也。

天地，万物之盗；万物，人之盗；人，万物之盗。三盗既宜，三才既安。

天地，天资大始，地作成物，其用无穷，让万物摄取，取之不竭；万物，各具其能，资人摄取，取而有余；人，创化无穷，可助养万物，欣欣向荣。天地、人、万物三者取长补短，相互滋益，达和谐平衡，则运化有常矣。

故曰：食（伺）其时，百骸理；动其机，万化安。人知其神之神，不知不神之所以神也。

古云：每当天地交合时，盗取阴阳造化机。把握时机，盗取阴阳之造化，续我体之命根以添油接命，则身心双安，百骸和谐。

心机阴符天机，采摄天精地灵，盗机逆用，神识费心。过来人云：不采之采，方为真采！如此则只有不神之神的元神方能竟其全功！

日月有数，大小有定，圣功生焉，神明出焉。

经云："大道无情，运行日月。"日月有其运数，大小有其定分，然皆依序而行；大道运行日月，不见其形而见其功——圣功，夫是谓之神明。

其盗机也，天下莫能见，莫能知。君子得之固躬，小人得之轻命。

三盗既宜，三才既安。天地、人、物，它们相互摄取、滋益之机枢，“道眼”未启用者莫能见、莫能知；“天眼”已洞开者则一目了然。君子、谋国者知之，并握此机枢，可以利益国家民族；小人、野心家懂此学问，则轻率作奸犯科，“勇于敢则杀”！

瞽者善听，聋者善视。绝利一源，用师十倍。三反昼夜，用师万倍。

瞽者无目，专任其耳，故善听也；聋者失聪，专任其目，故善视也。人之耳目，皆分于心，心分则耳目皆迷，今瞽其目、聋其耳、专于一，一心不乱，则听、视之功当十倍于常人。

统兵打仗亦复如是，志专于一、心静于笃，策划得当，其师则可以一当十；专志不分，日夜精思，周详完备，甚至可以以一当万。

心生于物，死于物，机在目。

心之欲望生于物之刺激，也死于物之刺激——人为财死，鸟为食亡！心能发目，目能见机。知机其神乎！神乎其神，在于双目。

天之无恩，而大恩生；迅雷烈风，莫不蠢然。

天地不仁——不私仁；天之无恩——无私恩，普恩于万物之大恩矣！同理，迅雷烈风看似无恩无爱，一阵摧枯拉朽之后，扫清障碍，万物莫不蠢然欲动，争相破土发芽。

至乐性余，至静性廉。

两军相遇勇者胜——哀兵必胜！一个军事指挥官耽于享乐，忘乎其形，松松垮垮，“性余则神浊”，败象已露；反之，居安思危，“性廉神清，神清智明”，动中能静，危中能静，胜败能静，时时能静，必能稳操胜券。

天之至私，用之至公，禽（擒）之制在气。

人是小天地，天是大人身。大人有大私——至私，即个人的理想、抱负、价值；然它的价值表现在“曲成万物而不遗”，又大公之至也。

万物繁衍，各安其安，各用其用，皆一气之流通，擒制之使不离其轨。

生者死之根，死者生之根。恩生于害，害生于恩。

宇宙万物，生死相续；故生于此，而死于彼，互为其根。在军事领域，玩忽职守，置之生地而为死地；背水一战，置之死地而后生焉。恩之于害，亦复如是，故恩非真恩，往往爱之愈切，害则愈深；故谚曰：一斗米养个亲人，十斗米养个仇人。

愚人以天地文理圣，我以时物文理哲。

天地文理——天文地理，自然之象，变化无常，无须惊怪。一些所谓先知、哲人把此异象说成是或“瑞气呈祥”，或“上天示警”，以己愚而愚人。吾则以时物文理——道纯德备、和气流行，才能令国泰民安，方是哲人正理。

人以愚虞圣，我以不愚虞圣；人以奇期圣，我以不奇期圣。

大道是朴素的，圣人是朴实的。时人担心圣人坚持于道，不识变通，是否过于“迂腐”；吾却担心圣人不如此“迂腐”！时人期望圣人能显示奇迹，吾却希望圣人那里根本就没有什么奇迹。

故曰：沉水于火，自取灭亡。

所以说：背道而行者，倒行逆施者，自作孽者，等于“沉水于火，自取灭亡”。

自然之道静，故天地万物生。天地之道浸，故阴阳胜；阴阳相推，而变化顺矣。

形而上大道自然，常清常静，静则无为，无为而无不为，故天地万物生。形而下阴阳交相胜，阴阳相推，万物顺序而化——天地之道浸。

是故圣人知自然之道不可违，因而制之。

所以圣人顺应大道之气势，因势利导，利而行之。

至静之道，律历所不能契。

吾人能修道、悟道、行道，但不能穷尽至静之道；譬如律历虽精，尚有岁差、闰余，不能尽契。

爰有奇器，是生万象。八卦甲子，神机鬼藏。阴阳相胜之术，昭昭乎近乎象矣。

乃有奇器——阴阳五行数理神机，生出宇宙天地万象。其神机气数潜藏于八卦甲子之中。神生数，数生象，象生器，器藏术；握其阴阳相胜之术，能够清晰地描述其象，昭昭然如在掌中，而能斡旋之，则头头是道矣！

老子

道德经
常清静经

老子（约公元前 571—前 471 年），姓李、名耳、字聃，一字伯阳，春秋末期人。据《史记》等多部古籍记载，老子是春秋时期陈国苦县人（今河南鹿邑县），曾为周朝守藏史（国立图书馆馆长）。孔子曾数度向他问礼求道。老子晚年乘青牛西去，出函谷关时应关长尹文子之请，写成五千言的《道德经》而流光万古。

道 德 经[①]

第一章　大道体用

道（形而之上先天不生不灭、难以尽言的无极之道［体］——常道○），可道（可以尽言的太极之道、阴阳大化之道——可道之道⊙），非常道（形而之下后天有生有灭的器用之道［用］；“物壮则老，是为不道”之道——非常道）。

名（强名曰道，字炁号无极○），可名（名之曰道炁⊙），非常名（后天器物功德圆满——炁竭数尽，名存实亡，故非常名；常名者道炁⊙）。

无（○）名天地之始（后天万物皆系无“○”中生有“⊙”，故无“○”名天地万物之始），有（⊙）名万物之母（天下万物生于有“⊙”：生了天地生万物，请问母亲［⊙］累不累？）。（以上言道之体、用）。

故常无欲（深入静虚）以观其妙（道眼开启，可以观察道化万物之奥；万物化尽收藏，又复归道乡之妙）。

常有欲（后天有为法，道眼难开）以观其徼（只能观察三维世界之内的事物）。

此两者同出（于先天之道）而异名（因境界不同而称谓各异），同谓之玄（道）。

玄之又玄，众妙之门（道玄之，德又玄，道生德蓄，玄之又玄——玄牝之门、生生不息之门——众妙之门）。

---

① 黄元吉著，黄信阳主编：《道德经讲义·乐育堂语录》，蒋门马点校，宗教文化出版社，2003。

第四章 道冲不盈

道冲（虚）而用（道贵无用之用的虚用）之，或不盈（冲虚之道，用而不尽），渊兮，似万物之宗（万物功德圆满，复又归宗于渊深之道）……吾不知谁之子，象帝之先（我不知道斡运万物生生不息、井然有序的宇宙真宰是谁——谁家的孩子，但在有“玉皇大帝”之先他就一直存在着了）。

第六章 玄牝之门

谷神不死（谷神［天命元神］有炁则灵，自然惺惺不昧，指挥元炁做功），是谓玄牝（化生天地万物——化化无穷、生生不息，这就叫作玄牝）。玄牝之门（天为玄门［阳］，地为牝门［阴］。天地合而玄牝出，阴阳交而万物生——玄牝之门开阖，万物蜂拥而出），是谓天地（所以玄牝之门是天地万物繁衍之本）根。（元炁生生不息）绵绵若存，用之不勤（尽）。

第十章 童心是道

载营魄抱一，能无离乎（下手兴工，心意主之，静则载魄，动则载魂，魂与魄合，动而含静；魄与魂合，外静内动。你能修炼到魂魄一体，彼此有两相知之微意，动静一如而互不相离么）？

专气致柔，能婴儿乎（气能专一则心不妄动，心息相依则气自柔调。婴儿能够做到，你能做得到么）？

涤除玄览（鉴），能无疵乎（修炼到虚极静笃、由静而定，各种玄象出现，必须统统予以扫除，所谓“魔来也扫，圣来也扫”，彻底扫除干净，不留一点疵痕，如此则心光朗照，智慧生起，你能办得到么）？

爱民治国，能无为乎（道之真以修身，其绪余可治国。你能爱护身家，宝精裕气，心不妄动，身不妄为么）？

天门开阖，能为雌乎（一阴一阳之谓道，一开一阖道之机。天门开阖，道炁随机出入，内而修身，外以应事，做了就放下，不留痕迹，你能行么）？

明白四达，能无知乎（含光内照，心镜朗然，了了常明，无知而知，视天下事如在掌中，你达到了么）？……

第十四章　大道希夷

视而不见，名曰"夷"（夷曰无色。"道眼"未开启的常人，想看看虚灵大道的庐山真面，是看不见的）；**听之不闻，名曰"希"**（希曰无声。"天耳"未通者，要想听听大道发出的天籁之音是听不到的）；**抟之不得，名曰"微"**（无象曰微。层次未达"人天合一"的甚深功境，局限于小我之内，要想抟聚、感触大道的虚实，是不可能的）。

此三者，不可致诘（穷究），**故混而为一**（以上三种情况曰夷、曰希、曰微，皆不可思议。思之不即，议之不得，所以只能浑而为一来加以粗略地考察）。

其上不皦，其下不昧，绳绳兮不可名，复归于无物（向上仰望虚灵道体，日月不足以增其明；低头俯视道体虚灵，也不是晦暗不清。绵绵若存的虚灵道体，乃无象之相。说来说去，也只能说它是个无物之物，不是任何具体东西的东西——说是一物即不中）。

是谓无状之状，无物之象，是谓惚恍（虚灵道体系无状之状、无象之相，似有若无的惚恍之相）。

迎之不见其首，随之不见其后。执古之道，以御今之有，能知古始，是谓道纪（迎面过去看不清虚灵道体的头，跟在后面也看不明白它的尾。尽管如此，只要把握住了这个无始大道的虚灵之体，及其无穷的妙用，就能较好地了知和驾驭当前的万事万物。得道的圣人之所以是圣人，是他们能够执此妙道以应人事——大道纲纪，其体其用，大率如此）。

第十六章　虚极静笃

致虚极，守静笃（认真修持，后天复返先天境界）。万物并作，吾以观其复（道眼开启，可以观察道化万物，以及万物功德圆满、化尽收藏，复归于道乡之秘）。

夫物芸芸，各复归其根。归根曰静，静曰复命（天地万物，叶落归根。我也向道祖报告自己在当劫生命过程中，在人世间如何立功、立德、立言，功德圆满，没有虚来人世间一趟，不辱使命）。复命曰常，知常曰明（了知常道化物，物归常道，悟觉而明）；不知常，妄作凶（凡不遵常道，逆天而行，妄作非为，必定凶险）。

第二十一章　孔德之容

孔（大）德之容（颜），唯道是从（修真证道的大德，腹中有宝，和气存内，内真外应，容光焕发。独有修道有成者，能够具备如此盛德之容）。

道之为物，唯恍唯惚（常年修道证得的这个东西、道之代表即天命元神、先天一炁，恍而无象之相，惚而无状之状，似有似无、似无似有，妙不可言）。

惚兮恍兮，其中有象；恍兮惚兮，其中有物（惚恍之中，好像又有形有象，似有一法相存在；恍惚之中，好像又有某种不是任何东西的东西呈现）。

杳兮冥兮，其中有精，其精甚真，其中有信（道之代表天命元神、先天一炁这个东西，冥而无形，灵而有相，在这个无象之相中，确有个真实的精灵呈现——天之骄子、宇宙杰作：唯一阳神！它怀抱着大宇宙的无穷消息）。

自古及今，其名不去，以阅众甫（后天万物之名，其名在外，物灭则名亡。大道元神精灵之名“阳神”其名在内，与道为一而不朽，从过去世经历现在世而流向未来世，其名永存。我们当以此为据来考察天地万物从道而生，遵道而行，历尽春华秋实，又叶落归根之奥之妙）。

吾何以知众甫之然哉？以此（吾何以知道天地万物从道受气，成长壮大，生生不息呢？就是从恍兮惚兮的虚灵道境中观察和体味到的）。

第二十五章　大道混成

有物（不是任何东西的东西）混成（乾坤坎离、阴阳五行冲和混融，浑沦为一炁），先天地生（未有天地万物以前它就一直存在着了）。寂兮寥兮（宇宙第一单身汉“天老爷”大道），独立而不改（独来独往，我行我素），周行而不殆（化生万物，累而不死），可以为天下母（又当爹、又当妈）。吾不知其名，强字之曰“道”，强为之名曰“大”（宇宙大哥大）。

大曰逝（其大无外），逝曰远（没有边际），远曰返（至极而返）。故道（伟）大，天（亦伟）大，地（也伟）大，人（圣人）亦（更伟）大。域中有四大（四个堪称伟大的东西），人（圣人）居其一焉。人（圣人效）法地（厚德载物），地法天（天道无私），天法道（效法不生不灭之道），道法自然（道效法自己先天不生不灭、不来不去、自然而然、流注无碍的宇宙元生态“鸿蒙”）。

第三十八章　上德不德

上德（朴德之世）不德（人们从不把行善积德挂在嘴上），是以有德（几乎人人都是道高德劭的谦谦君子）；下德（之世）不失（念念不忘己之）德（行），是以无德（无自然无为之上德）；上德无为（无功利心自然而为）而无以为，下德（有功利心）为之而有以为；上仁为之（无功利心自然而为）而无以为；上义为之（有功利心）而有以为；上礼（虚伪）为之而莫之应（人或鄙视），则攘臂而扔之（挥手去之）。

第三十九章　得一之道

昔之得一（道德冲和之气——和气）者：天得一（和气）以清（清轻和气覆盖于上乃统天）；地得一（和气）以宁（凝重和气承载于下乃统地）；神得一（和气）以灵；谷得一（和气）以盈；万物得一（和气）以生；侯王得一（和气）为天下正；其（道理是）致一也。

第四十章　道贵弱用

反（返：反复。天道好还，循环往复）者，道之动（一阴一阳之谓道，一动一静道之机）；弱（虚）者，道之用（物贵实用，道贵弱用、虚用）。天下万物生于有（太极⊙），有生于无（无极○）。

第四十一章　大器晚成

上士（利根之人）闻道，勤而行之（笃信无疑，能够别床而居）；中士（中资之人）闻道，若存若亡（虽不完全笃行，但尚能异被而卧）；下士闻道，大笑之（完全不信，甚至讥讽）；不笑，不足以为道。

大器晚成（经无穷的磨炼、考验，终成大才、砥柱），大音希声（此时大智若愚，大辩若讷，不说废话；实在须要开口，则有如“狮子吼”，足以振聋发聩，令人开悟。这样的“狮子吼”太稀罕了，没有机缘是听不到的）。

第五十五章　含德之厚

含德之厚，比于赤子（童子天真，道淳德厚）。毒虫不蛰，猛兽不据，攫鸟不搏（童子无害人、害物之心，故人、物亦不会乘之）。骨弱筋柔而握固，未知牝牡之合（交媾）而朘作（生殖器坚挺），精之至也。终日号而嗌不嗄，和（和气充盛）之至也。

知和曰常（和气存内，运化有常），知常曰明（心平气和，悟觉而明）；

益生曰祥，心使气曰强（执此益生之道，终生吉祥；心平气和，气盈体强）。物壮则老，是谓不道（此乃后天万物生灭不已之“不道之道”——非常道也）。不道早已（这个“物壮则老”的“非常道”早就存在着了）。

第七十章 被褐怀玉

吾言（我讲的这些道理、德理）甚易知，甚易行；天下莫能知，莫能行。（老子的）言有宗（无为之道），事有君（皆顺道而行），夫唯无知（不修道的一般人皆不具备无知之知的大智慧），是以不我知（多不了解老子的苦心孤诣）。知我者希（真了解老子虚灵大道之人少之又少），则我者贵（踏着老子脚印行进不辍者，更为希贵），是以圣人（只好）被褐（穿粗布衣服）而怀玉（大道珍宝，藏而不露，等待起用的时机到来）。

常清静经①

佛、儒语言甚多，显非老子所作。然意义颇深，有益养生，无需因人废言。

老君曰：大道（道因炁而立；元始祖炁之和炁——道炁）无形（无象之相），生育天地（形而之上谓之道的先天道炁，化为形而之下谓之器的后天道用——天地万物）；大道无（私）情，运行日月；大道无（求）名，长养万物。吾不知其名，强名之曰道（字炁，号无极）。

夫（大）道者，有清（先天之炁）有浊（后天之气），有动（后天之气）有静（先天之炁）；天清（先天之炁）地浊（后天之气），天动（乾资大始；发号施令）地静（坤作成物；厚德载物）；男（阳）清女（阴）浊，男（阳）动女（阴）静。降本（道炁）流末（天地），而生万物。

清者浊之源，动者静之基（清与浊、动与静，彼此互为其根）。人能常清静（虚之极、静之笃之真静），天地悉皆归（内真则外应，人天感而通；人体道炁，采摄天地元炁入体，不采自采，采来才真）。

夫人神好清，而心扰之；人心好静，而欲牵之。常能遣其欲，而心自静；澄其心，而神自清。自然六欲不生，三毒（贪嗔痴）消灭。所以不能者，为心未澄，欲未遣也（人贵有自知之明）。

能遣（后天欲望）之者，内观其心，心无其心；外观其形，形无其形；远观其物，物无其物。三者既无，唯见于空（觉灵，能生妙有之真空）。观空亦空，空无所空；所空既无，无无亦无；无无既无，湛然常

---

①《清静经集释》，杜光庭、吕纯阳等注，中央编译出版社，2015。

寂；寂无所寂，欲岂能生？欲既不生，即是真静。

真常（大道）应物，真常得性（识得万物禀性而势成之、利导之）；常应（当拿起时即拿起）常静（过后即行放下），（心不留物）常清静矣。如此清静，渐入真道；既入真道，名为得道；虽名得道，实无所得；为化众生，名曰得道；能悟之者，可传圣道。

老君曰：上士无争（名利），下士好争；上德不（以为有）德，下德执德（执着回报）。执着之者，不明道（上）德。

众生所以不得真道者，为有妄心。既有妄心，即惊其神；既惊其神，即着万物；既着万物，即生贪求；既生贪求，即是烦恼。烦恼妄想，忧苦身心；但遭浊辱，流浪生死；常沉苦海，永失真道。真常之道，悟者自得；得悟道者，常清静矣。

庄 子

南华经

庄子（约公元前369—前286年），名周，字只休，宋国蒙人（今河南商丘东北），曾任蒙漆园吏。庄子贫而乐道，不慕权贵。楚、宋均闻其贤，先后遣使迎聘，遭其拒绝，终身不仕。《史记》言："其学无所不窥，然其要本，归于老子之言。"

南 华 经①

天 运

天其（自然）运乎？地其（自由）处乎？孰（有个宇宙真宰在暗中）主张是？孰维纲（维持宇宙运化秩序）是？孰居无事（无事找事）推而行是？意者其有机缄（宇宙运化内动力）不得已邪？意者其运转而不能自止（想停下来休息休息都不能）邪？云者为（使云化雨）雨乎？雨者为（令雨化云）云乎？孰隆施（是谁在暗中发号施令）是？……天下戴之，此谓上皇（他就是被天地万物所拥戴的上皇——难睹其真面的老天爷——常道）。

刻 意

吹嘘呼吸，吐故纳新（静修），熊经鸟申（动练），为（长）寿而已矣；此道引（导引）之士，养形之人，彭祖寿考者之所好也。

圣人之生也天行（顺天道运化之势而趋行），其死也物化（随物理变化而变化）。静而与阴同德（厚德载物），动而与阳同波（普济天下）。不为福先（不求福），不为祸始（不惹祸）。感而后应，迫而后动，不得已而后起（敢于拿起，更能放下）。去知与故，循天之理（一切循天理而行）。故无天灾，无物累，无人非，无鬼责。其生若浮，其死若休（一切随顺自然）。不思虑，不豫（预）谋。光矣而不耀（不显山露水），信矣而不期。（修真至此境界则）其寝不梦，其觉无忧。其神纯粹，其魂不罢（疲）。虚无恬淡，乃合天德（一步一趋与天共化）。

---

① 陆西星：《南华真经副墨》，蒋门马点校，中华书局，2010。

知北游

知（这位老兄向）北游于玄水之上……（于是）见黄帝而问（“道”）焉。黄帝曰：“无思无虑始知道（聪明人必须装傻，傻到无思无虑就差不多知“道”是个什么东西了），无处无服始安道（无妄想、不妄为，就会和“道”安然相处了），无从无道始得道（所谓得道，实无所得；一心弘道，道自然得）。……夫知（智）者不言（“道”实在难以尽言），言（喜欢夸夸其谈，谈经论道者）者不知（不一定有智慧），故圣人行不言之教（身教重于言教）。……人之生，气之聚也。聚则为生，散则为死（人活一口气［炁］）。若死生之徒，吾又何患（生死相续，循环转换，彼此没有多大差别，何患生死）！故万物一也（万物自得以道，宇宙统一于气）。是其所美者为神奇，其所恶着为臭腐。臭腐复化为神奇，神奇复化为臭腐。故曰‘通天下（万物）一气（所化）耳’。圣人故贵一（尊道而贵德——唯一和气）。”

孔子问于老聃曰：“今日晏闲，敢问至道。”老聃曰：“……夫昭昭（有形器物）生于冥冥（无形之气［炁］），有伦生于无形，精神生于道，形本生于精，而万物以形相生。故九窍者胎生，八窍者卵生。（这些东西）其来无迹，其生无崖，无门无房，四达之皇皇也。”

东郭子问于庄子曰：“所谓道，恶乎在（所谓道在什么地方）？”庄子曰：“无所不在。”东郭子曰：“期而后可（具体一点）。”庄子曰：“在蝼蚁。”（东郭子）曰：“何其下邪？”（庄子）曰：“在稊稗。”（东郭子）曰：“何其愈下邪？”（庄子）曰：“在瓦甓。”（东郭子）曰：“何其愈甚邪？”（庄子）曰：“在尿溺。”东郭子不应。

逍遥游

（修道有成者）且举世誉（赞赏）之而不加劝（不会更加努力），举世非（批评）之而不加沮（也不会更加沮丧），定乎内外之分，辩乎荣辱之境，斯已矣。……若夫（像列子那样）乘天地之正（气），而御六气之辩，以游无穷者，彼且恶乎待哉（如此地逍遥自在，还需要期望什么身外之物么）？故曰：至人无己（忘我忘物），神人无功（不夸耀自我功德而功德自在），圣人无名（不追求功名而名垂千古）。

齐物论

（天地）有始也者（万物始生于有——太极⊙），有未始有始也者（太极肇始于无极〇），有未始有夫未始有始也者（常道太易）；有有也者（精气神之“精”，精为形之基），有无也者（精气神之“气”，气为无状之状），有未始有无也者（精气神之“神”，神凝则气聚），有未始有夫未始有无也者（大道元生态“太易”“鸿蒙”）。俄而有无矣（无中生有，有还归无），而未知有无之果孰有（真有⊙）孰无（真无〇）也。

今我则已有有谓（说来说去）矣，而未知吾所谓之其果有谓乎？其果无谓（至于果证，愈说愈说不清楚）乎？（“一切皆变，无物常驻”，有无变幻不定，前后彼此错位，故而）夫天下莫大于秋毫之末，而泰山为小；莫寿于殇子，而彭祖为夭。天地与我并（道而）生，而万物与我为一（统一于气）。

……夫道未始有封（疆界），言未始有常（定论），为是而有畛（区分）也。……六合之外，圣人存而不论（三维世界以外的事物，我们拿不准时，就暂时放在那里，不去肯定，也勿否定）；六合之内，圣人论而不议（有些不可思议的事物，思之不及，议之不得，暂时放一放可也）。

养生主

吾生也有涯（生命有限），而知也无涯（知识无限）。以有涯随无涯，殆已（弄得头昏脑涨）！已而为知者，殆而已矣（愈加头昏脑涨）！

为善无近名（不求虚名），为恶无近刑（勿犯大错），缘督以为经（督任二脉一通，百脉齐通），可以保身，可以全生，可以养亲，可以尽年（活满天年，无疾而终）。

人间世

颜回曰："回之家贫，唯不饮酒不茹荤者数月矣。如此则可以为斋（斋戒）乎？"曰："是祭祀（常人形式主义）之斋，非心斋（道者净心之斋）也。"回曰："敢问心斋？"仲尼曰："若一志（收视返听于自己之心——自心为息；从一呼一吸的凡息，修到不呼不吸之胎息，就进入大道之门了），无听之以耳而听之以心（听心息之相依、神气之相融），无听之以心而听之以气（心气合一而息定）！听之以耳，心止于符。气也者（心气合一），虚而待物者也（由静致虚，虚无不容；虚中一觉，性光闪亮，照见本来面目）。唯道集虚（故虚即道，道即虚）。虚者，心斋也（至此道心不戒而自戒，不净而自净，真正心斋矣）。"

在宥（轩辕黄帝问道于广成子）

广成子南首而卧，黄帝顺下风膝行而进（十分恭敬），再拜稽首而问曰："吾闻子达于至道（终极境界），敢问，治身奈何（怎样）而可以长久？"广成子蹶然而起，曰："善哉问乎！来！吾语女（汝。今天给你讲）至道（道的终极境界）。至道之精（精粹为"无"），窈窈冥冥（无无亦无）；至道之极（至极曰"空"），昏昏默默（空无所空）。无视无听，抱神以静，形将自正（达虚之极、静之笃，而忘物忘情，形体则不正而自正）。心静必清，无劳女（汝、你）形，无摇女精，乃可以长生（形忘精固，息停脉住，胎息无息，自然长生）。目无所见，耳无所闻，心无所知，女神将守形，形乃长生。慎女内（内念不萌），闭女外（外想不入，对境无心），多知为败（后天知识越多，越难深入静定，越难进入道门）。（今天）我为女遂于大明之上（而恍然大悟）矣，至彼至阳之原（一片光明而智照无碍）也；为女入于（无无亦无的）窈冥之门矣，至彼至阴之原（而返本还原）也。天地有官（天官管天，地官管地），阴阳有藏（亦自有归所），慎守女身（天地阴阳不需要你去管，你把自身管好就行了），物将自壮。我守其一（静、虚）以处其和（和气存内），故我修身千二百岁矣，吾形未尝衰。”

黄帝再拜稽首曰：“广成子之谓（和于）天（道）矣！”

魏伯阳

周易参同契

魏伯阳（约126—167年），自号云牙子，东汉会稽人（现浙江上虞县丰惠镇）。本高门弟子，而性好道术，闲居养性。《历世真仙本道通鉴》卷一三曰：“世袭簪裾，惟公不仕，修真潜默，养志虚无，每视轩裳如糠粃焉。不知师授谁氏，得古人《龙虎经》，尽获妙旨，乃约《周易》，撰《参同契》三篇。又云，未尽纤微，复作补塞遗脱一篇，继演丹经之奥。”

周易参同契①

（古圣）言不苟造，论不虚生。引验见效，校度神明。推类结字，原理为证（理论与实践相互印证，结成丹道经典）。

勤而行之（小周天三百次循环基成不漏），夙夜不休（去矿留金，炼成三百个丹头）。服食三载（抽坎填离，金液还丹，服食过关，一点落黄庭，沐浴温养，约需三载），轻举远游（身内生身得阳神成就，超越阴阳五行，就可轻举远游）。跨火不焦（火不能毁），入水不濡（水不能溺）。能存能亡，长乐无忧（至此则数不得而限之，命不得而拘之，长乐而无忧矣！）。

巨胜尚延年（仅能延年），还丹可入口（金液还丹入口服食，就可以超越生死）。金（先天金炁）性不败朽，故为万物宝。术士服食之（乾坤交媾，金液还丹服食过关），寿命得长久（十月怀胎，丹产珠圆，成就地仙，生死由我不由天）。土（中央脾土）游于四季（金木水火），守界定规矩，金砂入五内（金炁入内强化内脏功能），雾散若风雨。熏蒸达四肢（脱胎换骨），颜色悦泽好。发白皆生黑，齿落出旧所（初步成就），老翁复丁壮，耆妪成姹女（进而返老还童）。改形免世厄（数不得而限之，命不得而拘之），号之曰真人。

欲作服食仙，宜以同类（先天的真阴真阳，即乾坤）者……鱼目岂为珠，蓬蒿不成槚。类同者相从，事乖（后天的凡阴凡阳，即坎离）不成宝。

---

① 魏伯阳：《古本周易参同契集注》，仇兆鳌集注，上海古籍出版社，1989。

耳目口三宝，固塞勿发通（收视返听，一心内守）。真人潜深渊（元神真意“神光终日照西川”，即下丹田外鼎），浮游守规中（神守下丹田外鼎，意照外鼎中之内鼎，即规中）。旋曲以视听，开阖皆合同。为己之枢辖，动静不竭穷（开阖动静，寂照不辍）。

世人好小术（种种有为法及神通异能），不审道（无为法正道）浅深。弃正从邪径，欲速阏（阻碍）不通。

五行错王（颠倒五行），相据以生（有克有制有生），火性销金，金伐木荣。三五为一（先天与后天、精气与神混沌为一炁），天地至精，可以口诀（真诀不尚书），难以书传（重在口传心授）。

物无阴阳，违天背元。牝鸡自卵，其雏不全。夫何以故？配合未连（孤阴不化，独阳不成。自后天阴阳坎离，入先天阴阳乾坤，金液还丹，大丹乃成）。

崔希范

入药镜

崔希范，生平无考，据《修真十书·天元入药镜》有崔希范自述，题“唐庚子岁望日至一真人崔希范述”，知其为唐人，号至一真人。撰写《入药镜》，论述内丹修法。《天元入药镜·序》“吾心为镜，身为之台”，心火内照，照见五脏六腑，故称为镜。

吕祖曾师事崔希范，得内炼秘旨而叹曰：“吾知修行有据，性命无差，道成其中矣”，并作诗赞赏：“因读崔公《入药镜》，令人心地转分明。”

入药镜[1]

先天炁（不呼不吸之息炁），**后天气**（一呼一吸之息气——肾间动气），**得之者，常似醉**（元神真意斡运，先天炁藏，后天气伏，三家相见，如痴如醉）。

日有合，月有合（“太阳移在月明中”——日月交光，性命会和，灵苗产也），**穷戊己**（产在戊己乡——中宫土釜、黄庭；张紫阳诗：“坎离若还无戊己［土、真意］，虽合四象不成丹”），**定庚甲**（庚金生真水，甲木生真火；“水火交，永不老”）。

上鹊桥，下鹊桥（小周天进阳火、退阴符，天河水逆流时必经的两处关键之地，上之鼻腔处，下之谷道处，此两处皆属容易走丹漏精的危险地区），**天应星，地应潮**（玄关开后，炁聚药灵，下田波翻潮涌，元炁氤氲，即进阳火；进火功毕，还精补脑，上田星光闪耀，一片清凉，即退阴符；归根复命，温养沐浴）。

起巽风（用后天一呼一吸的微微巽风，鼓动炉火，以烹以炼），**运坤火**（最终引动不呼不吸之坤方真火，以煽动先天元炁），**入黄房，成至宝**（与先天元神相会于中宫黄庭，神炁和融，成为至宝——金丹一粒，灵珠一颗）。

水怕干（心不可松弛，心弛则水干），**火怕寒**（意不可散乱，意散则火寒），**差毫厘，不成丹**（心弛意散，水火不交，神炁分离，性命不融，如何成丹！）。

铅龙升，汞虎降（龙神引铅花而升，虎炁随汞精而降），**驱二物，勿纵放**（此时驱归黄道会阴［汞精］阳［铅花］，中宫土釜金蕊香；张紫阳诗：“既驱二物归黄道，怎得灵砂不解生！”）。

产在坤，种在乾（坤方先天炁生而“得药”，然后循脊髓中漕溪、黄

① 崔希范等著：《入药镜·钟吕传道集》，上海古籍出版社，1989。

河上升入于上田泥丸宫内，与先天元神会和而“得全”），**但至诚，法自然**（如此地乾坤交媾，自然而然，金液满鼎，滴滴香甜）。

盗天地，夺造化（《阴符经》：“天地，万物之盗；万物，人之盗……”修持到甚深层次，可以去“窃天地无涯之元炁，续我体有限之命根”），**攒五行，会八卦**（如此则人体五行之精自然攒簇，八卦之气自然相会）。

水（要）**真水，火**（要）**真火**（阳中之阴为真阴［真水］，阴中之阳为真阳［真火］，才是先天之真水、真火），**水火交，永不老**（真水［汞神］真火［铅炁］相交，产生真种，返老还童，长生不老）。

水能流，火能焰（真水流布，滋润四肢百骸，调理脏腑功能；真火焰发，温暖全身内外，烧尽脑中阴渣），**在身中，自可验**（这些景象在个人实修中皆可加以一一证验）。

是性命，非神气，水乡铅，只一味（水乡之铅——坎中之满、真火，只此一味真铅、金炁，才是先天乾坤性命之命炁，而非后天坎离神意之意气。先天金炁抟而成丹——人元金丹！）。

归根窍，复命关（上丹田泥丸、内院，下丹田炁穴、玄关，乃丹道内炼一个程序完毕时的归根之窍，复命之关），**贯尾闾，通泥丸**（由先天一炁而贯通，还精补脑，青春重返）。

真橐籥，真鼎炉，无中有，有中无（一真一切真！有了先天的真精、真炁与元神真意，虚静静笃中才会安立真炉鼎，出现真橐籥而自呼自吸，一呼百脉皆开，一吸百脉皆合，“虎跃龙腾风浪粗，中央正位产玄珠”而无中生有；此后风平浪静，沐浴温养，神光寂照，复归虚无）。

托黄婆（“中宫胎息号黄婆”——元神真意），**媒姹女**（真意为媒，为离女［元神］作媒，嫁与坎男［元炁］而坎离相交，产生玉液；张紫阳诗：嫁与金公［元炁］作老郎——以离交坎，玉液还丹）。**轻轻地，默默举**（勿忘勿助，顺其自然）。

一日内，十二时（每天十二个时辰之内），**意所到，皆可为**（活子时至，一阳初生，静中炁动，时至神知，皆可用功；若时至而神不知，则当面错过，殊为可惜！）。

饮刀圭（玉液清凉，饮长生酒），**窥天巧**（打下长生久视之基，从而窥破天机），**辨朔望，知昏晓**（朔望、昏晓，天地感合之际，阴阳交替之时，把握造化之机）。

识沉浮（阴［水］须升浮，阳［火］宜沉降，两两汇合，以烹以炼），**明主客**（它［水］是主，我［火］是客，客随主便，顺其自然，不要用己意去揠苗助长或瞎指挥），**要聚会，莫间隔**（真意时时攒簇阴阳、水火，勿使间隔，水火既济，打成一团）。

采药时，调火功（精生药生，武火采取；药既归炉，文火温养），**受气吉，防成凶**（张紫阳："受气之初容易得，抽添火候要防危。"武火文火，火候轻重、急缓，只能在实践中去加以摸索、掌握；切记：文火始终是主功，武火乃不得已而用之的助工）。

火候足（即行止火而以文火温养），**莫伤丹**（再用武火易致炉毁丹倾），**天地灵，造化悭**（"每到天地交合时，夺取阴阳造化机。"与天地灵应的丹道修持工程，其火候斤两须恰到好处，造化忌讳贪多务得，故调和阴阳勿过与不及，切记！切记！）。

初结胎，看本命（能否最后胎成珠圆，得看个人禀赋，道基深浅，用功勤堕），**终脱胎，看四正**（四正——子午卯酉四个正时，须沐浴温养得当，神炁充分浑融，才能功成德就，养个灵珠似月圆）。

密密行，句句应（苟能缜密修持，必然句句应验！）。

吕洞宾

道乡集（简注）

《指玄篇》秘注

《吕祖百字碑》诗颂

敲爻歌

吕洞宾，名岩、字洞宾、号纯阳子，自称回道（回到道乡）人，唐末河中府永乐（今山西永济县）人，世称吕洞宾。少习儒、墨，熟读道家养生经典，据传三举进士不第，遂浪迹江湖。在长安遇钟离权，经过“十试”，乃授以养性延命之术、金液还丹之功，因得大道。复于唐僖宗广明元年（880年），遇真人崔希范，传与《入药镜》，即知“修行性命，不差毫发，终丹成矣”“寻遇苦竹真人，传授日月交并之法”。他改炼剑术为“一断烦恼，二断贪嗔，三段色欲”的慧性之功，悉心研究内丹之道，主张释道为一，亦倡儒家之学。与陈抟为师友，同隐华山。《宋史·陈抟传》：“关西逸人吕洞宾，有剑术，百余岁而童颜，步履轻疾，顷刻数百里，世以为神仙，皆数来抟斋中。”

道 乡 集（简注）[①]

（《道乡集》虽系扶乩得来，然与古丹经理法颇为契合，当有益于后来圣真们的亲修亲证。故略加简注，以飨读者。）

道乡集

吕洞宾序

崂山逸叟，史从龙氏……将诸圣仙佛，启迪诸生之修身秘旨，集而成帙，冀余命名，并为作序。……我故直名此书为《道乡集》（回归大道故乡），盖欲使天下后世，悉入道乡，同登圣域。从龙之本志，即纯阳之素愿也。

嘉平月朔纯阳子略序

太上至尊降诗：

道德（经）五千字字珠，识破色空（不二）是我徒。

万物芸芸谁为主，往来二气（后天之气与先天之炁）系荣枯。

三丰真人降诗：

才觉罗浮（山）梦里春，忻然一笑去红尘。

雀腾安识鸿鹄志，鹏举羞同鸥鹭群。

---

① 董沛文主编：《道乡集·陆地仙经合集》，王燕喜编校，宗教文化出版社，2013。

烦恼剪除融妙性，迷云指破见天心。
烟鬟雾鬓倏成幻，只有竹松千古新。

太上至尊赠诗一首：

世味萧疏道味浓，好从静里悟玄功。
春过庾岭梅先觉，月到天心水自溶。
一窍玄关育万物，四时真气蓄三冬。

眼前便见无生（无生则无灭）面，只是吾徒不见空（而不空）。

吾今授尔丹诀，当谨心密炼，自见效验。此法先守明堂（两眉之间）少许（一会儿），（至）明堂发暖，似有蠕动，即从门户而入，将此正念，收归土釜（约脐上一寸二分入里三寸之中宫、黄庭），若存若忘，静六根，却万虑，二目返照此穴，总要不沾不脱（似守非守）。用此温照，不一时气调息定，即至无极（人为假造一个大道之源无极○）时代矣。迨至虚极静笃（真大道之源无极○），忽然一动（无极而太极⊙），此动既是真机（静笃一动，玄关开矣）。即得真机（活子时至玄关开、妙药孕，经孕、调药至不老不嫩）即可运转河车。但能二六（十二个）时（辰）中，行坐不离这个（炁机变化）。气（炁）动则用真意（灵觉）摄归本炉（中宫、土釜），用武火锻炼（混沌神炁）。一动一炼，气（炁）满真种自现。总而言之，此中只有二候：气（炁）动一候，累气（调药）产真种一候，共为二候。又有六候（之说）：采药一候，封炉一候，升一候，降一候，沐浴二候，共为六候。过此六候，归根温养（神光寂照）无事矣。

孚佑帝君降：

何为土釜？以坎纳六戊为之阳土，坎中陷如釜，故名土釜。封炉者，即归土釜。恐其走失，以意而守，以目而照，先存后忘，合乎自然。即封炉之要诀也。由是药生则采，入炉则炼，归根则封（炉温养）。

青大帝降：

“机在目。”“大道在眼前，盲者总不知。”以此“在眼前”三字妄为解说，随指明堂为玄关，殊不知明堂乃道之门户。子曰“谁能出不由户”，此是而观，就是指此门户。金丹服食亦必由此户。既为门户，则不能指为玄关明矣。如吾一身皆属阴，只有先天一点祖气（元炁）属阳。此一点阳精，未生身前，一点乾金自小而落地，咄地一声，先天胎息（炁）间断，后天呼吸（气）随生。从此一点乾金（元炁）流入坤腹，变为坎象，故曰“水中金”（元炁，五行属金）。此一点真气（元炁），乃我受之父母，故又曰祖气。修者能将此一点祖气（炁）还归本源，即是抽坎填离，又谓之还丹。离（卦）得此乾金遂成乾健之体。坎（卦）失中爻，亦成坤柔之象。坎中真金抽尽（经小周天），即成马阴藏相。从此移炉换鼎（小周天，大炉鼎；大周天，小炉鼎），再以黄庭（中宫、土釜）为养胎之所，静观十月，气（炁）化神全，六脉不见，呼吸亦绝。此时再迁（上丹田）泥丸，行乳哺之功，以俟白毫光现，调神出窍……今之学道者，初下手即学上乘（修性），命不归性，性光到底不圆（满）。“只知修性不修命，此是修行第一病。”（即使修成，也只能结阴丹，出阴神，成鬼仙）

太上至尊降诗：

无事浪游天外天，闲敲棋子倦时眠。

人间甲子知多少，昏昏闷闷不计年。

古仙以坎中之阳为月，离中之阴为日。欲始月吐蟾光，先须日映月窟（神光终日照西川——下丹田）。日不映照，月不生光。故炼士欲使药生，别无它术，唯二六时中，将我一点灵光正念收敛（下照）于气穴之中，正如日月合璧（神炁混沌），久而生光也。从此微阳积累，渐至满足，真种始生。

照时，能一小时不起妄念，即能入静。既能入静，静之极即动之渐也。唯此一动，万古秘而不传。道家以之为活子时（玄关开），即入手采药之始也。

何为采药？即神返（身中）气自回之说也。

故我道以凝神炁穴为唯一无二之妙旨。神不凝，则元气（炁）不生。元气（炁）不生，则独修一物（性、神）转近殆危。岂知造化生乎阴阳，阴阳成乎造化。……能将虚灵不昧之神，凝于气（炁）机动处，既是配合阴阳。阴阳既和两不相离，我之真息，亦随之伏矣。凝神既久，神气充足，真种发生，冲关荡窍，皆是自然之机。有一点勉强，便碍天机矣。道原不难，唯守不易耳。故古仙对于筑基一事，非常谨慎。遇机一动，即可起坐，不然当面错过矣。总要随机而应，常自静观，即保精化气（炁）之要道。一离了观，火即散矣。火散，炉则寒矣。炉寒，丹则耗矣。能三月不问人事，筑基成矣。基成阳缩（金龟缩首、马阴藏象），此一必然之势。……所谓漏尽通者是也，即人仙之境。

《胎息经》云："服气不长生，长生须伏气。"息定于中，即伏气也。然息定乃自然而定，非勉强使定也。勉强使定，近乎强制，息不能伏。心息相依，息定心亦定焉。更须不惊不躁，俟其天机之自动，以神探其动处，识得气（炁）根，方是得着玄关。

孚佑帝君降诗：

三齐胜迹属崂山，悬崖飞峰不可攀。
仄径通幽松竹秀，岂无大隐（道者）在其间。
隐居谁识清风洞，望海群登碧落岩。
仙境已为流俗污，西江不是洗云巉。

崂山，山东第一名胜也。清风洞，碧落岩，最为可观。……从龙（居士）在此隐修，年六十有三，明年即阴气消尽之年，时不可缓矣。不须苦行，但听自然。饥则食而渴则饮，闲则坐而倦则眠。二六时中，莫离静观。一阳动处，但须凝神。彼一动，我一觉，以灵觉，合真动，即是以汞投铅，以龙就虎，以阴配阳，以木并金。名虽众多，其实只神气（炁）而已。

孚佑帝君降诗：

道德五千句句真，静观窍妙自生春。

几回笑指通幽处，数点梅花天地心。

在常人，不知静观，未能凝神，故此气仍从口鼻出入。知道之士，静观窍妙，神亦随之定于此处。神为一身之主宰，神定于此，息亦随之定于此。所谓心息相依者，此也。神不依息则外驰，息不依神难自伏。是以神依息而定，息依神而安，互相依附，始归大定。但能静观凝神，即能得此效验，决非别有奇法也。神息依恋，腹自温暖。先天祖炁，受此煦育而后，始发生焉。此气（炁）一生，气机先动。机一动，神即觉，丹经所谓“时至神知”，即此时也。此机既动，气（炁）亦随之外涌。我以元神（真意、灵觉）寻其动处，即得着气（炁）根也。既得着气（炁）根，便以此处为安乐窝（归根之处）可也。神既以此为家，息亦相伴不去。神息既相合，元炁受息之吸收，亦自返回本根。二气（后天呼吸气与先天元炁）相接，常自有氤氲恍惚，故《入药镜》曰：“先天炁，后天气，得之者，常似醉。”即指此也。

孚佑帝君降诗：

乘风飞下白云颠，未著红尘泪已潸。

十载往来阳城道，高山流水向谁弹？

（真师可遇不可求；真师自己找徒弟）

傍花随柳泛轻舟，浪静风平自在游。

且向苍茫烟霞里，金樽檀板醉方休。

正阳帝君降诗：

太阳（神）移在月明（炁）中，便是神仙造化功。

道在目前求诸远，几回笑煞云房翁。

噫！道本无名，所以名道者，亦不过道其所行之道耳。

孚佑帝君降诗：

六阴之下一阳承，换卦抽爻造化生。

真息绵绵三百六，周天火候最分明。

正阳帝君前言“太阳移在月明中”，即凝神入炁穴也。此步功夫，首要得着玄关。此关不开，何以炼精化炁？必须先开此关，而后方有着落也。但此关每开于一阳初动之时，趁此阳动之初，即以日光煦照动处，便可得门而入矣。既得玄关，即可以此作为丹基，行住不离这个便是真诀。我故曰：“保精要道，唯在常常煦照，化气（炁）奥旨，全赖息息归根。”能知此二者之功用，丹无不成。况周天火候，乃自然而然。精化为炁，自能上升。顺其生机以升之，有何难哉？我故曰：“（小周天进阳火）当升之时，使之降不可也。”丹经每谓周天必数三百六十息（息，数），方足一周之数，余谓但行一周，即足三百六十之数。譬如此钟大针，能统一周即是十二点钟，何必再数分秒，徒劳神思乎！至中间三十六、二十四等说，均是设词，并非令学者遇阳生时，真数三十六；遇阴降时，真数二十四也。气自尾闾上升绝顶，因其升，故曰阳；自绝顶下降坤腹，因其降，故曰阴。其实只一物（炁）耳。至换卦抽爻，就是此意，不过虚比，安有爻象之可言哉？

因一阳初动，气（炁）到尾闾，即曰复卦，又曰子时。再升为二阳，在时为丑，在卦属临。再升而为三阳，在时为寅，在卦属泰。再升而为四阳，在时为卯，在卦属大壮。因其阳已极盛，故此时有沐浴之说，不过停而不行（使神、炁充分混沌）之谓也，并非有他事也。稍停即有动机，复上升而为之五阳，在时为辰，在卦为夬。再升而至玉枕，在时为巳，在卦属乾。六阳备足，故有变也。由乾而变为姤，在时属午也。由斯渐渐下降，而遁、而否、而观、而剥、而坤，又归根矣。其实十二时，与十二卦均是虚比，不过气（炁）到何处，即为何时何卦，并非真有时有卦也。

仙（家）之周天，即佛家转法轮，理同名异，而后人便自分开，诚不值一笑也。不知行几许周天，而精始尽化为气（炁）。到此火足丹成，正宜温养。若再行火，必有伤丹之虞也。必须外阳自缩，方见精尽（化炁），否则虽阳光发现，亦不能止火也。

筑基既成，并非上等功夫也，不过还我先所亏损耳。必也静观七日，再俟来复之机，（大周天）方是正功也。由此还于神室，为大周天，丹书喻为五龙捧圣。夫五者，土之数也。龙者，性之灵也。五龙（真意）捧圣（大药），即以意宰之使（大药）上升也。此时必神炁两相护卫，方无疏虞。年老人唯上下鹊桥危险（漏丹），必善防之，方无走失之患。

一粒入腹，密享万年。但此步功用，全属中田（中宫、土釜）用事，而亦不可弃下田于不顾。此时太阳流珠（汞神、阴鱼）与金华（元炁、阳鱼）结成一团（还原为太极真种），方是真阴阳交媾。故丹经有“乾坤交媾罢，一点落黄庭”之句，即言此处也。此一点即胞胎也。故须温养十月。但此十月功用，全属自然。我但静以观之，不必管其他也。万不可离了静观，离则阴魔顿生，作种种障碍。

要知十月满足，方有出神之征。如见满天飞雪，是其（出神）时也。出时即存想泥丸，使阳神暂为依据，与中田成一虚空境界。俟现一明光，我即移神光中。久而霹雳一声，天门开放，身外始有身也。

孚佑帝君降诗：

知君夙植英灵骨，所以教君心恍惚。
含元殿上水晶宫，分明指出神仙窟。

余得此诗之后，始知恍惚者，真阳（元炁）发动也……非神仙窟而何？君不见崔公所云“先天炁，后天气，得之者，常似醉”之言乎？醉即恍惚，恍惚即醉。是醉与恍惚是一非二。言醉可，言恍惚亦可。但先天不能与后天相抱，是恍惚总非恍惚。果能先后（天气、炁）打成一片，虽不欲恍惚，亦不可也。

夫（虚）无中生有者，先天（炁）也；息息归根者，后天（呼吸气）也。盖先天之炁，原无形象，非虚极静笃不生；后天之气，本有形象，然非至无形无象，则不能用。君等口谈玄机，亦知此意否？……夫恍惚者，乃先天炁生，后天气接。二气旋转，始生恍惚。君不知二气恍惚何生焉？大概先天炁非后天气温暖不生，亦非后天气相恋不住。故先天炁之行止，唯听命于后天焉（以呼吸气留恋元炁）。君亦知后天之气为何物否？若以口鼻呼吸为后天气，试问口鼻与炁穴相隔甚远，何以能相恋而不相离也。唯真息不在口鼻而在炁穴，息息归根即是由炁穴呼吸，而不著于口鼻也。此是天机，君切默记，勿为妄言所欺也。切切！

孚佑帝君降诗：

举世纷纷谈性天，岂知半是野狐禅。
镜花水月徒捉摸，毕竟未纯识道诠。

我今从“凝神炁穴，息息归根”八字详为解释，或有悟者，亦未可知。谓凝者，聚也。神者，心中之正念也（正念无念）。气者，先天之真炁也。无形无象，生于虚极静笃之时。穴即生先天炁之本根。所以凝神炁穴者，即将我心中之正念，凝聚于炁穴，不令神往外驰。神凝则火聚，火聚于下，水自上升。此水火调济之要诀，亦凝神炁穴之妙谛也。息者，呼吸也。

息息者，绵绵不断之义也。归者，返回也。根者，根本也。息息归根，即呼吸不离生气本根，若存若忘，似有似无。昔所谓胎息者是也。须知此息，本乎自然，神既凝于炁穴，息亦定于本根。此八字之妙义，生等细心参悟，自有心得。

孚佑帝君降诗：

春花灿烂满苍苔，谁识道从个里来。

暖信融融生机动，芸芸万物带春回。

迨寂照至四五日，大药始有动机。当此时六根震动，药忽上驰而下奔，欲附外肾，无窍可通，转向尾闾，始得门径。但大药至此，一不小心，即走失矣。故过去诸真，有轻撮谷道、内中提吸之诀。此亦防危虑险之一道也。然若不奔谷道，则不必用此诀。群真所以不将此道示人者，盖以此处有微妙天机。知此天机，则三关可过，九窍易通。不知此机者，亦足徒劳而已。

夫（行小周天）天机者何？（炁）之动机也，然（炁）有行则有住，（炁）有住亦有行。但（炁）动则（神）随之动，（炁）住则（神）随之住，顺其机而已。其（炁）升也有机（动机），顺其（炁动之）机而升，则无间隔之虞。其（炁）降也有机（动机），顺其（动）机而降，则无停滞之弊。应静（沐浴）之时不可强动，听其静而已。应动之时不可强静，顺其动而已。总而言之，尾闾、夹脊、玉枕三关，每一关有三窍。唯于过关冲窍时，皆以静以待之。动而后引，前至明堂，危险可虞。古之学人过此关，有玉箸下垂者，人以为坐化，不知正是走丹也。此处危险，较谷道犹甚。……大药走失，最能伤人。故古仙有云：谷道危险小，明堂危险大。虽同是走失，而内外之分，正所以别其轻重也。大药过得明堂，下降重楼，点化阴质，始成乾象。经云：“乾坤交媾罢，一点落黄庭”，正此时也。

但真种产时，动气（炁）甚大，耳后生风，外形自举，真如一团火珠，上下奔驰。当此时，须藉呼吸之力，以收摄之。使息息归根，此真种自然摄入玉炉。以目寂照，以意护守，封固少许，忽然又动，一股阳火从中发出。《入药镜》云：“鼓巽风（呼吸），运坤火（神意）。”即此时也。此时须明橐籥之机，以息吹火，使之上行。虽以息吹，犹不可着于息，当以意与之同行，自然而然，稍不自然，便不合道。最要紧者，机动则随其机而行，机止则随其机而止（神炁不得分离），勉强不得。要将文武火分清，庶无大谬。

何为文？初坐寂照丹田，不离而守，不有而存，此文火也。遇有动机，凝神守着动处，将动气（元精）逆回玄窍，息息归根，即鼓动巽风也。神光煦照，即以火烹炼。精不经火炼，不能化气（炁），是以仍不免作怪耳。故必以武火锻炼，而后猛虎可伏。此一段乃武火作用。少时机息，仍以文火寂照。

真种产后，摄归玄关（妙窍）。仍以息息归根（意念摄归）之法炼之，此武火也。少时机息，寂然而照（文火），以待发火之机。吾之元神与之同行同止，而以息机缓缓吹之，使火上升。但吹之之法，但用息机稍加之意。吸机随向上，而先天火受其逼，自上升耳。此亦武火也。行到中间火炽（盛），故有熄火沐浴之事。然而熄火者，非神离气也，不过不用吸力耳。不第此间为之沐浴，用息吹火时，呼任其自然，呼亦沐浴耳。迨升至绝顶，缓缓而下，此时当用呼机，吸机大可不用矣。然有呼而不能无吸，但稍着意于呼机，吸则听其自然，吸亦谓之沐浴。及降至中间，稍稍休息，而后方降入玄窍，又归根矣。以上名（小）周天火候，有文有武。总而言之，静（息念）则为文，动（意念）则为武。文武火明白，金丹不难结矣。

橐籥者，（内）呼吸也。即如吹火之风箱，一来一往，使火愈炽。此指内呼吸而言，非口鼻呼吸也。坐至神凝息定，口鼻之气自断，而内呼吸生焉（阖辟机缄自现，橐籥之相自成）。外呼吸离炉尚远，岂能有益于道？内呼吸一升一降，如风箱之往来，故名橐籥。

丹经云："采取以升降，由督脉上升乾顶，从任脉下降坤腹。"然督脉在何处？在丹田后弦，上通三关，进阳火之道路也（脊髓中、曹溪路）。任脉在何处？在丹田前弦，上通乾顶，与督脉会合，此乃退阴符之道路也。

小周天乃有为之天，大周天乃无为之天，所以有大小之异耳。采药不问大小，均无别径。唯采小药时，实不觉有药，有意似有药，非如采大药时，有形有象。但采小药后，非起火不能溶化阴质。噫！火在何处？药中有火焉。药在何处？火中有药焉。起火于何时？药入炉（炁穴）后。运火于何处？尾闾穴间。至此自有真机，顺此机而行，神守丹田，意驭真气（炁）上升。虽藉呼吸之力，亦不可着于呼吸。此时务要着力先天之炁，后天之（呼吸）气稍为关照而已。但先天炁上升时，本有行住之机。动机现（即）可以行（进阳火），静机现可以住（沐浴、混沌）。行时呼吸之数（三十六吸、数；二十四呼、数）规则之，一吸一升，是知非一吸可升至乾顶。一呼一降，亦知非一呼可以降至坤腹。况上升时有沐浴之说，此时不可起火（呼吸导引），必须静候机动而后行方不背乎自然。况呼吸均有责任，上升时（以）吸为主，呼不过从之而已。下降时，（以）呼为主，吸不过从之而已。不但升降有沐浴，呼吸之间，亦有沐浴。吸用事时呼从之，呼即为之沐浴。呼用事时吸从之，则吸亦为之沐浴。至于采取升降，真种（元炁）一发生（周天活子时至），即一升降，亦名抽坎填离。至抽尽坎阳，填满离阴，精尽化炁，实有止火景焉。

诗曰：

月映寒潭一味清，天机原自此间生。

笑他学佛修仙者，不识天边日月精。

十月胎功，炼炁化神。神足迁之上田，以尽乳养之道……以使神全还虚。

神完（足）自有光现，或金光，或白光，此光一现，便知神全。当此时，莫教光散，须用收念之法，凝神光中，引入性中（泥丸宫），仍归定静。阳神初出，三两步即可收回，纯养一七再出，二七再出，三七、四七亦然，必至七七四十九日，阳神始老练也。四十九日以后，神通广大，百亿化身。虽然，此时宜慧而不用，始入妙化。神常宿于泥丸，寂照而双忘，定静而寂灭，如是者三年可成神仙矣。至九年还虚，自是与太虚合体，虚空即我（天人一体），我亦虚空（人天合一）。若着意于虚空，则是又有一虚空也。又有一虚空，则是虚空仍为虚空，而我仍是我也。不能合成一体（人天浑化），将何以与虚空打成一片，为万劫不坏之金身乎？一部丹经，尽露于此。

守真问："黄庭在何处？"噫！黄庭一穴，在心肾中间，不必定按八寸四分……认定脐上心下正中间即是。……又问："既用火炼精，何以又必得止火乎？"帝师曰：气足则精尽化炁。向之所以用火者，炼此精耳。精尽化炁，则无精矣，无精可炼。则火亦无所施矣，是以有止火之事。然止火者，非不行火，不过不行呼吸之火。若此时再用呼吸，再鼓橐籥，再行周天，丹已成熟，再加烹炼，未有不伤丹者。古仙云："还丹未炼须急炼，炼了还须知止足。"盖此时阳关已闭，无精可炼，即当停止呼吸，以待天机。然停息非不呼吸也，唯不以呼吸催逼再行周天而已。止火之后，自应寂然定静，呼吸似有而似无，神炁似守而非守。古仙云"定里见丹成"，至言也。但此时不加以温养，则大药不生，是以采大药，尚有天机也。

唯火止于阳光二现，药采于阳光三现。切记，切记。

大药服食之后，静中忽而生动，只有顺其动机，用意引之上升。如大药服食状，由明堂下降中宫，与我道胎合而为一，使不外驰。此即收而藏之之法。不但此也，静到极处，尚有两道动炁从涌泉同时上升，至尾闾合而为一，上升至绝顶，复从明堂降下，入于中宫，亦与道胎合而为一。但收服食之后之动炁，须稍用呼吸，顺其阖辟之机，鼓荡浑身之阴气，不可过于用意，以免伤胎之虞也。即如初脱胎时所现之金光，本我原有之灵光，亦必用法收回。若不收回此光，何以造成形神俱妙之境？但收此光时，必须将我法象注于光中，我之法身定于光中。由法身将此光收入法身之内，再由本性收回法身，定于泥丸。以上所言诸条，于结胎后初次之动机，乃是炼形之本。静之又静，又有二炁由丹田先后而上升，静之日久，又有二炁由涌泉穴而上升，此皆万脉归源之时。见此诸境之后，必然息无脉绝，永归大定，此皆自然而然之动机。

当此机之来，不过顺其机，自然引归中宫。凡所谓收者，皆收之中宫又必用意而收，是以金丹始终不能离意。直到还虚功成，我与虚空打成一片（人天合一，天人一体），而后再由泥丸宫入于性海。养至金光万道，直冲斗牛，至此方与诸仙佛，握手同谈矣。

我既与虚空同体，有意即有碍，有碍即非虚空也。

道之妙，在知窍，窍之要，在知道。不知道，不足以识窍。不识窍，不足以明道。故千经万典，无不注重玄关（妙窍）。

静乃动之机，不静不能动也。不静而动，便非真动。因其水源不清，不足以结丹。故动亦不用，必也虚极静笃时，忽然一动，方是真动也。

要识动静原是一物，静时为体，动时为用。无有体，安有用也？是以静以待动，正玄关辟发时也。

初步凝神第一要知地处，非泥丸两眉中间，非心窍一寸三分。乃虚无一窍，用之则有，舍之则藏。《头陀碑》云："玄关幽键，感而遂通。"诚知道之言也。盖玄关一窍，既无形象可求，应如何方得此玄妙处也？老子曰："知白守黑"，此即求之之法也。夫黑乃壬水之色，属阴，故曰坎水。坎中一点真金纯白，乃西方之本色也。知白守黑，即守其坎水，而待其真金（元炁）发动，但此金非坐到静时不生。又必藉目光煦照，而后始露形色。故坐时先将身心放下，闭目先视眉间，稍静即从眉间缓缓放下，以目视脐下，不必定其地处，但以下田作虚空境界即可。要知目光视下田，心亦随之到下田，能朗彻其光，使不昏沉，静坐不过半点钟，丹田自生暖气。要知此暖气，即是春信。少时忽然一动，心中一觉，此正玄关开辟时也。乘其时，凝神于气机动处，自觉恍恍惚惚，似痴如醉，正在《入药镜》所谓："先天炁，后天气，得之者，常似醉"之时也。不以觉应之，即为当面错过。必也遂动遂以觉应，方为感而遂通。能以觉合动，动、觉融化一处，即是水火既济，金木交并。动而后静，有（炁）归于（虚）无，必待再动，而后凝合之。

炁发神凝之际，神炁混合一处，息亦随之不动，大似口鼻无息，无息而息归于炁根矣。元炁发生于炁根，呼吸之气亦根于炁根，当元炁发动时，原拟外出，神亦凝于炁根，元炁自不向外，仍与神相合一处。息（呼吸气）为神炁所吸收，亦同神炁，相依相抱，三家相见，五行攒簇，此乃结丹之正功，即和合凝集之要道也。

岂知小周天一事，最为切要，（小）周天不合法（度），丹亦不结。万圣千贤，无非此一事。此事若明，余无难处。……外肾不缩，还丹未成。

《指玄篇》秘注①

吕祖原诗

沧海老人本诚子秘注

虚无子整理

存诚子诗颂

道有三千六百门　门门皆有一妙根
唯有先天玄关窍　不在三千六百门

甲申 腊月　虚无子

一

叹世凡夫不悟空（而不空），迷花恋酒逞英雄。
春宵漏永欢娱促，岁月长时死限攻。
弄巧常似猫捕鼠，光阴犹似箭离弓。
不知使得精神尽，愿把身尸葬土中。

存诚子诗颂：

悟尽世事终归佛，再造乾坤又学仙。
七十八十犹未晚，且驱快马更加鞭！

① 《吕洞宾全集》，刘体恕汇辑，华夏出版社，2009。

沧海老人曰：此诗乃祖师成道之后，快乐天上，逍遥三界，慧眼观看大地男女为气禀所拘，物欲所蔽，迷昧良知，不明真假，迷花恋酒，伤害许多英雄，春宵漏永，谁能觉悟本真？……嗜欲惑其心，万事劳其形，精神耗尽，所积财物，一死概属别人。唯功过二字，乃归自己……以定善恶：欲知前生事，今生受者是；欲知来生事，今生作者是！老子曰：祸福无门，唯人自召；善恶之报，如影随形！一切都是自作自受！此古经天律，明示众生久矣，人当醒悟焉可也！

二

昔年我亦赴科场，偶遇仙师古道旁。
一阵香风飘羽袖，千条云带绕霓裳。
开言句句谈玄理，劝世声声唱洞章。
我贵我荣都不羡，重重再教炼黄房。

诗颂：

不问收获问耕耘，一念至诚真师临；
点明阴阳生死窍，豁然开朗大道行！

沧海老人曰：吕祖大唐明儒，髫龄入泮，壮岁登龙，由痒生而中进士，授任襄阳，审案不轻用刑，劝化世民，勿畏劳苦；清如水，明似镜，实有功于世。后阅春秋，知富贵如露如电，悟周易，思天理，大数难逃。因赴试，路途忽闻香风一阵，来一羽士，身穿仙衣，腰系绥带，气象不凡，开言而谈玄理。真人乃汉时将军，姓钟离名权，字云房，道号正阳子，受东华帝君指示，大道修炼而登仙界。

洞章者，乃仙家惺（悟）世之词调，超凡入圣之要言。祖遇圣师，情投义和，叙谈七日，立誓归戒，愿学出世之道。尔时吕祖虽大根大器，初闻大道，别师亦有疑惑之心，自思我本是凡夫，想成仙道，岂容易？后蒙师指示，方能大悟，即弃功名如敝屣，舍恩割爱，寻至终南，受尽考磨，十试不退，诚意求师教训。如是正阳帝君，一片婆心，授以丹诀微妙，随师云游，览玩山水……功满而位证天仙也。

“重重再教炼黄房”者，黄者中央正位之宫，五行化育之所，性命之根，生死之穴；《易》曰“黄中通理，正位居体”者，此也。房者，清净安养之所，允执厥中之舍。无垢子曰：“小小房儿却不多，能包天地及山河。其中有个真仙子，不染尘埃上大罗。”嗟乎！此先天大道，朝闻夕死，成真秘诀，轻易不泄，非时不示，非人不传。吕祖随师九载，苦行不息，乐善不倦，十考不昧天心，方指点性命根蒂，一贯的作用，始知厥性复初之下手，拔阴取阳之法则，存心养性之行为，使四体之性归于黄房，修成舍利宝珠。一朝功行圆满，上天丹书下诏，如蝉脱壳飞升，位证玉清内相，金阙选仙，孚佑帝君、兴行妙道天尊之职，九祖齐超，同享天福！

然吕祖慈悲度人心切，见下方众生沉埋苦海，六道转变，颁请玉旨，飞鸾开化，指示群迷……舍数十年之荣耀，修万劫不坏之天福！

三

玄篇种种说阴阳，二字名为万法王。
一粒粟米藏世界，半升铛里煮山川。
青龙驾火游莲室，白虎兴波出洞房。
此个功夫真是巧，得来平步上天堂。

诗颂：

千里寻师为哪般？为了点化玄妙关！
老子佛祖早指明：关在虚极静笃间！

沧海老人曰:《玄篇》之理,讲来讲去,无非言的阴阳二字。以阳化阴,以阴育阳,即可成仙成佛。《易》曰:“一阴一阳之谓道。”紫阳真人曰:“梦谒西华到九天,真人授我《指玄篇》,其中简易无多语,只是教人炼汞(阴)铅(阳)。”此修真之秘诀,超凡入圣之捷径,特恐人难遇难闻耳。

“一粒粟米藏世界”者,此一地方,自古三教圣人不轻易泄,在天上谓之斗柄,斗母主持,四时序焉,万物生焉;在人谓之玄关,这性之关、命之蒂,儒称为灵台,锻炼九曲明珠;释称为灵山,烹炼摩尼宝珠;道称为灵关,修炼粟米玄珠。古经云:道有三千六百门,门门皆有一妙根。唯有先天玄关窍,不在三千六百门。

“半升铛里煮山川”者,此言修性返本,明善复初功夫。铛非有形有象之物件,乃无极而动,造化而成。太极半阴半阳,自母腹胎出,咄地一声,先天太极之炁即收,后天口鼻之气即接,遂分为两仪,两仪分为四象,承于天赋之性,散于四体,性相近也,习相远也。不依师指率性之理,流浪生死,轮回无休矣。学人欲明白“半升铛里煮山川”之义,急求名师指示两仪而返为太极,将那半阴半阳合二为一,山石之精,江水之华,二家自然凝聚太极之中。

内有一个不老婆婆、万化娘子,取东方之木、名曰青龙,木能生火,制火下降而会坎铅,是谓“东龙驾火游莲室”。火逼西方之金,名曰白虎,金能生水,金水上潮,而配离汞,是谓“白虎兴波出洞房”也。

木火降而金水升,至此须知安炉立鼎,上下相应,炼三魂而制七魄,三七合一而成大丹。此个功夫本然奇巧,后世有缘之人,得遇此书,访求至人指示作用,积德消业,功成圆满,脱凡体而步入天堂,有何难耶!

四

寻天(离宫)掘地(坎府)见天光(取坎填离,以命见性),

种得金花果（太极真种）是强。
哪怕世间诸饿鬼，
何愁地下老阎王（了脱生死不再轮回）。
正心收住青龙髓（真汞），
张口擒吞白虎浆（真铅）。
不是圣师当日诀，
谁人做得这文章？

诗颂：

一个真师现世间，九十九个盲师串；
智者心灯师拨亮，愚随盲师团团转。

沧海老人曰："寻天掘地见天光"者，乃言取坎填离、厥性复初之工也。盖人未生以前，在母腹之中本先天卦爻，喜怒哀乐未发之时，乾坤定位，一性圆明，是谓中和气象，故不食而壮。迨至胎足，一个筋斗下地，哭啼一声，昧却中和之炁，始得天地之气，乾坤颠倒。乾名曰天，因失中爻之阳，而变为离中虚；坤名曰地，因得乾中之阳，而变为坎中之满。阴阳失位，五行变乱，先天之性即化为气质之性，即使仙佛圣真临凡，若不遇名师指教，本性日迁，识神主事，元神佛性昧矣。若有志男女，不昧天性，访得真师口诀，将先天所失乾中之阳，在北海坎地寻掘，拨开二阴，取那中爻一阳，阴降阳升，复还乾坤，本体四肢，自现毫光，照彻乾坤宇宙。盖元精元炁元神相凝，名曰金华聚顶，结成金刚舍利，明心见性，存天地之心，行圣人之德，借世间之财，修天堂之福，成天地之智人，为圣真之流亚……

盖心为一身之主，意为精气神之宗，质列五行，中央正位，其性为土，其色皆黄，故名曰黄婆，列名黄龙是也。物格知致，致心不妄动，神定气和，谓之黄龙髓也。白虎浆者，系水中之金，离火冶化，呼吸上凝，是谓张口擒吞也。将髓浆二物，收入玉鼎之中，取日精月华，久久养成不生不灭真灵，功满脱壳，超出天地之外，不入轮回之中。三教圣人不轻泄之法，子贡曰：夫子之文章可得而闻也，夫子之言性与天道不可得而闻也。释迦曰：一合相者，即是不可说。此皆言大道不敢轻泄、明示，虽三教圣人著书立说，儒演于大学、中庸，释演于般若心经，道演于玉皇心印妙经。不遇师指面授，性命之工，作用之法，实难明通。无如世有一等假知之辈，未得心传之道，性不知何修？命不知何了？以他记闻之学，广览群书之见，不明圣人著书立说，借物阐道之义，使大地众生，知觉访师，究竟根源。他以执着死见，不低心访求高人，辨明性理，好胜逞才，妄注丹经传世。后学得之，误以为是真正的修身口诀，盲修苦炼无成，罪莫大焉！故吕祖曰：“不是圣师当日诀，谁人做得这文章？”

五

一三五数总是春（天地演化之理：太极、三才、五行），
后地先天见老君。
花（元炁）发西川（下玄关开）铺锦绣，
月（神光）明北海庆风云（神炁相交，变化生起）。
好抛生计于斯觅，
莫逞浮华向外营（一心向道，不恋红尘）。
念念不忘尘境灭，
静中更有别乾坤（不可停留于初基之功）。

诗颂：

静则得药虚得全，阶前桃花次第鲜。

身外求法外道法，虚极静笃半个仙！

沧海老人曰：世间不知修身之道者，难明此诗之意。惜古圣伏羲行至孟津，见一异物龙头马身，瑞气腾腾。伏羲观见此物不凡，遂唤曰：尔若与后世有益，急可上岸。那灵物闻之，登岸伏地。伏羲视背上有文点，一六属水，居于背下；二七属火，居于背上；三八属木，居于背左；九四属金，居于背右；五十属土，居于背中，通乎水火，达乎金木。伏羲视之，豁然改澈其义，知是天地生成之理，阴阳造化之机，当时画之，熟记于心。此物名为龙马负图，观天地之象，剖明阴阳五行循环之理而成八卦，其义深奥，包乎三才气度……

唯吕祖慈悲，须圣师心传，修成大罗天仙，立誓度尽众生，泄露玄机，作此诗句，指惺男女修道之诀……学人欲明“一三五数总是春，后地先天见老君”之义么？此乃言河图生成之理，指人厥性复初之功也。于意云何？天一生水，地六成之；天三生木，地八成之；天五生土，地十成之。此天生地成，于人身中是谓汞下投铅，分清去浊，格物厥性之功也。后地二生火，天七成之；地四生金，天九成之；此乃地生天成，是谓铅上投汞，物格养性之妙。学人功行至此化境，人欲尽净，天理流行之象，得见我本性如来，号谓老君是也。

言“花发西川铺锦绣，月明北海庆风云”者，乃三花聚顶结丹之效验也。花发者，精华透露也。西川者，养丹之所也。铺者，抽爻换象也。锦绣者，美貌之义也。月明者，阴尽阳昌也。北海者，分清格浊制药之地也。庆者，喜也。风云者，阴阳造化之机也。人身禀精血而成，天性赋焉。散于内，五脏六腑，知其饥饱；散于外，皮毛筋骨；识其痛痒，皆是先天佛性，是谓阴包于阳，清混其浊。若得明师指示，修性之理，了命之功，炼精化气，气盈复聚丹鼎之中养神，剥尽群阴，四体毫光发现，北海月明，应运丹鼎，呼青龙云起，唤曰虎风生，会和而炼大丹也。

“好抛生计于斯觅，莫逞浮华向外营”者，结上文而言，既有缘得道，功成通达，切莫为名利所染，世俗人情所牵……一日功满，脱却凡体，身为大罗天仙，好不乐哉！

六

世间无物（除修大道外）可开怀，

奉劝世人莫自埋。

好趁风云真际会（遇真师、得真诀），

须求鸾凤（性命）暗和谐。

两重天地（后天坎离，意息相融；先天乾坤，心息相依）谁能配？

四个阴阳（后天性命之识神意念与呼吸气，先天性命之元神真意与元炁）我会排。

会得此玄玄内事（气伏、炁藏、神觉则谓之“三家相见”而结圣胎），

不愁挡道有狼豺（魔关）。

诗颂：

一入道门怀自开，阴阳在手好安排；

三家相见大愿了，空色圆融见如来！

沧海老人曰：此诗乃指示得道学人，莫为名利所染、财色势力所迷。古人言：人身难得，中华难生，明师难遇，大道难闻。既得人身生于中华，幸遇至人提醒，得闻修身大道……古经云：“万劫千世得个人，须知前世种来因，此身不向今生度，更待何时度此身？”

“须求鸾凤暗和谐”者，鸾凤乃天地间之瑞物，应出圣人之兆，方得来游；在人身中比为性命，在天比为日月，在地比为水火。天以日月会和，其明普照大千、光华宇宙也；地以水火运生万物，养育群生；人若知性命会和，勤修而见我本来面目，自成虚灵不昧真人也。

言“两重天地”“四个阴阳”，学人明白么？盖坎离相投，此谓后天地也；乾坤交并，此谓先天地也。壬水为阳，癸水为阴；丙火谓阳，丁火谓阴；甲木谓阳，乙木谓阴；庚金谓阳，辛金谓阴；学道如知此两重天地之作用，四个阴阳的会和，修性悟命，炼精化气，炼气化神，炼神还虚，炼虚还无，灵明窍中，动会交澈而成圣胎。学道之人功做到此境界，混俗和光，随缘度日，总要听天安命……

七

前弦（初三、药嫩）之后后弦（廿三、药老）前，
圆缺中间（十五月圆，采药当令）气象全。
急捉龙虎场上战（交媾神炁），
忙将水火鼎内煎（神入炁中，炁包神外）。
依时便见黄金佛，
过后难逢碧玉仙（时至神知，切勿当面错过！）。
悟得圣师真口诀，
解教屋下有青天（得纯阳之体）。

诗颂：

师尊传我真口诀，一心内炼勿停歇。
不自内求向外求，不是修道是作孽！

沧海老人曰：此诗乃言采药之工，定火候老嫩之诀，真三教心传之道，与天地同理，日月共序。轩辕黄帝曰：“观天之道，之执天之行”者，此也。

前玄者，乃是月之初八，阴中得其半阳，药苗至此还嫩，有阴未尽，不能结丹。后玄者，乃月之二十三，阳中生出半阴，乃药老火候

已过，亦是无用。故《易》曰：初九，潜龙勿用；九，亢龙有悔者，此也。学人明白前玄、后玄之义么？预在前玄之后、后玄之前，即是月圆十五之时，阴尽阳纯之际，至此必有恍惚杳冥之象，名得火药是也。

“急捉龙虎场上战，忙将水火鼎中煎”者，承上文而言。前讲采药之理，此叙炼丹之功。盖取坎铅名曰虎，制离汞名曰龙，合那开天辟地不老黄婆将虎降龙，还要日中之神火、月里之神水，黄婆主持，引入乾鼎之中，使龙虎相战，龙呼虎髓，虎吸龙精，木火通明，金水相生，成比会投，依此行功不怠，久久养成圣胎……

“过后难逢碧玉仙”者，言修道不知药苗老嫩，火候过者无用，不能结成圣胎……

八

修仙善士莫痴迷（勿被歪师忽悠），
于此宜当早见机（平时熟读丹经，临机才能把握）。
花发拈花须仔细（活子时至，阳生采药），
月圆赏月（炁壮药灵，不老不嫩行小周天采炼）莫延迟！
得来合口（阖辟、橐籥，无孔笛颠倒两头吹）勤烹炼，
既济休工（神光寂照，沐浴温养）默守持。
从此不须心懊恼，
管教平步上瑶池。

诗颂：

命功修持九道坎，坎坎都是鬼门关；
委身于道全不管，放下生死任凭天！

沧海老人曰：“花发拈花须仔细”者，此乃言得药之妙义。何以故？

花发者，乃精气神融化之质透露四体也。拈花者，抽添之工也。花本结果之兆，一个周天一回。但花发之时，必须好好调理，果方有成也。

“月圆赏月莫延迟”者，将阴配阳，养丹之理也。盖月本属阴，三十日谓之晦，纯阴无阳，借日光之阳以化阴，月得日光至十五日则圆，急速擒之配日，合口烹炼，既济三宝，攒簇五行。

“既济休工默守持”者，前言合口勤烹炼，即武火炼丹之功，此叙文火温养胎息之法。既济者，阴阳配合也；休工者，武火勿催也；默守者，文火温养也；持者，心意勿乱也。如此而行，丹熟成功有望矣。

“从此不须心懊恼”者，言修大道必有颠倒魔障……乃至前世冤孽……古经曰：道高谤兴，德修诽来。……昔梁武帝行善好道，遭侯景之乱，逼饿而死。原来武帝前生是一樵夫，秉性好善，侯景乃山中一老猿，因盗樵夫饭食，樵夫失食受饥，心中恼恨，即用石块塞其出路，令猿饿死洞中，转世结为君臣，冤孽寻报，丝毫不爽。

九

要知大药（先天之物）妙通神，
不是凡砂与水银（后天之物）。
世购药材俱是假（后天浊物“见之不可用”），
人烧水火（有为法）总非真（难入圣）。
有形有质（后天浊物）何须炼（炼而无功），
无象无名（先天神炁）自可亲。
一得便超三界外，
乘鸾跨鹤谒枫宸。

诗颂：

大道就是精气神，何劳辛苦向外寻？

有为见之不可用，无为功到自然成！

沧海老人曰："《玉皇心印经》云：'上药三品，神与气精，恍恍惚惚，杳杳冥冥。'"今祖言"大药妙通神"者，药非草木山石水银，黄白异种有形之物，乃取虚无之神火，引心家之凡火，聚四大之民火，炼北海之精，化气成药，冲开三关九窍，会和元神，故曰大药通神……

十

天机不泄世难知（非时不泄），

泄漏天机写作诗（非人不传）。

同类（男女、精血为后天同类，生儿育女；性命、神炁乃先天同类，成就道胎）铸成驱鬼剑（可以超越轮回），

共床（玄关一窍、神炁归根处）驾起上天梯。

人须人（真人、法身）度超尘世，

龙（先天本性）要龙交（"非种难为巧"）出污泥。

莫怪真情都实说（曲高和寡，知音者希！），

只缘要度众群迷（得道之后，还须弘道）。

诗颂：

真正天机没有机，入手功夫要缜密！

老庄钟吕已泄尽，他们早登上天梯！

沧海老人曰：天仙之道，作用法则，非时不泄，非天命不传。

"同类铸成驱鬼剑"者，盖修身返本大道，一切作用不离乎自身同类之物，同气相求方能修成至宝。性与命同类，金与木同类，水与火同类，阴与阳同类。但人不知修身之道，性命相分，金木相隔，水

火相别，戊土己土相离。若得明师指点性命根蒂之所，五行化育之处，

移戊就己，炼成刀圭，分为雌雄慧剑，妖见丧胆，鬼视止形。……古经曰：“宝剑雌和雄，双双插真土（元神真意、媒婆）降定雌中龙，伏制猖狂虎。”

“共床驾起上天梯”之床者……乃指人体安静之所，即前言性根命蒂之乡。唯此一处，自古三教超凡入圣俱从此地而成。

祖言：人须人度，龙要龙交。还是要同类而修，方可超凡成真。

十一

返本还元已到乾（已炼成纯阳之体），
能升能降号飞仙（炼炁化神，成就阳神、法身）。
一阳生（药产）是兴工日，
九转周（烹炼）为得道年（入圣超凡）。
炼药但寻砵里汞（真阴元神），
安炉先立地中天（真阳元炁）。
此中便是还丹理，
不是真人莫乱传（据说张紫阳三传非人，三遭天谴）。

诗颂：

一阳初生火炼精，情来精至性摄情；
炼炁化神情皈性，到此方称得道人！

沧海老人曰：“返本还元已到乾”者，此乃要三关开通，九窍透彻，取坎中之阳，填离中之阴而成乾。火降水升，河车运转，卦爻由我换，性命由我立，金仙之体方得矣。

“一阳生是兴工日”，承上文而言。既水升火降，阴阳反复，必

要分清别浊。如浊不除，怎成无垢金丹。噫嘻，分清别浊又是怎么下手？此是天机，吾亦不敢明书，怕遭天谴，五雷轰顶，岂不畏哉！

“九转周为得道年”者，乃言采药进火、退符作用。

“炼药但寻硃里汞”者，须用黄婆取虚无之炁，是谓硃里汞，安于炉中，制出元始太乙之炁，号谓地中天，即抽坎成坤，添离变乾，使乾坤定位，完殊之性，归于中和之地，并育而成圣胎。

十二

天生一物（太极真种，具体之道）变三才（精气神），
交感阴阳（性命）结圣胎（还原成来时面目）。
龙虎顺行阴鬼出（顺行生人，炁尽为鬼），
龟蛇（真阴真阳）逆往火神来。
婴儿日食黄婆髓（真息养胎），
姹女时餐白玉杯（沐浴成长）。
功满自然居物外，
人间寒暑任轮回（生死自在，隐显随心）。

诗颂：

得道之后弘大道，弘道能识道之妙；
道风遍拂道不孤，道不虚行天下笑！

沧海老人曰：一物者，天赋之性，本来一性圆明……入后天化精气神是谓三才。……“交感阴阳结圣胎”者，前言顺生之理，此叙返还之功……阴阳交感，五行化育，率性了命，返本而成圣胎也。

“龙虎顺行阴鬼出”者，龙乃属火，火心上浮，虎乃属水，水性下流，火上水下，是谓水火未济，阴阳顺行，二气不交，五行各别……精气

神日日耗损，耗尽而终……“龟蛇逆往火神来”者，龟蛇即是真阴真阳也。龟者居水，为阴中之真阳；蛇者居山，为阳中之真阴。若得明师指示，使南山之赤蛇降于北海之水中，令北海之玄龟伏于南山之崆峒，将二物逆行往来于上下，四体自现毫光也。

“婴儿日食黄婆髓”之婴儿者，居震方谓先天之性，日食月中之华，名曰黄婆髓。姹女居兑方谓先天之命，时餐日里之精，名曰白玉杯也。龟蛇降服，或上或下，听乎令焉。性命日食精华，养育大丹，熟之易矣。

十三

先天一炁号虚无（静定中炁萌神灵），

运转能教骨不枯。

要识汞根觅蒂子（真汞乃阳中之阴、离中之虚，理为命蒂；命蒂之炁上朝合神，则真汞放光），

方求铅本问仙姑（真铅系阴中之阳、坎中之满，法则神光下照，以离交坎而真铅显形）。

人人会饮长生酒，

个个能成不死夫。

色即是空空即色（隐显自在，来去自由），

朗然飞过洞庭湖。

诗颂：

色即是空旧皮囊，空即是色新道器；

空色圆融大事了，若要利他先自利。

沧海老人曰：“先天一炁”，乃生身之本……自母腹生下啼哭一声，此先天虚无一炁，遂昧后天口鼻二气，即接通乎天地，则不可闭，

闭则死矣。

要识汞根、蒂子。夫汞者属火，铅者属水，汞性好飞，唯铅可伏，但此二物，自母胎生下各居一方，今欲返本，则须取铅制汞。

十四

大道玄机颠倒颠（顺生人，逆成仙），
掀翻地府（冲开玄关）要寻天（修命见性）。
龟蛇共穴谁能见，
龙虎同宫孰敢言（神炁共炼，性命同融）？
九夏高山生白雪，
三冬奋火种金莲（炼就黄芽白雪而地涌金莲——丹产珠圆）。
叮咛学道诸君子，
好把无毛猛虎（先天之炁、真铅）牵。

诗颂：

功成土内生黄芽，德就天宫飘白雪；
白雪黄芽会中宫，共庆身国好时节！

沧海老人曰：“大道玄机颠倒颠，掀翻地府要寻天”者，乃拨阴取阳，厥性复初之工也。……明师指示，抽乾离之火，炼坤坎之水，拨开二阴，翻出中爻一阳，复还离宫，变成水火既济，水上火下，岂非阴阳颠倒，撤坎补离，谓之掀地寻天也。

“龟蛇共穴谁能见，龙虎同宫孰敢言？”水火相济，即名为龟蛇共穴，乃得药之理。龙虎同宫，谓金木交并，是结丹之义。

“九夏高山生白雪”者，系阳极而一阴下生，乃制药之本，名为白雪，其卦谓之天风姤。“三冬奋火种金莲”者，系阴极而一阳上长，乃结丹之宗，名曰金莲，其卦名之地雷复。

十五

地下灵芝（下丹田元炁）天上安（去会上丹田元神），

时中采得结纯乾（炁属阳而神属阴，炼炁化神成阳神）。

无根（凡人不修则生命无根）自有阳春至（静寂阳生，春满川原），

有本（家家有个家家有、灵丹妙药）多因气脉缠（气脉阻塞不通未能开发利用）。

姹女戏时神力壮（阴得阳而壮），

婴儿舞处道心坚（阳得阴而灵）。

可怜世上无知识，

我得长生寿万年。

诗颂：

人身确如无根树，几人能经风雨妒？

人天合一天是我，阴阳同德根永固！

沧海老人曰：灵芝者，乃长生至宝，于人身中，癸水真铅是也。此宝乃至灵之物，隐于北海虎穴之中，须用七宝金钱钩之，还要知其时节（活子时），取证方能有用。所以必要访求师指面授，始能知觉法则也。

请看三教宗师，莫不有师。太上师五老；释迦师燃灯；孔子师项橐；文昌师元始；地藏王师毗卢；许真君师谌母；钟离师东华帝君……

知下手而不知采取，则清浊混杂；知采取而不知药苗老嫩，亦无用也；知老嫩而不知配合，何以结丹？知配合而不知升降，亦是难壮；知升降而不知文武火候，丹亦难熟。《悟真篇》云：“契论经歌讲至真，

不将火候著于文；欲知口诀通玄处，须共神仙仔细论。”

“时中采得结纯乾”者，乃言得药之工也。盖时者，子时一阳始复之时，天理流行之象。中者，不偏不倚也。采者，揆阴厥性也。得者，见其效验也。结者；三五凝聚也。纯者，纯一不杂也，即坎铅化为灵芝药物，升上填于离中，而成乾体也。

“无根自有阳春至”者，夫先天大道，行工合乎天地节度，毫无差忒……修返本来面目也。

姹女婴儿者，乃先天之阴阳。戏舞者，即吸呼之理、造化之机也——盖姹女属阴，呼而得阳所化，故神力壮。婴儿属阳，吸而得阴所育，人心退而道心坚也。……吕祖快乐于天上，显化于人间。

十六

劝君保重一分阴（神、性），
悟此仙机在用心（研读经典）。
只是人身常运转，
何劳物外苦搜寻（身外求法，乃外道也）。
忙求北海初潮水（静中一动、下丹田阳刚之炁萌发），
灌济东山老树根（以命济性，重获生机，树老发新枝）。
此个玄机重泄漏，
弹琴须要遇知音（勿妄传，不乱传）。

诗颂：

修行修行重在行，功夫不实等于零！
廿年卅年筑基固，一跃飞上南天门！

沧海老人曰：“劝君保重一分阴”者，虽明一贯之所，务要知得

分阴之法。何也？盖人日饮食，男子生精，女子生血，要取一贯鼎中虚无神火，制化精血，必须拨阴求阳，正心诚意，致知在格物者此也。《道德经》曰："天得一以清，地得一以宁，人得一以圣。"儒曰执中贯一；释曰万法归一；道曰抱元守一。达摩祖师曰："一字大来一字大，四大部洲挂不下；有人得授一字传，灵山会上同说话。"上阳子曰："一者名为不二门，得入此门便安身。当年曾子一声唯，误了阎浮多少人！"率性阐微曰："一字原来是根宗，发长收藏妙无穷。时人若识此消息，太极之中一点红。"此皆言仙佛圣真修性返本还原之工，理同不二。

世间有一等男女，夙根不昧，立志学道，又不辨道之真伪，理之是非，性是何修，命是何了？听信盲师所愚，异种身外求之，或者服天地之气，睹日月之光；或者搬运吐纳默想形象；或者眼观鼻，鼻观心念佛为是；或者垂帘闭气，守定血肉之心，枯坐可鄙。一种糊涂之人，讲采战幼女之术，皆自寻地狱，罪莫大焉！嗟乎！异种旁门，难以尽叙。夫不知拨阴修阳之理，怎成纯阳不生不灭之丹？清浊混杂，私欲所染，万事劳形，气败神伤，精枯血衰，三宝耗尽，大数到来，与俗人何异？寿终还是一片阴气。若善功浩大，上帝敕封神道。若想超出劫外，脱离轮回，须积极访求明师指示，北海修习初潮之水，灌济东山养命老树之根，以三宝为体，五炁为用，金水上潮，配合木火，率三五而炼成八宝金刚圣胎。此本三教成圣之心传，千古不泄之秘诀。非吕祖不敢作诗传世。余若不奉玉皇元始太上敕旨，亦不敢明注也。指拨琴声，非至人难识。不是有缘之士者，亦不信也。

偈曰：日月门前琴韵清，自古及今少人明，纯阳直指本诚注，泄尽玄机鬼神惊！

天地乾坤　日月阴阳　精神性命　木火婴姹　清浊动静　其理则一

抽坎填离　炼魂制魄　降龙伏虎　采铅添汞　寻天掘地　其法则一

坐守玄窍　回光返照　静观自在　求其放心　黄中通理　功用不二

吕祖师原诗卅二首

白玉蟾真人和诗

存诚子颂诗

一

世人宜假（幻、妄）不宜真，难度长生上品经（阳春白雪，和者寡也）。
不免天机重漏泄，灵丹只是炁和精。

白玉蟾和：

纯阳先圣得全真，慈度重宣上品经。
后学殷勤加敬爱，只宜修炼气和精。

存诚子颂：

生我者神活我炁，神令气聚聚成精；
精聚神灵根本固，此真真外更无真！

二

道在人为日常用，逆修入口遍身香（真证道者，口中吐气成云，浑身香气袭人）。
便须默养天胎就，稳跨翔鸾谒玉皇。

和：

无中生有得非常，西海金生（阳生药产）丽水香。
取得归来铛内煮，待炉丹熟礼虚皇。

颂：

顺则成人逆成仙，顺逆之间颠倒颠；

一朝悟觉颠倒歌，响遏行云刺破天！

三

西北（命炁）东南（性神）在两厢，长房（玄关）缩地合中央（合归中宫土釜）。

后人好学神仙法，一样丹砂补败场（谁修谁得）。

和：

雄虎（元炁）赤龙（元神）各一厢，凭媒（胎息、黄婆）牵引入中央。炼时匹配（火候适宜）休轻视，顷刻终成大道场。

颂：

家家有个家家有，家家有个大道场；

道场玄妙无中有，吕祖名之为长房。

四

此法真中妙更真，无头无尾更无形（大道、元炁无状之状）。

杳冥恍惚能相见（虚极静笃，阳炁萌生），便是超凡出世人。

和：

真中无假假中（有）真，听不闻声视没形。

学道知机能着力，得立凡骨变仙人。

颂：

小道精气愚能识，大道阴阳智者迷；

无象之相无状状，恍惚杳冥又希夷！

五

东华姓木（元性）老仙翁，独坐长房（上玄关）未有功。
忽遇西天金（下玄关金炁）圣母，灵丹一粒便腾空。

和：

家家有个主人翁，只为贪迷昧圣功。
若解转头颠倒做，守真志满总归空。

颂：

灵丹妙药入辞典，有心人读口流涎；
此涎大名长生酒，一下重楼便超凡！

六

一法通时（玄关开、元炁萌）万法通，休分南北与西东。
朝朝只在君家舍（玄关一窍），要见须知厥土中（中宫土釜，炼丹鼎炉）。

和：

玄牝之门若会通，百川万派总归东。
时人若知真消息，子正阳生（活子时至，阳生药产）月正中（月圆采药）。

颂：

超凡入圣启玄关，玄牝体立换新天；
此是炼家秘中秘，万法归一归此间。

七

黄鹤楼中吹笛时（守窍调息），白蘋红蓼满江湄（阳生药灵）。
哀情欲诉无人识，只有清风明月知（好消息至——时至神知；若不知则当面错过，遗憾终生！）。

和：

铁笛横吹正子时，一轮明月见江湄。

此中便是真端的，试问诸君知不知？

颂：

初三十四月将圆，炁足神灵勿流连！

过了十五阴气生，再来不知哪一年？

八

法（道）是先天一点炁，将来（拿来）锻炼作元神。

法官存想驱雷使，炼此方能上玉京。

和：

太和舍（玄关）住先天炁，灵阳藏固养精神。

两般（元神与元炁）若得相和合，指日飞升朝玉京。

颂：

孤阴不生生相思，独阳不成成寡人；

一旦风云重聚会，便向昆仑顶上行。

九

二八佳人体似酥，腰间悬剑斩凡夫。

虽然不见人头落，暗里教君骨髓枯。

和：

无情何怕体如酥，空色两忘是丈夫。

识得刚柔相济法，一阳春炁会嘘枯。

颂：

世上无如人欲险，凡人到此误平生！

此系修仙第一关，万里长征第一征。

十

曾读仙经万卷多，篇篇只教运黄河（小周天河车搬运）。

此中有盏长生酒（玉液还丹），问到时人能吃么？

和：

一句通玄不用多，大家（高士）着力挽银河。

三花（精气神）灌上昆仑顶，不是神仙是什么？

颂：

三花聚顶莲花开，河车搬运上天街；

龙虎风云聚会时，乾宫交感育灵胎。

十一

朝游北海暮苍梧（性命和融），袖里青蛇（斩妖仙剑）胆气粗。

三醉岳阳人不识，朗吟飞过洞庭湖。

和：

一对鸾凤戏碧梧，性情相契识精粗。

有人识得玄中理，何必登山与泛湖（千里寻师不如在家老实修道；真师可遇不可求）。

颂：

得道仙人皆仙去？只在人间人不识！

游行四海觅弟子，有缘相遇勿疑迟！

十二

我命从来本自然，果然由我不由天。

金丹一服身通圣，可作蓬莱阆苑仙。

和：

道本无言只自然，真铅只识地中天（阴中真阳）。

河车运上昆仑顶，作圣超凡便是仙。

颂：

人生遗憾何其多，命不由己可奈何！

老子早指长生道，道上行人可罗雀。

十三

修仙不问男和女，炼药无拘富与贫。

一念不差皆可作，我知不是世间人。

和：

王母本是凡人女，葛洪家道十分贫。

二仙有样皆当学，苦口良言不惧人。

颂：

大道不分男与女，阴阳五行总一般；

女子更比男子易，三年五载便成仙。（刘一明语）

十四

神仙歌诀泄天机，方便慈悲指世迷。

见者莫生颠倒见，大家都好学装痴（红尘事物，装聋作哑可也）。

和：

篇篇字字有真机，悟者回头莫执迷。

大药丹方难得遇，遇之不炼是愚痴。

颂：

神仙歌诀神仙方，苟能相应就放光！

光明灭却千年暗，无须寺庙上高香。

十五

不死金丹种土砂，诸人会得早离家。

一心只望长生路，切莫如蜂苦恋花。

和：

非金非木亦非砂（身外皆凡物），此个原来在本家（体内有真种）。

释氏初生全漏泄，因何末后又拈花（修养心性可以普传；命功则非人不传，即择人而传，故只能教外别传！——口授心传！）？

颂：

拈花微笑有正传，可惜知者就不言！

百年百劫传一人，唯因师寻弟子难！

十六

真铅大药本无形，只在人心暗与明。

老子怀胎十个月，功圆行满自通灵。

和：

哑子得梦醒无形，有口难言只自明。

脓血皮包无价宝，若还认得便通灵（父母妻子有定分，而“道”无定分，谁苦修谁得！）。

颂：

功名富贵有定分，真铅大药自无形；

谁能勤苦修大道，谁进兜率宫里门！

十七

鼎炉安立守其心，八两朱砂（汞、神）八两金（铅、炁）。

和合天平兑定了，便须仔细（火候要诀）定浮沉（小周天）。

和：

昨夜进心要坚心，锻炼顽铜化赤金。

赫赫光明侵碧障，丹成妙诀定浮沉。

颂：

进火退符有规程，武炼文烹浮又沉；

去矿留金光烁烁，发白再黑过来人。

十八

奉真修道守中和，铁杵成针要琢磨。

此事本然无大巧，只争日逐用功多。

和：

人人天赋此元和（太和元炁），好把真常各打磨。

今古上仙成道者，皆缘掘地（凝神炁穴）采铅多。

颂：

磨砖作镜引人笑，磨杵成针有人道；

真有志者毕竟成，一门深入窍中窍。

十九

一阳炁发用功夫，日月精华炤玉壶（丹鼎）。
到此闭门休妄动（闭关修炼，须过来人护道），恐怕堕落洞庭湖。

和：

达摩当日用功夫，独坐长芦用酒壶。
得了一杯倾灌顶，摘芦脚踏过东湖。

颂：

佛祖雪山整六年，达摩面壁又九年；
筑基功夫要认真，性命双修了大还。

二十

曲江月现水澄清，沐浴须当定主（炁）宾（神）。
若得水温身暖处，便当牢固办前程。

和：

采药须知浊与清，饶它（炁）为主我（神）为宾。
若非猛火汤烹处，端坐休教再进程。

颂：

圣人传药不传火，火候药物须般配。
人根利钝隔天渊，临机把握看智慧。

二一

龙虎相逢上战场，霎时半刻定兴亡（神炁混沌是否了当？）。
诸君逢恶（魔景干扰）当行善（以善念化邪魔），若要争强必损伤。

和：

五炁朝元作道场，三花聚顶万邪亡。

嗜美景时须谨慎（勿耽乐境），切防危险莫遭伤。

颂：

物欲之乐俗气熏，精神法乐境界新；

是非恩怨齐放下，真放下了一身轻！

二二

道本无言法本空，强名指作虎和龙。

天然一物真元始，隐在阎浮（后天）同类（真阴真阳）中。

和：

须信金丹本不空，成功须用虎和龙。

子时运入（进阳火）昆仑顶，午后循环（退阴符）沧海中（气海沐浴）。

颂：

龙虎阴阳又铅汞，蒙得学人脑壳痛！

后天气与先天炁，三家相见定成功！

二三

人言我道是虚浮，我笑世人太没谋。

一粒金丹长命药，暗中食了不知愁。

和：

炼丹须要识沉浮，未炼还丹用意谋。

指教后人能得手，不须日夜用心愁。

颂：

大道原本不稀奇，百姓日用而不知；
一朝醒悟回光照，始知从前太愚痴！

二四

龙虎金丹妙合天，风云际会（机缘到来幸遇真师）泄甘泉。
白头老子能知此（金丹之道），返老还童寿万年。

和：

金丹妙道本先天，隐在坤维化玉泉。
松柏因他滋本固，经霜耐雪没穷年。

颂：

人人都有长生药，聪明反被聪明惑；
大道至简大法易，拾级而登上大罗。

二五

两口相逢是吕岩，诸人识得莫胡谈。
离中力量人难敌，能把乾坤一担担。

和：

伏龙须要入虎岩，吞气忍声绝言谈。
得他虎子牢擒捉，配个龙儿一担担。

颂：

收拾乾坤一担担，上肩容易歇肩难；
若于中途撂却担，愧对师尊谆谆言！

二六

降龙须要志如天，伏虎心雄气似烟。
痴蠢愚人能会得，管教立地作神仙。

和：

亏心亏理即欺天，四物相遮黑似烟。
此辈即同禽兽类，如何得见玉天仙？

颂：

一心求道道越远，有心修德德不全；
大道道心本平常，路标不偏直向前。

二七

一本梅花十月开，须先待得早春来（补漏筑基）。
木微尚且知时景，人不回头只是呆。

和：

枯木逢春花再开，皆因天地一阳来。
诸人年老难重少，只是贪痴呆上呆。

颂：

年届花甲血气衰，补漏筑基莫徘徊；
一口炁在皆有望，太阳西边升上来！

二八

四方游化唱仙歌，反被时人笑是魔。
不识真金如粪土，老龙把做毒蛇蹉。

和：

颠倒修行唱道歌，篇篇剪怪又驱魔。
人人要上蓬莱路，会用工夫心莫蹉。

颂：

下士闻道开口笑，哪儿会有老还少？
阳春白雪和者渺，不识大道玄且妙。

二九

昔年游戏岳阳楼，好个莺花鹦鹉洲。
今日重来沽美酒，故人多半葬荒丘。

和：

茅庵静坐胜高楼，耐守功完上十洲。
堪叹玉堂诸学士，文章锦绣葬荒丘。

颂：

物是人非新旧游，没有几个肯回头；
不爱钱财不近色，哪个跟你趣味投？

三十

遨游大地十余秋，劝化时人不肯修。
留此一片真奥妙，飘然直上凤麟洲。

和：

暑来寒往春复秋，人生如梦宜早修。
仙家岂有浮空语，悟透玄风上十洲。

颂：

欲度众生生妄想，不度众生怎超凡？
徘徊度与不度间，菩萨神仙也为难！

三一

苦劝人修不肯修，却将恩德反为仇。
如今回首朝天去，不管人间得自由。

和：

世人宜早发心修，夫妇恩深总是仇。
不信吾言当自省，眼昏背曲为何由？

颂：

不明道理莫修道，大道就在人道头；
人道圆了家道圆，勿把修道作寇仇。

三二

浮名浮利事如风，飘来飘去有何功？
诸人各自宜三省，莫把仙方当脱空。

和：

纯阳袖大惹春风，归去来兮甚有功。
留下玄机无价宝，玉蟾解和亦谈空。

颂：

自从钟吕立规矩，三成全法露真机；
下手转手与了手，修真士子上天梯！

修心修身总一般，没有专门女丹篇！
相互滋益同证道，龙上天来凤上天！

“一”字赞

存诚子

一

“一”字天下独为大，四方六合装不下；
老子传出“一”字诀，超越阴阳与八卦。

二

老子之道道生一，一炁浑元塞太虚；
抟成太极具体道，金丹一粒世间稀！

三

伏羲黄老到钟吕，三成全法上天梯；
伍祖柳师黄元吉，全面揭示秘中机。

四

中土难生今已生，正法难遇今已遇；
祖师难逢今已逢，一帘幽梦在曹溪。

五

世人纷醉独醒时，牵心挂肠不是痴！
独乐何如众人乐，大家齐登上天梯！

《吕祖百字碑》诗颂[①]

存诚子　诗倾

养气忘言守，降心为不为。
忘言气不散，守窍神不驰。
心息相依恋，不为无不为。

动静知宗祖，无事更寻谁。
静极生动日，玄关窍开时。
得一万事毕，灵药生无疑！

真常须应物，应物要不迷。
修道在应事，应事不迷事。
居尘不染尘，方可称高士。

不迷性自住，性住气自回。
以情来归性，人情化道情。
凡情得道用，性命自浑沦。

炁回丹自结，壶中配坎离。
坎离交媾频，神炁混融勤。
妙根时时灌，圣药日日灵。

---

① 《吕洞宾全集》，刘体恕汇辑，华夏出版社，2009。

阴阳生反复，普化一声雷。
隐隐雷声震，霍霍电光华。
龙虎争斗罢，圣药如枣大。

白云朝顶上，甘露洒须弥。
乾顶飘白云，坤土长黄芽。
合成紫金液，化为漫天霞。

自饮长生酒，逍遥谁得之？
金液涓涓凉，醍醐滴滴香。
饮罢长生酒，莫负好时光！

坐听无弦曲，明通造化机。
人与天合一，天与人一体。
无弦发妙音，宇宙无秘密。

都来二十句，端的上天梯。
一念至真诚，仙师自来临。
日颂诗百遍，不神而自神！

敲爻歌[1]

汉终唐国飘蓬客（丹客），所以敲爻不可测（修丹过程卦爻斤两其变化玄妙莫测）。

纵横逆顺没遮拦（沿途风光各异），静则无为（〇大道无极）动是色（⊙动即太极）。

也饮酒，也食肉，守定胭花断淫欲（“坐中有即妓，心中无妓”）。

行禅唱咏胭粉词，持戒酒肉常充腹（借境炼心：“临事不动心，真是不动心”）。

色是药，酒是禄，酒色之中无拘束（“圣人也在尘中混，只是居尘不染尘”）。

只因花酒悟长生（得真人点化），饮酒戴花（超凡入圣）神鬼哭。

不破戒，不犯淫（修道前提），破戒真如性即沉（失去基础）。

犯淫丧失长生宝（元炁），得者须由道力人（有定力之人）。

道力人，真散汉（钟离祖师自称），酒是良朋花是伴。

花街柳巷觅真人，真人只是花街玩（“对境无心是大还”）。

摘花戴饮长生酒，景里无为道自昌（紫阳真人：“倘能入静，金丹可坐而致也”）。

一任群迷多笑怪，仙花（元炁）仙酒（元精）是仙乡（道场）。

---

① 《吕洞宾全集》，刘体恕汇辑，华夏出版社，2009。

到此乡，非常客，姹女（元神）婴儿（元炁）生喜乐（“道是醉来真个醉，不知愁是怎生愁”）。

洞中常采四时花（活子时到即采即炼），花花结就长生药（去矿留金，真炁纯阳）。

长生药，采花心，花蕊层层艳丽春。

时人不达花中理，一诀天机值万金（陈致虚：“大道唯有金丹门，金丹亦无第二诀”——不得天仙法脉孕、调药口诀，修道免谈！）。

谢天地，感虚空，得遇仙师（钟离权）是祖宗。

附耳低言玄妙旨，提上蓬莱第一峰（“运宝泥丸住，搬精入上宫”——玄宫结丹，故吕祖之丹名玄宫丹）。

第一峰，是仙物，唯产金华生恍惚（乾坤交媾，金液还丹）。

口口相传不记文，须得灵根坚髓骨（“药为玉液滋脏腑，丹为金液换骨髓”）。

坚髓骨（元炁充足），炼灵根（炼炁化神），片片桃花洞里春（神炁合融，其乐融融）。

七七（三丰：“二七时，有真机”，不要等待月明十五，过则药老，失去烹炼价值）白虎（元炁）双双（元神）养，八八（元神元炁各半斤八两）青龙总一斤。

真父母（元神元炁），送元宫（玄宫泥丸），木母金公性本温（乾坤交媾，凝炼金液）。

十二宫中蟾魄现，时时地魄降天魂（“今日说破我家风，太阳移在月明中”）。

铅初就，汞初生，玉炉金鼎未经烹（每烹炼一次，得一丹头，添一点油、接一次命，约三百头即可返老还童；若未经烹炼，以去矿留金，不成纯阳真炁，不为丹药）。

一夫一妇同天地，一男一女合乾坤。

庚（元炁）要生，甲（元神）要生，生甲生庚（神入炁中，炁包神外）道始萌。

拔取天根并地髓（神炁浑融），白雪黄芽（灵丹妙药）自长成。

铅亦生，汞亦生，生汞生铅一处烹。

烹炼不是（后天之物）津和液，天地乾坤日月精（先天精华）。

黄婆（元神真意）匹配得团圆，时刻无差口付传（进阳火退阴符的程限规则，其火候须师傅口传）。

八卦三元全藉汞（元神），五行四象岂离铅（元炁）。

铅生汞，汞生铅，夺得乾坤造化权。

杳杳冥冥生恍惚，恍恍惚惚结成团（自然而然，不得勉强）。

性须空，意要专，莫遣猿猴（心猿意马）取次攀（一心专注）。

花蕊初开切忌触（初生新药太嫩，不宜起火烹炼），锁居土釜（中宫黄庭）勿抽添（温之养之）。

玉炉中，文火烁，十二时中唯守一（文火温温寂而照、照而寂）。

此时黄道会阴阳（小周天），三性元宫无漏泄（炼精化炁毕，得漏尽通）。

炁若行，真火炼，莫使玄珠离宝殿。

加添火候切防危，初九潜龙不可炼（初生药物太嫩，不宜接行小周天功）。

消息火，刀圭变，大地黄芽都长遍（紫阳真人："一粒复一粒，由微而知著"）。

五行数内一阳生，二十四气排珠宴（炼丹过程注重活子时，时至阳生即炼一周天）。

火数足，药方成，便有龙吟虎啸声（得纯阳真炁，火珠现象）。

三铅（凡铅）只得一铅（真铅）就，金果仙芽未现形。

再安炉，重立鼎（小周天大炉鼎，至大周天则移炉换鼎——小炉鼎），跨虎乘龙离凡境（五龙捧圣，金液还丹，服食过关，入圣离凡）。

日精才现月华凝，二八相交在壬（水）丙（火）。

龙汞结，虎铅成，咫尺蓬莱只一程（铅汞合融，丹产珠圆，立道有基，通天有路）。

坤铅乾汞金丹祖，龙铅虎汞最通灵。

达此理，道方成，三万神龙护水晶（自助才有师助、神助、天助）。

守时定日明符刻，专心唯在意虔诚。

黑铅过，药清真，一阵交锋定太平。

三车（羊车、牛车、紫河车）搬运珍珠宝（元神元炁），送归宝藏（“乾坤交媾罢，一点落黄庭”）自通灵。

天神佑，地祇迎（天入地中，神入炁中），混合乾坤日月精（神炁交媾，混沌圆融）。

虎啸一声龙出窟，鸾飞凤舞出金城（丹产珠圆，灵珠现形）。

硃砂配，水银停，一派红霞列太清。

铅池迸出金光现，汞火流硃入帝京（与上文义同）。

龙虎媾，外持盈，走圣飞灵在宝瓶。

一时辰内金丹就，上朝金阙紫云生（与前文同义）。

仙桃熟，摘取饵，万化来朝天地喜。

斋戒等候一阳生，便进周天参同理（其义大同小异）。

参同理，炼金丹，水火熏蒸透百关。

养胎十月神丹结，男子怀胎岂等闲。

内丹（汞珠）成，外丹（火珠）就，内外相接好延寿（乾坤交媾，铅汞和融）。

结成一块紫金丸（金液还丹），变化飞腾天地久。

丹入腹（服食金液），非寻常，阴形剥尽化纯阳。

飞升羽化三清客，名遂功成达上苍。

三清客，驾琼舆，跨凤腾霄入太虚。
似此逍遥多快乐，遨游三界最清奇。

一物无，唯显道，五方透出真人貌。
仙童仙女彩云迎，五明宫内传真诰。

传真诰，话幽情，只是真铅炼汞精。
声闻缘觉冰消散，外道修罗缩项惊。

点枯骨，立成形，信道天梯似掌平。
九祖先灵得超脱，谁羡繁华富与荣。

寻烈士，觅贤才（薛道光：“我今觅得长生药，年年海上觅知音”——护道者），同安炉鼎化凡胎。
若是悭财并惜宝，千万神仙不肯来（神仙可遇不可求）。

修真士，不妄说，妄说一句天公折。
万劫尘沙道不成，七窍眼睛皆迸血。

贫穷子，发誓切（穷而著书，困而修道），待把凡流尽提接。
同赴蓬莱仙会中，凡景熬煎无了歇。

尘世短，更思量，洞府乾坤日月长。
坚志苦心三二载，百千万劫寿无疆。

达圣道，显真常，虎兕刀兵更不伤。
水火蛟龙无损害，拍手天宫笑一场。

这些功，真奇妙，分付与人谁肯要？
愚徒死恋色和财，所以神仙不肯照。

真至道，不择人，岂论高低富与贫。
且饶帝子共王孙，须去繁华锉锐分。

瞋不除，态不改，堕入轮回生死海。
堆金积玉满山川，神仙冷笑应不睬。

名非贵，道极尊，圣圣贤贤显子孙。
腰金跨玉骑骄马，瞥见如同隙里尘。

隙里尘，石中火，何在留心为久计。
苦苦煎熬唤不回，夺利争名如鼎沸。

如鼎沸，永沉沦，失道迷真业所根。
有人平却心头棘，便把天机说与君。

命要（师）传，性要（自）悟，入圣超凡由汝做。
三清路上少人行，畜类门前争入去。

报贤良，休慕顾，性命机关堪守护。
若还缺一不芳菲，执着波查（世缘）应失路。

只修性（心、神），不修命（气、炁），此是修行第一病。
只修祖性不修丹（性命双修），万劫阴灵难入圣。

达命宗，迷祖性，恰似鉴容无宝镜（无有大智慧）。
寿同天地一愚夫（长命凡夫），权握家财无主柄。

性命双修玄又玄，海底洪波驾法船。
生擒活捉蛟龙首，始知匠手不虚传。

张紫阳

金丹四百字（简注）

悟真篇

张伯端（984—1082年），字平叔、号紫阳，浙江天台人。自幼聪明好学，涉猎三教经书，及刑法、书算、医卜、战阵、天文、地理、吉凶死生之术。长年任台州府吏，嘉佑二年（1057年）因受累谪戍岭南，走上访道修仙之路。治平初（1064年）张伯端于桂州（今桂林）掌管机要。熙宁二年（1069年），在成都天回寺遇异人（据传是刘海蟾真人）得金丹火候之诀。熙宁三年（1070年），张伯端归台州，筑室山居，于熙宁八年（1075年）著成《悟真篇》。后出山转徙秦陇（今陕西、甘肃一带），事河东马处厚，于汉阴山中修炼。处厚被召，临行前，伯端托以《悟真篇》。晚年返台州，居桐柏山崇道观，广授道徒，卒于百步溪。

金丹四百字（简注）①

序

七返九还金液大丹者，七乃火（神）数，九乃金（炁）数。以火炼金（以神驭炁），返本还元（太极真种子），谓之金丹（炁，水中金；丹，纯阳之炁）也。

以身（坤）心（乾）分上下两弦，以神炁别冬夏二至，以形神契坎离二卦。以东魂之木（甲乙木）、西魄之金（庚辛金）、南神之火（丙丁火）、北精之水（壬癸水）、中意之土（戊己土），是以攒簇五行（精神魂魄意五行之炁混沌为一以辅助结丹）。

以含眼光（返观内照），凝耳韵（听呼吸），调鼻息（守窍调息），缄舌气（闭语言），是为和合四象（四象归一象——息；一呼一吸之后天凡息，至不呼不吸之先天胎息）。

以眼不视而魂在肝，耳不闻而精在肾，舌不声而神在心，鼻不香而魄在肺，四肢不动而意在脾，故名曰五气朝元（回归各自本元；五脏精气富裕者陆续归于命门下面元精穴）。

以精化为炁，以炁化为神，以神化为虚，故名曰三花（化）聚顶。

以魂在肝而（精气）不从眼漏，魄在肺而（精气）不从鼻漏，神在心而（精气）不从口漏，精在肾而（精气）不从耳漏，意在脾而（精气）不从四肢孔窍漏，故曰无漏。

精、神、魂、魄、意，相与混融，化为一炁，不可见闻，亦无名状，

① 《金丹四百字》，《气功》杂志，浙江科技出版社，1989年第8期。

故曰虚无。

炼精者，炼（先天）元精，非（后天）淫佚所感之精；炼气者，炼（先天）元炁，非（后天）口鼻呼吸之气；炼神者，炼（先天）元神，非（后天）心意念虑之神。故此（元）神、（元）炁、（元）精者，与天地同其根，与万物同其体。得之则生，失之则死。以阳火炼之，则化成阳炁；以阴符养之，则化成阴精。故曰：见之（后天精气浊质系有状之状）不可用，用之不可见（先天神炁虚灵乃无象之相）。

身者，心之宅；心者，身之主。心之猖狂如龙（神识动，杂念纷飞），身之狞恶如虎（精气足，情欲难控）。身中有一点真阳之炁（铅精），心中有一点真阴之精（汞精）。故曰：二物。

心属乾，身属坤，故曰乾坤鼎器（心身为炉鼎，坎离为药物）。

阳炁属离（阴中之阳的真阳），阴精属坎（阳中之阴的真阴），故曰：乌（金乌——真阳）兔（玉兔——真阴）药物。

抱一守中（守窍调息而孕药），炼元养素（以神驭炁为调药），故曰采先天混元之炁。

朝屯、暮蒙（二卦），昼午（沐浴）、夜子（起火），故曰行（小）周天之火候。

木液（神）旺在卯，金精（炁）旺在酉，故当沐浴（子午卯酉四个正时不行火，以充分混沌神炁）。

震男饮西酒，兑女攀北花，巽风吹起六阳，坤土藏蓄七数，故当抽（铅）添（汞，混化为真铅真汞而还精补脑）。

夫采药之初也，动乾坤之橐籥（以自呼自吸之内呼吸；无孔笛颠倒两头吹），取坎离之刀圭（经孕、调药成就之药物）。初时如云满千山，次则如月涵万水，自然如龟蛇之交合，马牛之步骤。殊不知龙争魂，虎争魄；乌战精。兔战神，恍惚之中见真铅（静寂中铅汞浑一），杳冥之内有真汞（虚寂中汞铅一统）。以黄婆（元神真意）媒合，守在中宫

（黄庭、土釜）。铅见火（凡火——欲念）则飞，汞见火（凡火）则走。遂以无为油（元神真意）和之，复以无名璞（性光寂照）镇之。铅归坤宫，汞归乾位。真土（真意）混合，含光默默（寂照）。火数盛（过）则燥，水铢多（过）则滥。火之燥，水之滥，不可以不调匀，故有斤两法度（把握圣度，即河车搬运之程限规则）。

修炼至此（玄关窍开，元炁发动，调药至不老不嫩），泥丸风生，绛宫月明，丹田火炽，谷海波澄。夹脊如车轮，四肢如山石，毛窍如浴之方起，骨脉如睡之正酣，精神如夫妇之欢合，魂魄如母子之留恋，此乃真境界也，非譬喻也。

以（小周天）法度炼之，则聚而不散。以斤两（河车搬运程限规则）炼之，则结而愈坚。魂藏魄灭，精结神凝，一意冲和，肌肤爽透。随日随时，渐凝渐聚，无质生质，结成圣胎（太极真种，即本来面目）。

夫一年十有二月，一月三十日，一日百刻。一月总计三千刻，十月总计三万刻。行住坐卧，绵绵若存。胎气既凝，婴儿显相，玄珠成象，太乙含真（真本来面目显现）。

故此三万刻之中，可以夺天上三万年之（炁）数。何也？一刻之工夫，自有一年之节候，所以三万刻，可以夺三万年之（炁）数也。故一年十二月，总有三万六千之（炁）数。虽愚昧小人（下德、精气亏损者）行之，立跻圣域，奈何百姓日用而不知，元精丧也，元气竭也，元神离也。是以三万刻，刻刻要调和（神炁混沌）。如有一刻差违（神驰炁散），则药材消耗，火候亏缺。故曰：毫发差殊不作丹也。

是宜刻刻用事，用之不劳。真气凝结，元神广大。内则一年炼三万刻之丹，外则一身夺三万年之数。大则一日结一万三千五百息之胎，小则十二时行八万四千里之气。故曰：夺天地一点之阳，采日月二轮之炁。

行真水于铅炉（下丹田），运真火于汞鼎（上丹田）。以铅见汞（浑一处），名曰华池；以汞入铅（浑一处），名曰神水。

不可执于无为（防落顽空），不可形于有作（夹杂后天），不可泥于存想，不可着于持守，不可枯坐灰心，不可盲修瞎炼。唯恐不识药材出处，又恐不知火候法度（程限规则）。

要者，须知夫身中一窍，名曰玄牝（玄关一窍、玄牝之门）。此窍者，非心非肾，非口鼻也，非脾胃也，非谷道也，非膀胱也，非丹田也，非泥丸也（非有固定处所之凡窍也）。能知此（玄牝、玄关）一窍，则冬至（阳生）在此矣，药物在此矣，火候亦在此矣，沐浴亦在此矣，结胎亦在此矣，脱胎亦在此矣。夫此玄牝一窍，亦无边傍，更无内外，乃神炁之根，虚无之谷，则在身中求之（静中一动下丹田狭义的肾之玄关开；虚中一觉广义的上丹田心之玄关萌），不可求于他（身外）也。此之（神炁交媾合成）一窍，不可以私意揣度，是必心口传授（性功可自悟，命功须师传）。苟或不尔，皆妄为矣（紫阳真人："任君聪明过颜闵，未遇真师莫强猜"；华阳禅师："寻法觅师问正传，不得真诀难为仙"）。

今作此《金丹四百字》，包含造化之根基，贯穿阴阳之骨髓，使炼丹之士，寻流而知源，舍妄以从真，不至乎忘本逐末也。夫金丹于无中生有（静中一动，元炁萌发；虚中一觉，元神显现），（神炁混沌）养就婴儿，岂可泥象执文，而溺于旁蹊曲径？然金丹之生于无（虚极静笃中）也，又不可为顽空。当知此空，乃是真空（能生妙有者）；无中不无，乃真虚无。今讲此数语，当细味之。

金丹四百字

真土（中宫土釜，即元神真意）擒真铅（真命元炁），真铅制真汞（铅能伏汞。先命后性，以命实性，而达性命双修）。

铅汞归真土（神炁在中宫土釜内进行混沌），身心寂不动（神不妄驰，身不妄动）。

虚无生白雪（天上飘，性光光耀），寂静发黄芽（土内藏，元炁初凝）。

玉炉火温温，金鼎飞紫霞（灵丹妙药在炉鼎内沐浴、温养、壮大，紫气腾腾）。

华池莲花开，神水金波静（神凝炁聚）。

夜深月正明，天地一轮镜（性光圆明）。

硃砂炼阳气，水银烹金精。

金精与阳气，硃砂而水银（神入炁中，炁包神外，混沌圆融）。

日魂玉兔脂，月魄金乌髓。

擒来归鼎中，化作一泓水。（同上义）

药物生玄窍（玄关开，妙药产），火候发阳炉（进行调药、采炼）。

龙虎交会罢（神气炁三家混沌为一炁），宝鼎产玄珠（太极真种子现）。

此窍非凡窍（玄关一窍乃神炁浑一、无中生有之虚窍、灵窍），乾坤（真阴真阳之元神元炁，两相交媾）共合成。

名为神炁穴（凝神入炁，神炁合融，形成窍穴，修道道场），内有坎（坎中之满）离（离中之虚）精（先天精华）。

木汞（元神）一点红，金铅（元炁）三斤黑。

铅汞结成珠，耿耿紫金色（丹产珠圆紫金丹）。

家园景物丽（筑基牢固），风雨正春深（重建性命）。

耕锄不费力（定而生慧），大地皆黄金（紫阳真人："倘能够入静，金丹可坐而致也"）。

真铅生于坎（坎中之满真阳元炁），其用在离宫（离中之虚真阴元神——以神驭炁而结丹）。

以黑而变红，一鼎云气浓（神炁充分混融）。

真汞（元神汞精）产于离，其用却在坎（元炁铅精，先以铅伏汞）。

姹女过南园，手持玉橄榄（次以汞迎铅，终铅汞浑一而丹成）。

震兑非东西，坎离不南北（不必拘泥于卦象）。

斗柄运（小）周天，要人会攒簇（攒簇五行，调药至不老不嫩，才能运炼小周天）。

火候不须时，冬至岂在子（须认活子时）。

及其沐浴法，卯酉时虚比（子午卯酉四个正时位，停息沐浴，进行神炁气混沌）。

乌肝与兔髓，擒来共一处。

一粒复一粒，从微而至著（运炼一次小周天，产生一粒丹头，补足一点元炁以添油接命，一般人300～360头数足而返老还童，男性金龟缩首、马阴藏象；女性则斩断赤龙、常葆春颜；中青年不须那么多粒数，老年人则需要更多一些，故其粒数视人而定）。

混沌包虚空，虚空括三界。

及寻其根源，一粒黍米大（"一粒黍米光烨烨，三十三天咸统摄"）。

天地交（产生）真液，日月含真精（阴阳、天地、日月合一才名真；孤阴寡阳不得名真）。

会得坎离（中真阴真阳而筑就丹）基，三界归一身。

龙（元神）从东海来，虎（元炁）向西山起。

两兽战一场（交媾神炁），化作天地髓（真阳之精）。

金花开汞叶，玉蒂长铅枝。

坎离不曾闲，乾坤今几时。（同上义）

沐浴防危险（无过之与不及，按河车搬运程限规则运炼），抽添（周天采炼抽铅添汞）自谨持（动而炼，勿引而动）。

都来三万刻，差失恐毫厘（子午卯酉四个正时，进行充分沐浴混沌为正功）。

夫妇（真阴真阳）交会时，洞房（玄牝窍内）云雨作。

一载生个儿（身内生身——阳神、法身），个个会骑鹤（身外有身——千百亿化身）。

悟真篇[1]

自序（节选）

嗟夫！人身难得，光景易迁。……至于庄子推究物累逍遥之性，孟子善养浩然之气，皆切几言之。迨夫汉魏伯阳引易道交媾之体，作《参同契》以明大丹之作用，唐忠国师（高僧）于语录首叙老庄言，以显至道之本末。如此，岂非教之分三，道乃归一。

……夫炼金液还丹者，则难遇而易成，要须洞晓阴阳，深达造化，方能超二炁于黄道，会三性于元宫，攒簇五行，和合四象，龙吟虎啸，夫唱妇随，玉鼎汤煎，金炉火炽，始得玄珠成象，太乙归真，都来片晌功夫，永保无穷逸乐。至若防危虑险，慎于运用抽添，养正恃盈，要在守雌抱一。自然复阳生之炁，剥阴杀之形，节气既周，脱胎神化，名题仙藉，位号真人，此乃大丈夫功成名遂之时也！

上卷

一

不求大道出迷途，纵负贤才岂丈夫。
百岁光阴石火烁，一生身世水泡浮。
只贪名利求荣显，不觉形容暗悴枯。
试问堆金等山岳，无常买得不来无？

① 张伯端：《悟真篇集注》，仇兆鳌集注，上海古籍出版社，1989。

二

人生虽有百年期，夭寿穷通莫预知。
昨日街头犹走马，今朝棺内已眠尸。
妻财抛下非君有，罪业将行难自欺。
大药不求争得遇，遇之不炼是愚痴。

三

学仙须是学天仙，唯有金丹（大道）最的端。

二物（神炁）会时情性合，五行（精神魂魄意）全处虎龙蟠。

本因戊己（中土黄庭元神真意）为媒娉，遂使夫妻（真阴真阳阴阳二鱼）镇合欢。

只候功成朝玉阙，九霞光里驾翔鸾。

四

此法真（真法）中妙更真（真诀），都缘我独异于人（颠倒逆修，超凡入圣）。

自知颠倒由离坎（入手以离交坎，凝神聚炁），谁识浮沉（小周天进火退符）定主宾（炁为主，神为宾）？

金鼎欲留朱里汞（欲令上丹田汞火不飞，则需下丹田铅炁以制之），玉池先下水中银（故需先打开下丹田狭义玄关，以萌发铅炁）。

神功运火非终旦（周天运炼不辍），现出深潭日一轮（日久功深，真炁纯阳，下丹田火珠现象）。

五

虎跃龙腾风浪粗（武火烹炼，龙吟虎啸），中央正位（中宫黄庭）产玄珠（时至功成，玄珠成象）。

果生枝上（孕药调药）终期熟（不老不嫩），子（妙药）在胞中（中宫黄庭烹炼）岂有殊。

南北（乾南坤北，即上下丹田）宗源翻卦象（把握进阳火、退阴符火候、卦象的变化），晨昏火候合天枢（行工火候皆要符合程限规则）。

须知大隐居廛市（得道之后，还须弘道，和光同尘，济世度人），何必深山守静孤（躲进深山，当个长命凡夫没有意义）。

六

人人本有长生药（隐藏在玄关内的先天一炁），自是迷徒枉摆抛（未能得到仙师点化，加以开发利用，则随人老物化而去）。

甘露（金液还丹）降时天地合，黄芽（玉液还丹）生处坎离交。

井蛙（执着后天有为法门）应谓无龙窟（不知先要打开玄关），篱鹊争知有凤巢（坐井观天，以为天只有井口那么大）。

丹熟（丹产珠圆）自然金满屋（夜夜灵光照神室），何须寻草学烧茅（练外丹）。

七

要知产药（元炁）川源处，只在西南（下丹田）是本乡。

铅遇癸生（活子时至虚极静笃中一阳初生）须急采，金逢望远（药生而不即时采取）不堪尝（过老则无修炼价值）。

送归土釜牢封固（文火温养），次入流珠（阴神汞珠）斯配当（入下丹田交媾神炁）。

药重一斤须二八（元神、元炁，两者八两合为一斤，成太极真种子），调停火候托阴阳（进阳火、退阴符，炼成纯阳真炁。阴尽阳纯，火珠现象）。

八

休炼三黄及四神（外丹药物），若寻众草更非真（草丹净身而已）。

阴阳得类（真阴真阳、元神元炁为炼金丹同类）归交感，二八（各重八两）相当自合亲。

潭底（下丹田）日红（元炁萌发）阴怪灭（以铅伏汞），山头（上丹田）月白（铅汞混融，神炁浑一）药苗新。

时人要识真铅汞（坎中之满的真阳元炁，与离中之虚的真阴元神），不是凡砂及水银（外丹药物）。

九

阳里阴精（汞精阴神）质不刚，独修一物（阴神）转羸尪（痿病）。

劳形按引皆非道（后天气种种有为法门），服气餐霞总是狂。

举世漫求铅汞伏，何时得见虎龙降?

劝君穷取生身处（正丹田、玄关、炁穴），返本还源（由后天气至先天炁）是药王。

十

好把真铅（元炁）着意寻，莫教容易度光阴。

但将地魄（元炁别名）擒朱汞（以铅制汞、以炁伏神），自有天魂（真汞）制水金（真铅；以性安命）。

可谓道高龙虎伏，堪言德重鬼神钦。

已知寿永齐天地，烦恼无由更上心。

十一

黄芽（真铅）白雪（真汞）不难寻，达者须凭德行深。

四象（和合）五行（攒簇）全藉土（元神真意），三元（精炁神）八卦岂离壬（先天真水调和）。

炼成灵质（丹砂）人难识，消尽阴魔（阳炁足、阴气消、阴魔遁）鬼莫侵。

欲向人间留秘诀，未逢一个是知音（寻找能够承传道脉的弟子难）。

十二

草木阴阳亦两齐，若还缺一不芳菲。

初开绿叶（阴）（需要）阳先倡，次发红花（阳）阴（果实）后随。

常道只斯为日用，真源返复（生身处、复命关即炁穴、玄关）有谁知？

报言学道诸君子，不识阴阳（需要分清凡阴凡阳与真阴真阳）莫乱为。

十三

不识玄中颠倒颠（顺则凡、逆则仙），争知火里（以离火）好栽莲（入坎水，栽金莲）。

牵将白虎（元炁妙药）归家养（采药归炉），产个明珠似月圆（日久功深，定水澄清，灵珠自现）。

谩守药炉看火候，但安神息（橐籥阖辟，自呼自吸的内呼吸）任天然（自然而然，不得勉强）。

群阴剥尽（炼精化炁，炼炁化神，得唯一阳神）丹成熟，跳出樊笼寿万年（从此炁不得而限之，命不得而拘之，逍遥自在，自在逍遥）。

十四

三（精气神三花聚顶）五（精神魂魄意五气朝元）一（浑一为太极真种）都三个字（三五一，河洛之数），古今明者实然稀（有“见之不可用”的后天交感精、呼吸气、思虑神，与“用之不可见”的先天元精、元炁、元神）。

东三（甲乙木）南二（丙丁火）同成五（按河洛数，三加二等于五），北一（壬癸水）西方（庚辛金）四共之（按河洛数，一加四也等于五）。

戊己（土；元神真意）自居生数五，三家（元神真意，后天气，先天炁）相见结婴儿（崔希范真人：元神真意十先天炁、后天气，得之者，常似醉！）。

婴儿是一含真炁（纯一真炁，圣胎之基），十月胎圆入圣基（灵婴显像，超凡入圣）。

十五

不识真铅（元炁）正祖宗，万般作用（后天气有为法）枉施功（《金刚经》：“习练有为法，如梦幻泡影，如露亦如电，应作如是观”）。

休妻谩遣阴阳隔（人道不圆，天道亦难圆），绝粒徒教肠胃空（辟谷能够排除体内垃圾，净化色身，但不能产生真阳元炁）。

草木阴阳皆滓质（后天浊物，见之不可用），云霞日月属朦胧（幻觉、妄想）。

更饶吐纳并存想（种种后天气有为法门），总与金丹（先天大道）事不同。

十六

万卷仙经语总同，金丹（大道）只此（元神元炁）是根宗。

依他坤位（下丹田狭义玄关开、元炁生）生成体（真炁纯阳、火珠现象），种在乾家（上丹田广义玄关开、元神现）交感宫（在泥丸宫内进行乾坤交媾，神炁合融，金液还丹）。

莫怪天机都泄漏，只缘学者尽愚蒙（“未遇真师莫强猜”）。

若能了得诗中意，立见三清太上翁（吕祖：得真诀，行真道，真炉鼎，真橐龠，一真一切真；辛勤二三载，快活千万劫）。

下 卷

一

道自虚无（无极〇）生一炁（太极⊙），便从一炁产阴阳（鸿蒙一判，阴阳剖分为二炁）。

阴阳再合成三体（三为造化之器、玄牝之门），三体重生万物昌（生生不息）。

二

万物芸芸各返根（功德圆满，复返本元），返根复命即长存（与阴阳同德，人天共化）。

知常返本人难会（难得仙师点化、真传），妄作招凶（盲修瞎练）众所闻。

三

但将死户为生户（《阴符经》：“生者死之根，死者生之根”；把握阴阳，扭转乾坤），莫执生门号死门（不修持金丹大道，进行添油接命，生门就是死门）。

若会杀机明反覆（化杀机为生机），始知害里却生恩（《阴符经》：“恩生于害，害生于恩”；修道过程的辨证法）。

四

祸福由来互倚伏（《道德经》：祸福相依），还如影响相随逐。

若能转此生杀机，反掌之间灾变福。

五

要得谷神长不死（元神真意虚灵不昧），须凭玄牝（生生不息之元炁）立根基（作他的能量后盾）。

真精（神炁合凝之阳精）既返黄金屋（中宫黄庭、神室），一颗明珠（丹产珠圆）永不离。

六

玄牝之门世罕知（此乃无中之有的东西），休将口鼻（凡息）妄施为。

饶他吐纳经千载（不能由凡息入胎息而至真息），怎得金乌搦兔儿（不能以神驭炁而结丹）。

七

异名同出少人知（有欲无欲、有为无为），两者玄玄（有欲观窍，无欲观妙，同谓之玄）是要机。

保命全形明损益（《道德经》："为道日损，为学日益"），紫金丹药最灵奇（紫金丹成，群魔远遁）。

八

不识阴（退阴符）阳（进阳火）及主宾（元炁是主，元神为宾；炁行则神行，炁住则神住），知他那个是疏（凡阴凡阳）亲（真阴真阳）。

房中空闭尾闾穴（采阴补阳等旁门左道），误杀阎浮（尘世）多少人。

九

先且观天明五贼（攒簇五行，化害为利），次须察地（坤地——下丹田）以安民（培元固炁）。

民安国富（神旺炁足）方求战（交媾神炁），战罢方能见圣人（神炁混融，丹产珠圆，超凡入圣）。

十

用将（行小周天炼精化炁时）须分左右军（把握文火武火），饶他为主我为宾（炁是主，神为宾；炁行则神随，炁住则神住，神炁始终不离；须动而炼之，勿引之而动！）。

劝君临阵休轻敌（专心致志，神勿妄驰），恐丧吾家无价珍（神驰则炁散，前功尽弃矣！）。

十一

三才相盗食其时（《阴符经》论盗机："天地，万物之盗；万物，人之盗；人，万物之盗"），此是神仙道德机（人之心机、盗机，能阴符天机、道机，则天地万物的潜能皆可为我所用）。

万化既安诸虑息（天为我用，我为天用，给大宇宙运化提供能量，"参赞天地之化育"，彼此相安无虑），百骸俱理证无为（人天合一，天人一体，无为而无不为——大有为！）。

十二

阴符（经）宝字逾三百，道德（经）灵文满五千。

今古上仙无限数，尽从此处达真诠（修真证道者，应研读《道德经》与《阴符经》）。

十三

契论经歌（修真者体道之言）讲至真，不将火候著于文（火候就像炒菜放油盐、味精，语言无功，须口传心授，临炉把握）。

要知口诀通玄处，须共神仙仔细论（李涵虚：“细微节目，非善人不能传，非真师不敢道”）。

十四

饶君聪慧过颜闵，不遇师传莫强猜（华阳禅师：“寻法觅师问正传，不得真诀难为仙。”与此义同）。

只为丹经无口诀（口诀不上经书），教君何处结灵胎（不是仅凭小聪明可以悟得）。

十五

梦渴西华（神仙住处）到九天，真人授我《指玄篇》（吕祖著作）。

其中简要无多语，只是教人炼汞铅。

十六

用铅不得用（后天）凡铅，用了真铅（先天元炁）也弃捐（炼炁化神，炁尽化归元神，而无炁也）。

此是用铅真妙诀，用铅不用是诚言。

十七

竹破须将竹补宜（真阴真阳先天同类，相补相益），抱鸡当用卵为之（《周易参同契》：“同类易施工”）。

万般非类（旁门左道）徒劳力（无用功），争似真铅（先天元炁）含圣机。

十八

未炼还丹莫隐山，山中内外尽非铅（身外求法，乃外道也）。

此般至宝家家（自身家玄关）有（元炁），自是时人识不全（端着金碗把饭讨）。

十九

虚心实腹义俱深（守窍调息，培元固气），只为虚心要识心（凝神聚气，气随神还）。

不若炼铅先实腹（精满气足，玄关自开），且教守取满堂金（玄关一开永开，元炁一得永得，运行自有路径，自然去矿留金）。

二十

日居离位反为女（丹功用上丹田阳中之阴的“阴灵之神”），坎配蟾宫却是男（下丹田水中之金的“元阳之炁”）。

不会此中颠倒意（初以离交坎而得药，终抽坎填离以结丹），休将管见事高谈。

二一

震龙汞（元神）出自离乡，兑虎金（元炁）生在坎方。

二物（元神元炁）总因儿产母（心中生木液，水中产金炁），五行（攒簇五行：精神魂魄意）全要入中央（“送入土釜牢封固”）。

二二

离坎若还无戊己（土，元神真意），虽含四象（金木水火，无真意调和）不成丹。

只缘彼此怀真土（戊土己土），遂使金丹有返还（二土合而成圭——丹药）。

二三

火（元神）生于木（亦称木液）本藏锋（元神性静），不会钻研（以神驭炁）莫强攻（按程限规则办事，不要盲目导引）。

祸发必因斯害己（主观乱导乱引，扰乱炁机），要须制伏觅金公（元炁，可以制服元神）。

二四

金公（元炁）本是东家（上丹田）子，送在西邻（下丹田）寄体生（藏于坎水之中——水中金生）。

认得唤来归舍养（打开玄关，开发元炁，采药归炉），配将姹女结亲情（神炁和合，重建太极之家，享受仙福与天趣）。

二五

姹女（元神领元炁）游行各有方（督升任降），前行须短（退阴符）后须长（进阳火）。

归来却入黄婆舍（小周天烹炼完毕，归于中宫黄庭温养），嫁个金公作老郎（以龙嫁虎，即以神入炁）。

二六

取将坎位中心实（元炁充实以后），点化离宫腹内阴（以命实性，而性命双全）。

从此变成乾健体（金液还丹，丹产珠圆），潜藏飞跃总由心。

二七

先把乾坤（上丹田乾宫为鼎，下丹田坤地为炉）为鼎器，次搏乌兔（元神元炁）药来烹（小周天烹炼）。

既驱二物（元神元炁）归黄道（中宫黄庭），争（怎）得金丹不解生（“神炁混融，育成道胎”）。

二八

安炉立鼎法乾坤，锻炼精华制魄魂；
聚散氤氲成变化，敢将玄妙等闲论。

二九

咽津纳气是人行（后天有为法），有药（先天神炁）方能造化生。

鼎内若无真种子，犹将水火煮空铛（玄关未开，妙药未产，“无水烧干锅”，不但无益，反而有害！不少丹士的寿命，反而不如常人）。

三十

纵识朱砂及黑铅，不知火候也如闲（火候法度，程限规则，十分重要）。

大都全藉修持力，毫发差迟不作丹。

三一

黑中有白（水中之金元炁）为丹母，雄里藏雌是圣胎（知雄守雌，静中养胎）。

太乙（神炁浑一）在炉宜慎守，三田聚宝应三台（星座）。

三二

恍惚之中寻有象（静中一动、元炁萌发），冥杳之内觅真精（虚中一觉、元神显现）。

有无由此交相入（无中生有炁萌，炁神和融静虚，最终混沌圆融），未见如何想得成（功夫纯熟、火候到了自然而成）。

三三

长男（阳生）乍饮西方酒，少女初开北地花（炁动）。

若使青娥（橐籥）相见后（调和），一时关锁在黄家（黄庭温养）。

三四

华岳山头（上丹田）雄虎啸（元炁上泥丸去制真阴），扶桑海底（下丹田）牝龙吟（元神入坎海而擒真阳）。

黄婆（元神真意）自解相媒合，遣作夫妻（真阴真阳）共一心。

三五

西山白虎（元炁足）正猖狂，东海青龙（元神旺）不可当。

两手捉来令死斗（神炁两相交媾），化成一片紫金霜（大药产出）。

三六

赤龙（元神）黑虎（元炁）各西东，四象交加戊己中（在中宫内培育成长）。

复垢（阴阳二卦）自兹能运用，金丹谁道不成功?

三七

月才天际半轮明（从初三药产到月明十五，不老不嫩），早有龙吟虎啸声（此时正宜采取烹炼，不要错过）。

便好用功修二八（汞半斤铅半斤，正好合成一斤），一时辰内管丹成（时至功成，火珠现象）。

三八

赫赫金丹一日成，古仙垂语实堪听。

若言九载三年者，总是推延款日程（紫阳真人一旦得到刘海蟾真人点化，撇开有为法门，左道右道，直趋金丹正道，很快就丹产珠圆，“得其一，万事毕”也。“我眼本明，因师故瞎！”故不要盲目拜师！拜到无真传的盲师、歪师，跟着盲修瞎练，浪费光阴！）。

三九

敲竹唤龟（元炁生）吞玉芝（玉液还丹），鼓琴招凤（元神现）饮刀圭（金液还丹）。

近来透体金光（阳神成就）现，不与凡人话此规。

四十

偃月炉（下丹田）中玉蕊（铅炁）生，朱砂鼎（上丹田）内水银（汞神）平。

只因火力（文火）调和后，种得黄芽（妙药）渐长成。

四一

休泥丹灶费工夫，炼药须寻偃月炉（下丹田炁穴）。

自有天然真火候（文火温养是主功），何须柴炭及吹嘘（武火尽量少用）。

四二

前弦（初八）之后后弦（廿三）前，药味平平（半斤八两）气象全。

采得归来炉内（中宫黄庭）煅，煅成温养（文火）似烹鲜。

四三

兔鸡（卯酉）之月及其时，刑德临门（沐浴温养）药象之。

到此金丹宜沐浴（玄玑停轮，不升不降），若还加火必倾危（防神驰炁散）。

四四

欧冶亲传铸剑（烹炼金丹）方，莫邪金水配柔刚（火候恰当）。

炼成便会知人意，万里诛妖一电光（慧剑即灵丹）。

四五

调和铅（真阳元炁）汞（真汞元神）要成丹（神炁混融，丹产珠圆），大小无伤两国（元神元炁不妄耗）全。

若问真铅（元炁）何处是，蟾光（神光）终日照西川（下丹田炁穴，以凝神聚炁）。

四六

八月十五（从初三药生，到十五月圆而炁足）玩蟾辉（好好把握时机），正是金精壮盛时（正不老不嫩之时）。

若到一阳来起复（周天活子时至），便堪进火莫延迟（即时起火，运炼周天）。

四七

一阳才动（活子时至）作丹时，铅鼎温温照幌帷。

受炁之初（两肾汤煎，元炁氤氲）容易识，抽添运火却防危（进阳火时防止下丹田走漏；小周天问题不大）。

四八

日月三旬一遇逢（“每当天地交合日，夺取阴阳造化功”），以时（活子时到）易日法神功（即行兴功进阳火）。

守城（文火温养）野战（武火采炼）知凶吉，增得灵砂（丹头）满鼎红。

四九

玄珠有象逐阳生（进阳火），阳极阴消渐剥形（退阴符，炼去阴渣，得纯阳真炁，火珠现象）。

十月霜飞丹始熟（丹产珠圆），此时神鬼亦须惊。

五十

瑶池饮罢月澄辉，跨个金龙访紫微。
从此众仙相识后，海田陵谷任迁移。

五一

休施巧伪为功力（后天采阴补阳类伪假法门），认取他家（海底命主）不死方（真阳元炁）。

壶内旋添延命酒（玉液还丹滋脏腑），鼎中收取返魂浆（金液还丹换骨髓）。

五二

雪山一味（西方白金即元炁）好醍醐，倾入东阳造化炉（东方离炉即汞液；混沌神炁）。

若过昆仑（泥丸宫）西北去，张骞（真阳）始得见麻姑（真阴；金液还丹）。

五三

坎电烹轰金水方，火发昆仑阴与阳。

二物（元神元炁）若还和合了，自然丹熟遍身香。

五四

要知炼养还丹法，自向家园（玄关妙窍）下种栽。

不假吹嘘并著力，自然果熟结灵胎。

五五

未炼还丹须急炼（小周天），炼了还须知止足（去矿留金，三百周满，得纯阳真炁，即行止火，温养沐浴）。

若也持盈未已心（如果继续行小周天功，不文火温养），不免一朝遭困辱（就失去了五龙捧圣大周天机遇，而不能升华）。

五六

否泰（二卦）才经万物盈，屯蒙（二卦）受封秉生成。

此中得意（真义）须忘象（死板板卦爻），若究群爻（执着卦爻）谩役情（得其真意，就不必泥象执文，死死扣着四个卦爻之象不放）。

五七

卦中设法本仪形，得象忘言意自明。

举世迷人唯泥象，却行卦气望飞升（是不可能的）。

五八

天地盈虚自有时，审能消息（活子时）始知机。

由来庚甲申明令，杀尽三尸道可期。

五九

四象会时玄体就，五行全处紫光明。
脱胎入口通神圣，无限神龙尽失惊。

六十

药逢炁类方成象，道在虚无合自然。
一粒灵丹吞入腹，始知我命不由天。

六一

大道修之有易难，也知由我亦由天。
若非积行施阴德，动有群魔作障缘。

六二

了了心猿方寸机，三千功行与天齐。
自然有鼎烹龙虎，何必担家恋子妻。

六三

始于有作人难见，及至无为众始知。
但识无为为要妙，谁知有作是根基。

六四

修行混俗且和光，圆即圆兮方即方。
晦显逆从人莫测，教人怎得见行藏。

张三丰

张三丰祖师丹法辑注

无根树词

张三丰，生于宋末元初（1247 年）。生有异质，龟形鹤骨，大耳圆目。身长七尺余，修髯如戟，顶作一髻，常戴偃月冠。一笠一衲，寒暑御之。不饰边幅，人皆目为张邋遢。五岁时，目染异疾，积久渐昏。时有道人张云庵，亦方外异人，见而奇之曰：此子仙风道骨，自非凡器，但目遭魔障，须拜贫道为师，了脱尘翳，慧珠再朗，即送还。遂拜云庵为师，静居半年而目渐明，教习其道经过目便晓，有暇兼读儒、释两家之书，随手批阅，会通其大意即止。后拜辞归家，专究儒业。

元世祖中统元年（1260 年），张三丰文学才识，列名上闻，以备擢用，然而做官不是其志向。至元二年（1265 年），张三丰父母病逝，他弃官丁忧，断绝仕进的想法，归辽阳闲居数年，游历各地名山古刹，虽三十年迄无所遇。

延佑年间，张三丰六十七岁时，入终南山拜火龙真人为师，才得金丹之旨。山居四载，功效寂然。到泰定元年（1324 年）调神九载而道成。

张三丰祖师丹法辑注[1]

大道论

先贤云："圣人未生，道在天地；圣人已往，道著六经。"

世人以德行为先，阴功为本，察阴阳造化之机，求玄牝乾坤之妙，辨二八（神炁）坎离之物，定金花水月之时（活子时），施降龙伏虎之威，明立命生身之处（正丹田、炁穴、玄关），其间致虚守静，他（铅炁）主我（汞神）宾，日月（神炁）交光，戊己（中土、真意）为用，则丹成反掌也。

立基之本，炁为使，神为主。下手之初，必须知一阳初动之候（阳生活子时）。真铅始生之时（静中一动，元炁萌发），其炁迅速如电，而不能久居于先天，霎时而生癸水（后天气），顷刻而变径流（后天精），迨至生形化质，已属后天而不可用矣。

昆仑（上丹田）之上有玄门（泥丸宫），其窍甚小，阴阳会合时，不许动摇，待其情（精炁）性（汞神）相感，自然彼（炁）我（神）相通。凡有形质（后天之物）者，不能升入窍内，夫唯真炁橐籥（先天炁生、内呼吸成），乃能进入窍内也。故圣人直指先天一炁，冲开此窍（上玄关），又曰修行之路径，可以续命延年修真而全真，无来无去，不生不灭。今之愚人，闻说有生阳之道者，却行御女巧诈（采阴补阳）之术，

① 张三丰：《张三丰祖师丹法辑要》，方春阳点校，浙江古籍出版社，1990。

正如披麻救火、飞蛾扑火，探其美色，胡纵横肆，日则逞力多劳，夜则痴情纵欲，致使神昏气败，髓竭精枯，犹不醒悟，甘分待终。

未闻道者急求师，已闻道者急求药。

夫道者，岂是旁门小技，乃至人口传心授，金液还丹之妙道也。非定息二成之法，乃最上一成之道，以有为（后天）入无为（先天），以外药修内药，以己而求彼，以阴而配阳，以铅而投汞，以炁而合神。

无为者，非防危守城之方，温养沐浴之事，乃得丹之后，脱胎神化之功；有为者，非采战提吸之术，九一动摇之法，乃安静虚无之道，守雌不雄，寂然不动，感而遂通，此即未得丹之前，炼己筑基之事也。有为无为，体用之始终已见于此；内药外药，出处之法相又详于彼。

外药者，在造化窟（玄关、炁穴）中而生；内药者，在自己身中而产（采药归炉、内炼内养）。内药是精（汞精），外药是炁（铅精），内药养性，外药立命，性命双修，方合神仙之道。

大修行人欲求先天外药，必炼己（入静而虚）以待阳生，用神炁炼成慧剑（元神真意、灵觉），采金水（元炁）匀配柔刚（半斤八两）。古人采药进火，全凭此物（元神真意、慧剑），除七情之患，除五贼之害……如若刚柔未配（炁未归神、汞性未圆），慧剑无锋，心神不宁，欲念杂起，故乃逐境飘流致使汞火飞扬（杂念未伏），圣胎不结。如使炼己纯熟（静、虚、定坚确），则心无杂念，体若太虚，一尘不染，万虑皆空，心死则神活，体虚则炁运，方许求一阳（药生）之道，二候之功（得药）。

还丹容易（在一时），炼己最难（在终生）！

玄机直讲

有为是后天，无为落顽空。

有为无为间，真机在其中。

人心既除，天心来复；人欲既净，天理常存。每日先静一时，待身心都安定了，气息都和平了。始将双目微闭，垂帘关照心下肾上一寸三分之间，不即不离，勿忘勿助，万念俱泯，谓之正念。原评：必寻有活动气（炁）相依，方不落空，方不执滞。斯时也，于此念中，活活泼泼，于彼气中，悠悠扬扬，呼之至上，上不冲心，吸之至下，下不冲肾，一阖一辟，一来一往，行之一七、二七，自然渐渐两肾火煎，丹田气暖，息不用调而自调，气不用炼而自炼。气息既和，自然于上中下不出不入，无来无去，是为胎息，是为神息，是为真橐籥、真炉鼎，是为归根复命，是为玄牝之门、天地之根。炁到此时，如花方蕊，如胎方胞，自然真炁熏蒸营卫，由尾闾，穿夹脊，升上泥丸，下鹊桥，过重楼，至绛宫，而落于中丹田，是为河车初动，但炁至而神未全，非真动也，不可理他。我只微微凝照，守于中宫，自有无穷生机，所谓养鄞鄂（筑围墙）者此也。行之一月、二月，静久则气益生，此为神生气、气生神之功也。或百日，或百余日，精神益长，真炁渐充，温温火候，血水有余，自然坎离交媾，乾坤会和，神融炁畅，一霎时间，真炁混合，自有一阵回风上冲百脉，是为河车真动。中间若有一点灵光在丹田，是为水底玄珠，土内黄芽。

仙经曰："神入炁成胎，炁归神结丹"，所谓一点落黄庭是也。但人杂念少者得丹早，杂念多者得丹迟。

七（神）返九（炁）还之法，下手兴工，先将上窍阳里真阴（汞精），入内金鼎气海之中，与下窍真阳（铅精）配合。阳里真阴，即是自家元神，属三魂；下窍真阳，即是身中元炁，属七魄。其先后二炁一合，则坎离自交，魂魄混合，神炁凝结，胎息自定，每日如外夫妇交情美快，切不可着他，水火自然既济，发运四肢，如外火之生焰相似。只要水火平均，此是小周天。火候调和薰蒸，喉息倒回元海，则外阳自然入内，真火自然上冲，浑身酥软，美快无穷，腹内如活龙动转升降，一日有数十样变化，婴儿姹女，自然成合，此是采阴补阳一节。修炼玉液还丹，即筑基炼己，积内法财，终日逍遥，昼夜长明，乃长生久视之初阶也。

炼己于尘俗，养炁于山林，是入室兴功，下手之时也。……直养得浑身无有皱纹，如蜘蛛相似，上七窍生光，昼夜常明，身如太虚，才是正时候，方可求仙道。这炁满神全，法财广大，方可炼大丹，才叫作一个丹客。功夫既得，时候自至，七窍光明，三阳开泰，神剑（汞珠）成形，趁水顺风发火，雷轰电闪，方夺外天机，下手擒拿，采吾身外真铅，以虎（炁）嫁龙（神），驱龙就虎。若会攒簇，不失时节，湛然摄起海底之金（元炁），开夹脊，上泥丸，落入水晶宫（泥丸宫）内，与木汞（元神）配合，不过半刻，攒簇已定，真火冲入四肢，浑身骨肉，火烧刀割相似（脱胎换骨反应），就是十分好汉，到此无一分主张。防危虑险，沐浴身心，水火既济，顷刻间浑身如炒豆子一般相似，一齐爆开，浑身气血都会成形说话，就在身上闹成一堆。舌根下又有两穴，左为丹井，右为石泉，此正是廉泉穴，随骨脉一齐开下，肾水上涌到如外水泉一般，咽纳不完，滋味甚异，比糖蜜更不相同。……炼之六个月，体似银膏，血化白浆，浑身香气袭人，口中吐气成云，此是灵丹成熟，一块干汞（灵妙性珠圆），人服之永不死也，亦能治死人返活。

服食大丹说

仙云："内丹成，外丹就"，此言人得正传，先积精累气（命炁），收集内外法财，养得炁满神全，金光出现，昼夜常明，如是则吾身内丹成，而吾身外丹亦发相矣。凡看书不可按图索骥，学者于昼夜常明之时，药苗已生，方可采吾身外之药，配吾身中之雌雄（神炁混融），以得金丹入口，周天火候发现，顷刻湛然，撒手无碍。

这福德胜三辈天子，智慧胜七辈状元，到这般时候，方可炼服食金丹。此丹如黍米一粒，落于地则金光触天，方明神丹。

登天指迷说

物物各具一太极，即道也。人人心上有先天，亦道也。五行顺而生人生物，五行逆成仙成佛，故云："五行顺则法界火坑，五行逆则大地七宝。"这五行之精，秘于四大形山不内不外之密处（炁穴），只是百姓日用而不知耳。

又有一等小根盲人，见先圣言外阴阳、外炉鼎、外药物，执迷女子为鼎器，则又可哀已也。某见酷好炉火者，百无一成。又以轩辕铸九鼎而成道，以为必用鼎器九人，谬之甚矣。尝见有进过五七鼎亦无成就者。且人念头一动，先天淳朴即散，先天既丧，后天虽存，究何益于身心，不过聊存其四大而已。

至于用女鼎一节事，万无此理！假使有缘之士，得遇真师，先行玉液还丹，炼己和光，操持涵养，回光返照，此即见性明心之事也。既见其性，更求向上之事，乃金液还丹，情来归性，直到真空地位，大用现前，龙女献一宝珠，金光发现，至此方为一得永得。……除此玉液金液、性命双修、清静自然之道，余皆旁门小法。

我身彼家，海底命主。……想前代贤哲，多有中道而废，皆因未曾炼己持心，金（元炁）来归性（元神），以至二候得药，于四候进火之时，不知虚空法度（河车搬运的程限规则），粗心大意，是以白玉蟾有“再斫秋�节（重安炉鼎）”之叹焉。谁知虚空消息，至微至凶，若是捉拿不住，定不饶人。若是学人知一身内外两个真消息（上、下玄关开的活子时），了然无碍，方去操持涵养，克去己私，复还天理，则还丹功夫，至简至易。终日采吾（元神）身外之黄芽（元炁），以候先天之琼浆，此正是“饮酒戴花（混沌神炁）悟长生”之妙也。

古仙云：“要贪天上宝（真性），须用世间财（精炁）。”夫天上宝，非指青天之上而言也，乃吾身上九阳鼎（上丹田泥丸宫）之宝（汞珠）也，故轩辕铸九鼎而飞升。世之迷徒，一闻“天上宝”三字，遂执天上日月为水火，乃于月出庚方，用两目行度数以采之，为真水真铅，于日出卯时，亦运两目采之，为真火真汞。夫天上地下，乾坤坎离，男女内外炉鼎，喻吾一身内外阴阳而言，并无男女等相。

岂有学仙之人，采女人之精而利己之身哉！比之世之杀人者，有何异焉？又先圣言彼家男女，两家两国，及内外炉鼎等说，若人不得正传，其不错认者几希也。某曾遇明师，耳提面命，抉破虚空（虚极静笃）两个真消息（上、下玄关的活子时），不敢私于一己，冒禁相付，把一身天地人之造化，三教经书，药物火候，日月交合，盈满度数，尽都抉破，不立文字，但说真言，使学者无错认迷修之误。

道言浅近说

“凝神调息，调息凝神”八个字，就是下手功夫。须一片做去分层次而不断，乃可。……清凉恬淡，始行收入气穴，乃曰凝神。……加以神光下照，即调息也。

调息者，调度阴跷之息（炁），与吾心中之气，相会于炁穴中也。

心止于脐下曰凝神，气归于脐下曰调息。神息相依，守其清净自然曰勿忘，顺其清净自然曰无助。勿忘无助，以默以柔，息活泼而心自在，即用钻字诀。以虚空（虚极静笃）为藏心之所，以昏默为息神之乡，三番两次，忽然神息相忘，神炁融合，不觉恍然阳生，而人如醉也。

真消息，玄关发现时也。凡丹经中有“先天”字、“真”“元”字，皆是阴阳鼎（玄关妙窍）中生出来的，皆是杳冥昏默后产出来的（无中生有——无极而太极），就如混沌初开诸圣真一般，以后看丹经可类推也。

神要真神，方算先天。真神者，真念是他，真心是他，真意是他。如何辨得真？诀曰：玄关火发，杳冥冲醒，一灵独觉者是也。丹家云：“一念从规中起”，即真神、即真念也。又云：“微茫之中，心光发现”，即真种、即真心也。又云：“定中生慧，一意斡旋”，即真神，即真意也。真神从不神中炼出。

心静则息自调，静久则心自定。……呼吸绵绵，深入丹田。……故心不外驰，意不外想，神不外游，精不妄动，常薰蒸于四肢，此金丹大道之正宗也。

大道从“中”字入门，所谓“中”字者，一在身中，一不在身中。功夫须两层做：第一寻身中之中，朱子云“守中制外”，夫守中者，须要回光返照，注意规中，于脐下一寸三分处，不即不离，此寻身中之中也；第二求不在身中之中，《中庸》云：“喜怒哀乐之未发”，此未发时，不闻不见，戒慎幽独，自然性定神清，神清气慧，到此方见本来面目，此求不在身中之中也。以在身中之中，求不在身中之中，然后人欲易净，天理复明，千古圣贤仙佛，皆以此为第一步功夫。

修炼不知玄关，无论其他，只此便如入暗室一般，从何下手？玄关者，炁穴也。炁穴者，神入炁中，如在深穴之中也。神炁相恋，则玄关之体已立。

大凡打坐，须将神抱住气，意系住息，在丹田中婉转悠扬，聚而不散，则（炁穴）内藏之炁与外来（炁穴外）之气交结于丹田。日充月盛，达乎四肢，流乎百脉，撞开夹脊双关，而上游于泥丸，旋复降下绛宫，而入丹田，神炁相守，息息相依，河车之路通矣。功夫到此，筑基之效已得一半了，总是要勤虚炼耳。

调息须以后天呼吸，寻真人呼吸之处。古云："后天呼吸起微风，引起真人呼吸功。"然调后天呼吸，须任其自调方能调得起先天呼吸，我唯致虚守静而已。真息一动，玄关即不远矣。

《道德经》"致虚极，守静笃"二句。可以浑讲，也可以析讲。浑言之，只是教人以入定之功耳。析言之则虚是虚无，极是中极，静是安静，笃是专笃。犹言致吾神于虚无之间，而准其中极之地，守其神于安静之内，必尽其安静之功。

三丰祖师辑说

白紫清《调息诀》：……调息火候，有采取之息，神要不动不摇，药自就范，所谓拿云手也；有交媾之息，须要六根大定，片念不生；有进火之息，以意逼之，所谓起巽风、运坤火是也；有退符之息，以神敛之，所谓归其根、复其命是也；有卯酉沐浴之息，乃柔字而已（小周天进阳火、退阴符采炼过程之火候）。

又《玄关诀》云：玄关者，求玄之关道、玄妙之机关也。有体有用。何谓体？寂然不动。何谓用？感而遂通。（寂然）不动时候，神炁交媾之初，细细缊缊，浑浑沦沦，是为一关，所谓四大五行不着处也；神炁交媾之际，无声无臭，无内无外是也；及至静极生动，真炁从规中起，是又一关；所谓念头起处，醉而复苏，有一个灵觉，当下觉悟，是又一关，所谓时至神知是也；此时以灵觉（真意）为用，如线抽傀儡，机动气流，微微逼过尾闾，是又一关，所谓斡转魁罡运斗杓，正此时也；沐浴卯门又一关；飞上泥丸又一关；归根复命，沐浴酉户又一关；大休歇、大清静，空空忘忘，还于至静又一关。玄关之体用如此，千经万论皆在是也。

紫清翁《炉鼎诀》云：（张紫阳真人）《金丹四百字》宜熟玩“此窍非凡窍”一首，道尽鼎器之妙。“此窍”二字，分内外两个看。“非凡”者，赞词也。乾坤合之为外窍，神炁藏于其中为（炁穴）内窍。神炁交而坎离生，坎离交而元精产。此精不是寻常精，乃是白虎首经至宝也，得之者立登仙界。此就还丹言。若小丹所用，则试与人言：“此窍非凡窍，阴阳共合成。名为二气（呼吸气与元炁）穴，内有真阳生。”可晓然矣。仙家有三秘：火候、药物、炉鼎，此诗尽炉鼎之妙也。

陆潜虚翁《又论调息法》云：如何是勿忘？曰：守自然。如何是勿助？曰：顺自然。如何守？曰：依息。如何顺？曰：平息。依息则息能通（畅）矣，平息则息能匀矣。问守与顺是二乎？是一乎？曰，之所以守，则知顺之矣；知所以顺，则知守之矣。是二是一，原是不错。由博返约，唯在凝神，切勿用意；如用意，则非真意。

真意从静中生，鸿蒙初判，无有染着，乃克用之。故要死过来乃知生，不知生亦不知死，生死是动静深机。

《又论调息法》云：凡调息以引息者，只要凝神入气穴。神在气穴中，默注阴跷，不交而自交，不接而自接，所谓隔体神交理最详，古仙已言之确也。所谓离形交气，别有口传也。所谓男不宽衣，女不解带，敬如神明，爱如父母，皆此凝神聚气而已，故曰道归自然。《周易参同契》曰："自然之所为兮，非有邪伪道。"此之谓也。

只要凝神入气穴，神光下照阴跷脉，不期而会者，一炁之感通，自然而然也。

潜虚曰：《悟真篇》云："坎离若还无戊已（真意、灵觉），虽含四象不成丹。只缘彼此怀真土，遂使金丹有返还。"此四句诗，极尽和合丹头之妙。

盖以火中生木汞，水里产金铅，木火金水，含四象于坎离之间，此时离中有己，坎中有戊，而土为媒，四象可合也。还谓真意属土，土有戊己，的非有二意乎？曰：是也，然非也。名为（真）意则一，号为土则二，以一意分作两意，乃有二土中可名，始有内外之可别，然必知动知静焉。原夫戊土者，外药（铅精）也，阴里真阳也，以动为主，故取坎之期，唯侦其动（活子时），知动者意也，即以知动之时为一土；己土者，内药（汞精）也，阳里真阴也，以静为主，故填离之后，致养于静，知静者意也，即以知静之时为一土。

玄谈集

三魂属性，性在天边（上丹田）；七魄属命，命在海底（下丹田）。仙云："先天不得后天，无以招摄；后天不得先天，无以变化。"

夫上一窍乃纯阳之体（乾卦），内含一点真阴之精（离中之虚、汞精），是我身彼家（坤家）之物，属外在内，即两肾中间一点明（阴中之阳），发之于外，故喻他（彼）也；下一窍乃纯阴之体（坤卦），内藏着一点真阳之炁（阴中之阳），是吾身我家（乾家）之物，属内，即乾宫泄入坤位之物（离卦中爻、阴精），故喻我也。上窍内是女体（阴爻），外是男子（阳爻）；下窍内是男体（阳爻），外是女身（阴爻）：故仙翁多以男女、彼我喻也。然中间一窍为中宫，黄婆（黄土、真意）媒舍（道场），若会此处颠倒配合，方可成圣。夫命宝从己身之外来，还是自己坤位之物，却在吾法身中色身内之他家也，故仙云："采取不离自己元神"是也。世之学者，不得正传，无处下手，执己又不是，离己也不是。谁知一点元阳，明明洒洒，在己身玄中高处，隐藏于不内不外之密处，内外一炁牵连，千古不传之秘。

然人身放着两个真消息（上玄关开元神现与下玄关开元炁生），与外天地日月同体，不差毫发，是天地乃万物之最大者，人为万物中最灵者。天地不过是个大人，人不过是个小天地，所以人身造化同天地也。谁能醒悟人人有一个通天窍？人人有一味长生不死药？人人有一个炼丹炉？人人有一个上天梯？人人有一个人不识？人人不信有长生不死方，人人不信有百日升天路，情愿受死，哀哉痛哉？

凡炼大还丹，先要补虚，只补得骨髓盈满，方可炼金液大还丹。夫下手功夫，先采上窍阳里真阴（汞精），入内金鼎气海之中，与肾精配合（以离交坎）。夫阳里真阴，即是自己元神真形，在外属三魂；下窍阴里真阳，即是身中元炁，属七魄。其先后二炁一会，则坎离自交，魂魄混合，神凝炁结，胎息自定，每日如夫妇交媾，美快无比，且不可着意，水火既济，发运四肢，如外火活焰相似，只要水火均平，此是小周天火候。

无根树词[1]

自题无根树词二首

鹧鸪天

道法流传有正(正法)邪(小术),入邪背正遍天涯(得正传、正法者希)。飞腾罕见穿云凤（罕见真成就者），陷溺（旁门小术）多成落井蛙。难与辨，乱纷华，都将赤土（后天浊物）作丹砂。

要知端的通玄（金丹大道）路，细玩无根树下花（无中生有之精花，即先天之炁）。

卖花声

无根树下说真常（金丹大道），六道（众生）含灵共一光（无极道光—无量佛光）。

会得威音（鸿蒙未判、天地未分）前后事，本无来去（大道本来面目：塞破虚空都是我，未曾洗脸换衣裳）貌堂堂。

明洪武十七年（1385年）岁在甲子中和节大元遗老张三丰记于武当天柱峰之草庐

① 张三丰：《张三丰祖师丹法辑要》，方春阳点校，浙江古籍出版社，1990。

李涵虚真人解

“无根树”以人身气言。人身百脉皆生于炁，炁生于虚无之境（紫阳真人：“道自虚无生一炁”），故曰“无根”。丹家于虚无境（道源无极○）内，养出根荄（太极⊙），先天后天，皆自无中生有（先天后天同源于道），是无根○乃有根⊙之源也。炼后天者，须要入无（虚极静笃大道之源○）求有（静中一动⊙，无极而太极），然后以有（元精动炁）投无（虚无神光）；炼先天者，又要以有入无（神炁和融灵丹妙药凝聚，再以神光寂照，复返虚无），然后自无返有（静极复动——无中生有，丹产珠圆）；修炼根因，如是而已。但人身之气，有少、壮、老之不同；修炼之炁，有前、中、后之各异。二十四章，合一年气候，皆劝人无根树（虚无道境○）下，随时看花（活子时到玄关窍开精炁生发⊙之精花），此道情之尽美尽善者也。

一、蓄养幽花

无根树，花正幽（花——炁，生于树[人身]，树生于根[太极真种子⊙]，根生于无［大道之源○］—虚无之境，性情之体。花—炁，皆自虚无里萌芽，幽香缕缕，宜育之养之，使之成为仙佛种子），贪恋荣华谁肯休？

浮生事，苦海舟，荡去漂来不自由。

无岸无边难泊系（不能自主自己的性命），常在鱼龙险处游。

肯回首，是岸头，莫待风波坏了舟（无须回首，当下便是，下手速修，尚不为迟）。

二、性情栽接

无根树，花正微（人老则元气衰微），树老重新接嫩枝（亟须注入新的气血以积极补救之）。

梅寄柳，桑接梨，传与修真作样儿（可仿效树木栽接之法而行持之）。自古神仙栽接法（以性［内］接命［外］，以离交坎，以我［神］接彼［气］，凝神以聚气），人老原来有药（炁）医。

访明师，问方儿，下手速修犹太迟（古人曰：虽八十老翁，有一口气在，尚可还丹！）。

三、花酒长生

无根树，花正青（元炁初生，青青秀嫩），花（静为元炁）酒（动为元精）神仙古到今。

烟花寨，酒肉林，不断荤腥不犯淫（首先炼己，端正态度，涤虑洗心，磨炼意志：座中有妓，心中无妓；利诱色欲，不动不摇）。

犯淫丧失长生宝，酒肉穿肠道在心（借境炼己，对景无心）。

打开门，说与君，无花（元炁）无酒（元精）道不成。

四、孤修无功

无根树，花正孤（吕祖：“只修性，不修命，此是修行第一病……”只修心性，不炼神炁，独修孤养，孤花不能结果，不产命宝）。借问阴阳得类无（紫阳真人：“阴阳得类归交感。”类，同类；真阴［离中之虚的阴爻］真阳［坎中之满的阳爻］为孕育灵丹妙药的先天同类之物；男女［凡阴凡阳］是生儿育女的后天同类之物；你们分得清、识得明吗）？

雌鸡卵，难抱雏（孤阴不生，独阳不化），背了阴阳造化炉（物无阴阳，违天背元，不成造化）。

女子无夫为怨女，男子无妻是旷夫（孤男［阳］寡女［阴］，不成太极混沌之家）。

叹迷徒，太模糊，静坐孤修气转枯（吕祖：“只修祖性不修丹，万劫阴灵难入圣”）。

五、匹配阴阳

无根树，花正偏（偏阴偏阳谓之疾），离了阴阳道不全（阴阳不交，变化不起）。

金（元炁）隔木（元神），汞隔铅，阳寡阴孤各一边（神炁不融，灵药不产）。

世上阴阳配男女，生子生孙代代传（阴阳顺化，以行人道）。

顺为凡（顺化则生儿育女），逆为仙（逆修则为佛为仙），只在中间颠倒颠（为凡夫，为仙佛，权柄皆操于己手）！

六、新药初生

无根树，花正新（功到虚极静笃，众妙归根之时，一阳来复，先天炁萌，春树花开，花正新矣），产在坤方坤是人（新的春花，初生于人身西南之坤方，即下丹田之处，能够造就长生不死之人）。

摘花戴，采花心，花蕊层层艳丽春（花生即药生，药新即花新，此时即摘采其精华心蕊——采药归炉，孕而育之；“小药生而后采”，越采越丰，似花蕊层层，春色美艳，令人如醉矣）。

时人不达花中理，一诀天机值万金（诀曰：“情来精至”“阳生采药”。如不采取，当面错过，遗憾终生）。

借花名，作花身，句句《敲爻》说得真（丰祖云：“吕祖以人身借花之名，以花树作人之身，句句用《敲爻歌》语，说得极真切有味也。”吕祖《敲爻歌》：“有人平却心头棘［万缘放下］，便把天机说与君。”“只修性，不修命，此时修行第一病。只修祖性不修丹，万劫阴灵难入圣”）。

七、临炉采取

无根树，花正繁（树花正繁，真炁盈满），美貌娇容赛粉团（先天炁盛，魔境易现。“魔来考验你，帮你渡难关”）。

防猿马，劣更顽，挂起娘生铁面颜（树立正念，坚定定力）。

提起青龙真宝剑，摘尽墙头朵朵鲜（铁面为定，宝剑为慧，具真慧真定，迅速摘尽此不老不嫩之花蕊，欣之赏之，饮之吞之）。

趁风帆，满载还，怎肯空行过宝山（趁此一候产药、二候得药的大好风光，即起河车搬运，行四候合丹妙法，烹之炼之，采而归之，三百周满，返老还童）！

八、进退温养

无根树，花正飞（花正繁，炁足药灵，不老不嫩；花正飞，朝进阳火，暮退阴符，河车搬运，运转周天），卸了重开有定期（运一周天毕，即行沐浴；待炁足药灵活子时再到之时，再运周天……每期活子时至，即行施工，如此地反复循环，采炼不辍）。

铅花现，癸尽时，依旧西园花满枝（癸生于十四日，癸尽于十五日，铅花盛盈，一片阳光，花满枝头，正宜进火，采取烹炼）。

对月才经收拾去，又向朝阳补衲衣（月圆采药：小药采而后生，生而又采；如此地朝生暮采，采生不息……）。

这玄机，世罕知，须共神仙仔细推（直至三百周天数足，炼精化炁完满，必金龟缩首、马阴藏象，返老还童，成就人仙矣）。

九、花开宝现

无根树，花正开（炁日足、药日灵，精花怒放），偃月炉中摘下来（小周天玉液还丹，沐浴温养，至虚中一觉，光明现如偃月，此时以神驭炁，采而归炉）。

延年寿，减病灾，好结良朋备法财（玉液还丹完成，经络畅通，气血充盛，色身康健，身心双安，则宜更上一层楼；但须资粮充足，更须过来人护道，方可进修）。

从兹可成天上宝，一任群迷笑我呆（法财具足，明师指导，时至功成，丹产珠圆）。

劝贤才，休卖乖，不遇明师莫强猜（大周天，小炉鼎，水火双运，上下鹊桥皆易漏丹，须有明师临炉指导，方保安全过关）！

十、还丹入山

无根树，花正圆（玉液还丹完成，下丹田坎之中爻真满，即行抽坎填离，进行乾坤交媾，金液还丹，丹产珠圆），结果收成滋味全（此时甘露涓涓润，醍醐滴滴凉，美快无比）！

如朱橘，似弹丸，护守提防莫放闲（“人人分上本圆明，夜夜灵光照神室。”神光寂照，无助无忘）。

学些草木收头法，复命归根返本原（投胎来时系圆陀陀灵珠一粒，而今又还其元真本相，光灼灼金丹一颗）。

选灵地，结道庵，会和先天了大还（灵地选定，师友护道，三年乳哺，九年面壁，还虚合道，与天为一）。

十一、交媾孕胎

无根树，花正亨（丹成珠圆，亨通无碍，修真了道之事告一段落），说到无根却有根（回过头来审视，人过中年以后，渐趋迟暮，气将竭而衰无根；而今老树重发新花，叶茂根固，复又有根矣）。

三才窍（此根生于人身之三才之窍——虚无之窍内），二五精（天数五、地数五，阴阳五行精华，在三才妙窍之内凝成药苗），天地交时万物生，

日月交时寒暑顺，男女交时孕胎成（如果阴阳不交，不化不生，则万物绝，人类灭，宇宙毁）。

甚分明，说与君，犹恐相逢认不真（“虚中一觉感而通，窥见阴阳造

化功。”神炁交媾，灵光闪耀，一手拿定，切勿错过）！

十二、认取金精

无根树，花正佳，对景忘情玩月华（《悟真篇》：“八月十五玩蟾辉，正是金精壮盛时。”此时黄芽［金铅］土内生，白雪［汞精］天上来，取归金鼎，孕育道胎）。

金精旺，耀眼花，莫在园中错拣瓜（切莫丢了自身真种，而去身外求法，错拣假瓜）。

五金八石皆是假，万草千芳总是差（金石草丹，更无用处）。

金蛤蟆（坎中之真阳元炁），玉老鸦（离中之真阴元神），认得真时是作家（真阴［元神］真阳［元炁］交感，才能产出金精、花蕊；知此理法者，堪称作家）。

十三、攀折黄花

无根树，花正多（种子遍大千，黄花应时节，有缘分则遇，有福分则得），遍地开时隔爱河（无奈世俗爱河波涛险恶，志不坚者只能隔河兴叹）。

难攀折，怎奈何，步步行行龙虎窝（“龙从火里出，虎向水中生。”龙［元神］藏于阴，虎［元炁］潜于阳；龙虽精，虎虽猛，只要步步不离龙虎之窝——玄关一窍，时至兴功，而令龙虎交媾，生出金黄花蕊的先天一炁）。

采得黄花归洞去，紫府题名永不磨（采此先天一炁归于仙山洞府——玄牝窍内，炼而成丹，育而成胎，化而为真人）。

笑呵呵，白云阿，准备天梯上大罗（终于离苦得乐，升华为大罗金仙，实现人生生命的自我超越）。

十四、鼎中产药

无根树，花正香（新生的先天一炁，至清至纯亦至香——丹香），铅鼎温温现宝光（自下丹田金鼎中产出之命宝，宝光闪耀；吕祖："温温铅鼎，光透帘帷"；"审眉间，有朕兆"）。

金桥上（下鹊桥），望曲江（真炁氤氲；陈泥丸："曲江之上鹊桥横，大药还从此处生"），月里分明见太阳（日月合璧，金炁隆盛）。

吞尽乌肝并兔髓（日精［乌肝］月华［兔髓］并吞互融，金丹具体矣），换尽尘埃旧肚肠（"药名玉液滋脏腑，丹为金液换骨髓"）。

名利场，恩爱乡，再不回头空自忙。

十五、沐浴温养

无根树，花正鲜（沐浴温养，日日新，又日新），符火相煎汞与铅（退符添汞，进火抽铅，以铅制汞，以汞摄铅）。

临炉际，景现前（龙虎相斗，铅汞和融），采取全凭度法船（采取烹炼，遵循法则，咸在鼎炉，且烹且炼）。

匠手高强牢把舵（文火武火，临炉适宜），一任洪波海底翻（凭它波翻浪涌，功夫不可间断）。

过三关，透泥丸，早把通身九窍穿（直待外药炼为内药，小药化为大药，六根震动出现，五龙捧圣引大药过关，七返九还，丹产珠圆）。

十六、真铅祖宗

无根树，花正浓（真铅现象，真炁［情］盛浓），认取真铅正祖宗（此时若认得真，取得来，则金丹可就，性命可融）。

精气神，一鼎烹，女转成男老变童（炼精化炁功了，女斩赤龙而不再为女，男则马阴藏象复变为童）。

欲向西方擒白虎（欲获取真铅），先往东家伏青龙（应先炼己汞定心）。

类相同，好用功（《周易参同契》："同类易施工，非种难为巧。"白虎铅炁与青龙汞精为先天同类之物），外药（药炁初生循熟路外驰故名外药，经勒阳关归炉则为小药）通时内药（不再外驰则化为内药）通。

十七、天星地潮

无根树，花正娇，天应星兮地应潮（上玄关开，龙神现象，星光闪闪；上感下应，下玄关启，虎炁腾腾，地潮汹涌；神炁和融，精花正娇）。

屠龙剑，缚虎绦（龙降虎伏），运转天罡斡斗杓（运罡斡杓，小周天炼精化炁，凝炼人元金丹）。

煅炼一炉真日月，扫尽三千六百条（先天阴阳，日月交光，昼夜长明，神光寂照，调和育养——旁门三千六百小术已无用矣）。

步云霄，任逍遥，罪垢凡尘一笔消（炼神还虚，还虚合道，超越阴阳，跳出三界，不拘五行，从此罪与垢、功与过、因与果、生与死，通通一笔勾销，获大自由，享大自在矣）。

十八、善用盗机

无根树，花正高，海浪滔天月弄潮（“风浪粗，产玄珠。”坚苦修证，时至功成，灵珠高悬虚空，如月光朗照海潮）。

银河路，透九霄，槎影横空泊斗梢（回顾来时路，昔时逆挽银河进阳火，上透九霄，“提上蓬莱第一峰”的泥丸宫内，以炼炁化神）。

摸着织女支机石，踏遍牛郎驾鹊桥（织女阴神，牛郎阳炁；牛郎织女鹊桥相会）。

入仙曹，胆气豪，盗得瑶池王母桃（摸着支机石，盗得王母桃，神炁和融孕育道胎，化为灵婴，成就真人，位列仙曹）。

十九、玄珠现象

无根树，花正双，龙虎登坛战一场（下玄牝立，虎弦炁萌；上玄关开，龙弦光盛；两弦之炁相吞相啖，似一场大战）。

铅投汞，配阴阳，法象玄珠无价偿（以铅［虎］投汞［龙］，以汞摄铅，即以阳配阴，以阴合阳，阴阳和融，玄珠现象）。

此是家园真种子，返老还童寿命长（太极真种子产，返老还童有望）。

上天堂，极乐方，免得轮回见阎王（进一步炼神还虚，超越阴阳五行，从此命不得而拘之，数不得而限之，阎王爷拜拜）！

二十、知音护持

无根树，花正奇，月里栽培片晌时（百日筑基以炼精化炁，七日坐关而炼炁化神；"今日说破我家风，太阳移在月明中"，片晌丹产珠圆，奇哉妙哉）！

拿云手，步云梯，采取先天第一枝（白虎首经，先天至宝）。

饮酒戴花神气爽，笑煞仙翁醉似泥（金液还丹，先天金花玉酒，杯杯醉倒过来人矣！吕祖："道是醉来真个醉，不知愁是怎生愁！"）。

托心知，谨护持，唯恐炉中火候飞（"吾今采得长生药，年年海上觅知音。""十月怀胎"等待"丹产珠圆"期间，此时必须知音者——过来人护道，防止惊扰，以免火候乱飞而神驰炁散）！

二十一、灵丹妙药

无根树，花正黄（灵药黄芽正黄；《悟真篇》："黄芽生处坎离交"，初三新月、新药；"种得黄芽渐长成"十五月圆成大药），**产在中央戊己乡**（中宫土釜）。

东家女（汞精元神），**西舍郎**（铅精元炁），**配合夫妻入洞房**（这对神仙夫妇在黄庭中宫内再结良缘，孕育仙胎）。

黄婆劝饮醍醐酒（穿针引线的媒妁黄婆——元神真意），**每日醺蒸醉一场**（撮合神炁，交媾混融，金液还丹，痛饮醍醐，如痴如醉）。

这仙方，返魂浆，起死回生是药王（大丹炼成，起死回生，超凡入圣，成就真人）。

李涵虚真人：此章乃二候求铅之后，四候还丹功夫。求铅乃外事（汞神为内，铅炁为外——外药、小药），初三月出庚方（一阳初生）时施工，名之曰以水配火，以龙就虎，以阴会阳，以离交坎，以性合情，以汞投铅，以女嫁男，以后天生先天，总之是以精合炁，乃外药也，其功夫在外，只用一符二候，立为丹基。还丹乃内事（内药、大药），十五月圆时施工，名之曰以水灭火，水乃天癸之水，以虎嫁龙，虎乃西方之虎，以阳伏阴，阳乃含真之阳，以坎填离，坎乃先天之坎，以情归性，情乃金情（炁）之情，以铅制汞，铅乃真一之铅，以男配女，男乃纯乾之男，以先天制后天：总之是以真炁合真精，乃内药也，其功夫在内，须用二符四候，结为金丹。

二十二、凝结圣胎

无根树，花正明（大药产生，虚室生白，大发光明），月魄天心逼日魂（日魂月魄，日月合璧，辉光团圞）。

金乌髓（以太阳金乌之髓），玉兔精（调和月华玉兔之精），二物擒来一处烹（在玄窍内经烹炼二物化为一物——仙胎道种）。

阳火阴符分子午（子时进阳火，午时退阴符），沐浴加临卯酉门（卯酉二时位，止火停符，沐浴温养）。

守黄庭（“乾坤交媾吧，一点落黄庭”），养谷神（沐浴而养胎神），男子怀胎笑煞人。

二十三、圆通自在

无根树，花正红（丰祖《道情歌》：“万般景象皆非类，一颗红光是至真”），摘尽红花一树空（真药、红花已得，炉鼎已无用处）。

空即色，色即空，识破真空在色中（空色圆融，色空不二）。

了了真空色相灭，法相长存不落空（法相长存，真空不空）。

号圆通，称大雄，九祖超升上九重（圆通妙有，真大英雄！隐显、出入自由，直升九重天上去矣）！

二十四、还虚合道

无根树，花正无（修炼至于先天道乡，至无状之状，无象之相，无无亦无，已臻妙境矣！《常清静经》：“观空亦空，空无所空，所空既无，无无亦无，湛然常寂。”——寂然无物，法身法相），无相无形难画图（空无湛寂，无状无形，但灵而有相，感而遂通）。

无名姓（虽法相无名），却听呼（但感而遂通），擒入中间造化炉（于中宫黄庭内，乳哺法身成长）。

运起周天三昧火（运起真空神火），煅炼真空返太无（煅之炼之，炼神还虚，和大宇宙混沌为一——人天合一）。

谒仙都，受天符，才是男儿大丈夫（此正大丈夫功成名遂之时矣）！

伍冲虚

《伍柳天仙法脉》辑要

伍冲虚，名守阳，江西南昌辟邪里人，生于明万历二年（1574年）正月元旦。十三岁时即有志于道；二十岁拜同乡龙门派第七代祖师曹还阳为师，步入金丹大道道门。万历甲午岁（1594年）受还阳祖师初度，传外金丹法及内金丹起手入门孕、调药炼己法。二十八岁时得传人仙功法并修炼实证人仙果证；同年得传地仙功法，并实证地仙果证；三十九岁时，得全传天仙法脉三成全法。

万历乙卯岁（1615年）四十二岁时，自愿替师祖李虚庵完成“广开教门”、续邱祖教外别传天仙正法之天命；同年度明宗室吉王朱太和，传人仙功法，并为之写《火候经》。四十二岁至四十九岁，入山闭关修证中成神仙功，得神仙果证；四十九岁时，侍师曹还阳还虚，亲见唯一度师臻天仙果证。同年传朱太和大药口诀，并写成《天仙正理》（未加注初稿）。六十六岁时，出加注《天仙正理》。六十七岁时，出加注《仙佛合宗·门人问答》，含问答纲要《丹道九篇》。崇祯甲申岁（1644年）元旦明朝亡国，时七十一岁，为全气节，遂携衣钵弟子吉王朱太和“仙隐而去”，莫知所踪。

《伍柳天仙法脉》辑要[1]

天仙正理·伍祖自序

昔曹老师语我云："仙道简易，只神炁二者而已。予于是知：所以长生者以炁，所以神通者以神。

群书之作，或有详言神，则未有不略于炁者；或有详言炁，亦未有不略于神者。夫既谓炁为长生之本，宁不以神受长生之果乎？将谓神为修长生之主，宁不以炁定长生之基乎？是炁也、神也，仙道之所以为双修性命者也。且谓今也以二炁（后天呼吸气与先天元炁）为论，所以明生人、生仙佛之理也。药物为论，所以明脱死超生之功也。

道原浅说篇

伍子《道原浅说》发明（挥）曰：仙家修道为仙，初证则长生不死，极证则统理乾坤（作天人之师、宇宙真宰）。

夫所谓道者，是人所以得生之理，而所以养生致死之由。修道者，是即此得生之理，保而还初，使之长其生而不死之法。

得生之理者，一阴一阳，为一性一命，二者全而为人也。何以谓之阴阳性命？当未有天地，未有人身之先，总属虚无（大道之源），如《易》所谓无极而太极是也。

---

① 伍冲虚，柳华阳著：《伍柳天仙法脉》，静虚子校订，宗教文化出版社，2012。

无中恍惚若有一炁，是名道炁，亦名先天炁。此炁久静为一，渐动而分。阳而浮于天，比如人之有性也；阴而沉于地，比如人之有命也。阳动极而静，阴静极而动。阴阳相交之炁，而遂生人。则人之所得为生者，有阴阳二炁之全，有立性立命之理，故曰人身一小天地者也。禀此阴阳二炁顺行，随其自然之变化，则生人；逆而返还，修自然之理，则成仙成佛。是以有三次变化而人道全。亦有三关修炼而仙道得。

夫炁与神，皆有动静。而静极之际，正有动机。炁动，即有神动，即此动机，便可修仙。缘此机为生人、生仙佛之分路，入死入生之要关。

炁机既已属动，将欲出阳关，而为后天之精者。《道藏》经云："精者妙物，真人长生根。"正言此未成后天精质之先天炁，名元精者是也。夫此炁虽动，不得神宰之，而顺亦不成精；不得神宰之，而逆亦不返炁。修仙者，于此逆修，不令其出阳关。即因身中之炁机，合以神机，收藏于内，而行身中之妙运，以呼吸之气留恋神炁，则有小周天之候。

运此周天积累动炁，以完先天纯阳真炁。故凡一动，则一炼而周（小周天采取、烹炼）。使机之动而复动者，则炼而复炼，周而复周。积累不过百日，则精不漏而返炁矣。……此皆十六岁以后，至八八六十四岁，已化精而耗精者之修也。

取得下田先天真炁，名曰金丹。用以服食飞升拔宅者，皆此耳。……勘得透彻，则长生不死，神仙天仙佛世尊，看计日而皆得矣。予又愿同志者共勉之！

直论九章

先天后天二炁直论

冲虚子曰：昔读《玉皇心印经》云：上药三品，神与炁精。固然矣！然其间有秘密而当直论者，正有说焉。唯是神与精也，只用先天，忌至后天。而炁则不能无先后天之二用，以为长生超劫运之本者；所以吕祖得（崔希范真人《入药镜》）先天炁、后天气之旨，而成天仙也。

然所谓先天炁者，谓先于天而有无形之炁，能生有形之天是天地之先天也，即是能生有形之我者，生我在先天（炁）也。故亦曰先天。

修士用此先天始炁，以为金丹之祖。未漏者，即采之，以安神入定；已漏者，采之以补足，如有生之初；完此先天（未漏者状态）也。

夫用此炁者，由何以知先天之真？当静虚至极时，无一毫念虑，亦未涉一念觉知，此正真先天之真境界也。如遇混沌初分，即有真静始觉，真炁始呈，是谓真先天炁也。修士于此下手，须要知采取真时（活子时）。

药生之时（静极生动之活子时）易知，所以可用不可用（太嫩或太老）之真时，则难知，知配合真法（以神驭炁），知修炼真机（鼎器、火候），而后可称仙道。

所谓后天气者，后于天而有，言有天形以后之物，即同我有身以后有形者也。当阴阳分（神与炁），而动静相乘之时，有往来不穷者，为呼吸之气；有生生不已者，为交感之精；故曰后天（层次）。

世人乃不知先天为至清至静之称。所以变而为后天有形之呼吸者，此先天（功用）也；动而为先天无形之精者，亦此先天（功用）也；化而为后天有形之精者，亦此先天（功用）也。此顺行之理也。至于逆修，不使化为后天有形之精者，固此先天（功用）也；不使动为先天无形之精者，定此先天（功用）也；不使判为后天有形之呼吸者，伏此先天（功用）也。证到先天（虚极静笃境界），始名一炁（先天一炁从虚无中来），是一而为三，三而复一，有数种之名，即有数种之用，故不知先后清浊之辨，不可以采取真炁。不知真动真静之机，亦不可以得真炁。

不知次第之用，采取之工，又何以言伏炁也哉？古人有言为药物者，单以先天炁而言者也；有言为火候者，单以后天气而言者也；不全露之意也。有言“药即是火，火即是药”，虽故曰：即是亦不显露之意也！后来者何由得以明悟耶？修天仙者不可以不明二炁之真（至理）。

药物直论

冲虚子曰：天仙大道喻金丹，金丹根本喻药物。果以何物喻药也？

太上云：“恍恍惚惚，其中有物。”即吾身中一点真阳之精炁，号曰“先天祖炁”者是也。夫既名祖炁，则必在内为生（后天）气之根者，而又曰外药者，何也？盖古云“金丹药物自外来”，以祖炁生身时，虽隐藏于丹田，却有向外发生之时；即取此发生于外者，复返还于内；是以虽从内生，却从外来，故谓之外药。炼成还丹，斯谓之内药，又称大药。实只此一炁而已。今且详言外药、内药之理，而所以名外药、内药之由。

既曰药本一炁，非有内外之异，而何有外、内之名者，以初之发生（药炁），总出于身外，而遂曰外药。若不曰外，则人不知采之于外而还于内，将何以还丹？及精补精全，炁补炁足，神炁俱得定机。于此时发生大药者，全不着于外，只动于发生之地，因其不离于内，故曰“内药”。

既有外、内之生，所以采之者亦异。盖外药生而后采者也，内药则采而后生者也；此亦往圣之不轻言直论者。

如遇至静至虚，不属思索，不属见闻觉知，而真阳之炁自（然发）动。非觉而动，实动而觉（药产神知）；觉（药产神知）而不觉（静寂孕药），复觉（活子时至采取烹炼）真玄（妙也哉！）；即是先天宜用之药物。……以先天无念元神为主，返照内观，凝神入于炁穴，则先天真药，亦自虚无中而返归于鼎内之炁根，为炼丹之本。古云自外来者如此。此外药之论也。将此药之在鼎者，以行小周天之火而烹炼之，谓之炼外丹。

外丹火足药成，方是至足纯阳之炁，方可谓之坎中满者。

采得此药以服食，而点化元神，张紫阳谓之“取坎填离”，正阳真人谓之“抽铅添汞”，只皆言得此内药也。欲将此炁炼而化神，必将此炁合神而炼，炼作纯阳之神，则有大周天火候在焉。

当是时也，火自有火（小周天火候），而至于无火（大周天定静）；药自有药，而至于无药（炁已化神）。自纯阳炁之无漏（经小周天成漏尽通），以成纯阳神之无漏；而一神寂照，则仙道从此实得矣。

鼎器直论

仙道以神炁二者而归复于丹田之中以成真；金丹以铅汞二者而烹炼于炉鼎之内以成宝；故神炁有铅汞之喻，而丹田有鼎器之喻也。是鼎器也，古圣真本为炼精、炼炁、炼神所归依本根之地而言也。

若无此为归复之所（道场），而持疑无定向，则神何以凝精炁归穴耶？然鼎器犹是古来一名目也，不知身中所本有者。有乾坤炉鼎之喻，亦有外鼎、内鼎之称者。言外鼎者，指丹田之形而言，言内鼎者，指丹田中之炁言也。以形言者，言炼形为炼精化炁之用，故古云“前对脐轮后对肾，中间有个真金鼎”者是也（外鼎）。以炁言者，言炼炁为炼炁化神之用，先取白金为鼎器（肾曰黑铅，炁曰白金）。

当其始也，欲还先天真炁，唯神可得；则以元神领炁，并归向于下丹田，而后天呼吸（之气），皆随神以复真炁，即借言“神名内鼎”者可也。

若无是神，则不能摄是炁。而所止之下田为外鼎者，又炁所藏之本位，即所谓“有个真金鼎”之处。必凝神入此炁穴，而神返身中炁自回。炁所以归根者，由此也。及其既也，欲养胎伏此至灵元神，唯炁斯可。则以先天元炁相定于中田，似为关锁，而神即能久伏、久定于中，即如前言，炁名内鼎也可。若无是炁，则不能留是神。而所守之中田为外鼎者，又神所居之本位，故是即静定而寂照者，如此也。

尽皆颠倒立名，以阐明此道也。故仙翁（吕祖）又曰：真炉鼎，真橐龠。知之真者，而后用之真；用之真者，而后证果得其真。岂有还丹鼎器之所当明者，而可不实究之耶？又岂有取诸身外，而可别求为鼎器者也？昔有言，总在炁圣性灵而得者，斯言亦得之矣。

夫还神摄炁，妙在虚无，必先有归依（丹田外鼎、炁穴内鼎），方成胜定。此鼎器之辨，不可忽也！

火候经

天仙是本性元神，不得金丹，不能复至性地而为证；金丹是真阳元炁，不得火候，不能采取烹炼而为丹，故曰：全凭火候成功。

火候谁云不可传，随机默运入玄玄。达观往昔千千圣，呼吸分明了却仙。

岂不见陈虚白曰：“火候口诀之要，当于真息中求之。”《灵源大道歌》云：“千经万论说玄微，命蒂由来在真息（真息无息）。”陈致虚曰：“火候最秘，其妙非可一概而论，中有逐节事条，可不明辨之乎？”张紫阳曰：“始于有作无人见，及至无为众始知。但信无为为要妙，孰知有作是根基。”

炼己直论

诸圣真皆言，最要先炼己。

己者，即我静中之真性，动中之真意，为元神之别名也。然必先炼己者，以吾心之真性，本以主宰乎精炁者。宰之顺以生人，由此性；宰之逆以成圣，亦由此性。若不先为勤炼，熟境（情欲）难忘，焉能超脱习染，而复炁胎神哉！

当未炼之先，每出万般变幻，而为日用之神，犹且任精任炁，外驰不住。古云“未炼还丹先炼性，未修大药先修心”，盖为此而言也。

筑基直论

修仙而始曰筑基。筑者，渐渐积累增益之义。基者，修炼阳神之本根，安神定息之处所也。基必先筑者，盖谓元神，即阳神之所成就纯全显灵者，常依精炁而为用。

精炁旺，则神亦旺，而法力大；精炁耗，则神亦耗而弱。此理所以如是也。欲得元神长住而长灵觉，亦必精炁长住而长为有基。……是以必用精炁神三宝合炼，精补其精，炁补其炁，神补其神，筑而成基。唯能（三宝）合一，则成基；不能合一，则精气神不能长旺，而基即不可成。及基筑成，精则固矣，炁则还矣，永为坚固不坏之基，而长生不死。

炼药直论

仙道以精炁神三元为正药。以炼三合一，喻名炼药。其理最精微，其法最秘密。……夫至静之真时者，是此身心静极，即所喻亥之末、子之初也。阴静极必有阳动，则炁固有循环真机，自然复动。此正无形元炁（静炁），将动为先天无形之元精（动炁）时也。即此先天无形之精，便名药物。

既有药炁生机，必有先天得药之觉（神炁同动、时至神知），即以灵觉为炼药之主，以冲和（炁机）为炼药之用，则用起火之候而采之。须辨药之老嫩。采之嫩则炁微而不灵，不结丹也。采之老则炁散而不灵，亦不结丹也。

后世圣真修此，必使神炁相均（半斤、八两）相合，火药适宜；以呼吸之气，乘真炁之动静；以真炁之动静，定真息之根基；则火药既不着于一偏，又无强执纵失之患；如此而炼，方得小周天之妙理，方成长生之大药，始名外金丹成也。

得此真药服食，自可进修大周天之火候，以炼炁化神。炼炁而息定，化神而胎圆，阳神升迁于天门而出现，神仙之事得矣！……终而九年面壁，炼成还虚之果者，超出尽天地劫运之天仙也！

伏气直论

人之生死大关，只一气也，圣凡之分，只一伏气也。而是伏义，乃为藏伏而亦为降伏。唯能伏气，则精可返，而复还为先天之炁；神可凝，可复还为先天之神。所以炼精者，欲以调此气而伏也。所以炼神者，欲以息此炁而伏也。始终向上之功，只为伏此一口气耳！

此气大定，则不见其从何而伏始，亦不见其从何而伏终。无始无终，亘万古而无一息，与神俱虚俱静，斯谓之形神俱妙之境也！

唯闻天仙正道者，方能识得此理；唯有三宝全功者，方能行及此功。

胎息直论

古胎息经云："胎从伏气中结（凝结），炁从有胎中息（真息无息）。"斯言为过去未来诸神仙天仙之要法也。予愿再详释而直论之。

夫人身初时，只二炁（先天后天炁气）合一（浑一），为虚空中炁而已，无胎也，亦无息也。因母呼吸而长为胎，因胎而长为息。及至胎全，妙在随母呼吸而为呼吸，所以终日呼吸而不逼闷。此缘不由口鼻呼吸，只脐相通，故能似无气息一般。此正真胎息景也！

逆修返还之理，安得不以为今呼吸之息，而返还为胎中息耶？凡返还呼吸时，以口鼻呼吸之气，而复归于胎息之所。如处胎之时，渐渐炼至胎息亦真无。真无者，灭息尽之义也。未有息、未有胎以前之境界，不落生死（之）途者矣。

必要有先天炁机发动之时，又有元神灵而独觉，及呼吸相依，三宝会合，已先炼成大药者，而转归黄庭结胎之所。于此之时，而后以胎息养胎神，得神炁乘胎息之炁，在中一定，即是结胎之始。正《入药镜》所谓初结胎，看本命而得者。虽似有微微呼吸，若在脐轮，而若不在脐轮，在虚空……顿然绝离口鼻，不存呼吸，灭却有作，恰然处胎相似。而胎中之息，始虽似有，而终绝无，即是真胎息，所以成阳神者。

如是而久久无间断，绵绵密密，无时无刻，而不是在胎中无息之景。真证阳神大定，绝无动静起灭，即是胎圆。

故云："性由自悟，或可因书。命要师传，必经口耳。"

仙佛合宗语录

序 言

仙宗果位，了证长生。佛宗果位，了证无生（不生不灭）。然而了证无生，必以了证长生为实（际造）诣；了证长生，尤必以了证无生为始终（目的），所以性命双修者也。

欲修仙道者，先修成载道之器；欲成载道之器，必须先尽还虚之功。虚（虚极静笃）也者，鸿蒙未判之前，无极之初（大道之源）也。……还虚之功，唯在对境无心而已。

所谓守中之理。中也者，乃虚空之谓中也。守也者，非拘守之谓守，乃致虚之谓守也。守中也者，不着意于二田，亦不纵意于二田，即所谓元神寂照二田，成一虚境是也。故能保中之体者，一念不生，寂然不动，直守到食脉两绝，昏睡全无，亦须臾不离于寂照也。

真药物，即真精也。彼后天交媾之精，即不真。先天元精乃谓之真精。

夫无念而得，为真精者固是也。虽有知真精，而不得元神灵觉如是（配合）；如是精虽真，而亦不得（发挥）为真精（妙）用。……得此真，即天仙矣，即同世尊佛矣。不得此真，皆为幻妄虚言矣。

古云："水源清浊要分别。"水喻真精，清即先天，浊属后天。源者，精炁之所由生者也。……若不向源字上辨，只于清浊字劳心，谓后天中以无形之精为清，以有形之精为浊，呜呼！此地狱中种子之说也。殊不知先天元精，由静极而自动，炁至足而源至清，即谓真药物矣。而元神灵觉即能和合，是谓以觉合觉，随而采取，随而烹炼，不作世缘念想。用工一刻，即长一刻之黄牙，而金丹可就，仙道可冀。

……于此辨得"源"字真，"药"斯真矣。

"意定神全水源清，意动神行水源浊。""心动，则神不入炁，身动，则炁不入神。"

精一也。有元精、淫精之异名者，是由主宰之（神）者而致有异也，岂自异哉！

然元精在身中，静笃时，无形之精也，即元炁，即先天。虽能生后天有形，不得神宰，亦止于先天无形，而不自为后天生有形。虽久而不采不炼，亦只成先天散炁而已。

有神宰为交感之用，而后变化成后天，非自成后天也。当其隐于寂静之中，静极而自动，曰生精；是天地人自然循环之生理，当如是也。故修丹者，由静极而生之精，名曰精，而实非精，故曰元精（动炁）。

未妄动而炁本自足，炁足则能成丹，转运而胎神出神也。

后天精不耗散，则先天精亦不耗散。后天盛，则所生先天亦盛。

胎息而能冲和大定。和而能冲，冲而无极（神炁冲和浑而为一），冲和之理得矣。

冲和者，言不息之息中妙义也。世人不知调息之谓何？我则曰：调其息之和而可冲也。

冲和者，禅定中之妙义。王重阳真人说："神炁冲和成大药。"

以此久守于丹田，亦可为长生人仙。如炁足者，亦如“留得阳精，决定长生”者之小效。所有八百岁如钱铿者，有七百年老古锥，如佛弟子迦叶者，有一千七十二岁，如宝掌和尚者，皆是此类。

何为胎息？其肇（始）也，结胎之息炁，从无（息）入有（息），而实若无（似有若无，细若游丝）；于不息中，而或暂有；有无兼用之际也。

神驭元炁及呼吸气，归于黄庭之根而为胎。得此住定，谓之结胎。

精既竭，而无顺以生人之具，即是无逆而生仙佛之本。有顺则有逆，谓见色便见心者，此也。谓“众生即佛”者，此也。无顺则无逆，乃所补之难也。

先天元精谓之真阳，得此真阳而炼性通神，入定而出定谓之阳神。不得真阳之精，配合性真以入定得定者，只名阴神。

调外药者，药有生时，有当采时，如不见调，则老嫩无别，皆不成丹。

王重阳真人云：“呼吸相应，脉住气停，静而生定。大定之中，先天一炁，自虚无中而来。”又云：“定中知动，方是造化。”邱长春真人云：“息有一毫之不定，命非己有。”马丹阳真人云：“定息采真铅。”又云：“定里见丹成。”又云：“工夫常不间，定息号灵胎。”紫阳真人云：“性定可以炼丹，不定而阳不生。阳生之后，不定而丹不结。”

问形神俱妙。是到得大定而出定，即得不死不坏之形，不生不灭之神。神能超越天地，而形亦随之超越天地，何不可言俱妙？即此一得永得，直到还虚后，亦即是这个俱妙。

又谓赤血化为白血者，此非所以语神仙、天仙也，乃人仙不老者，及尸解之类耳。

古天仙又云："说尽万千差别法，总与金丹事不同。"

问炁满不思食，神满不思睡，必如何得满？

答曰：补精之法，谓之筑基。凡人之精，已为淫媾耗损，无修仙之基，为不满之物。大修行者，补精时，必遇精生于先天之真（静极生动）时，即用火以熏蒸，熏蒸即补也。补到化炁，而在内未发生之本炁，亦并得到熏蒸之炁补。即此炁纯，无精可生，便知实满。百日内（小周天）事也。

及所化之真炁，超脱过关时，前之炁归元海为坎实者，渐渐以坎实点离虚。虚得实而皆实，即有所谓"禅悦为食，法喜充满"。实则不饥，何用思食？若不食，则已渐入于仙。仙则神满。神满者，纯阳无阴也。

我故曰：必使神住定，炁亦随之而住定。神炁俱定，从一日之一日起，即能不睡。昼夜常觉，惺惺不昧。十二时中，无一时不入定，亦无一时不在定。如是，十月之间，方得神满不睡。

到此心无生灭，息无出入，已成阳神。仙佛到此，皆出阳神，便出色界，到无色界矣。

昔张天师云："神一出，便收来，神返身中炁自回。如此朝朝并暮暮，自然赤子结灵胎。"

仙家言胎息，言如胎中之息；息之在胎，呼吸不及于外，而若不呼吸者；渐入于定也。此息定，而性随之定，炁神皆是一神；神既一而全，而大定得矣。

精既绝，而无顺以生人之具，即是无逆而生仙佛之本。精不足者补之以炁，形不足者补之以味（五谷营养）。

真阳之炁，由至静而微动，谓之鸿蒙一判。则此发觉便名曰情，俗谓之神情。复此神觉还为性真，当摄此炁同归，故曰摄情归性。其实即采取配合之说。“金来归性初，乃得称还丹。”凡言情者，兼神炁。

升降者，是采取烹炼之要旨。凝入者，是归根复命之秘机。但升降而行也，神炁合一，神在炁中；不升降而住也，神炁合一神在炁中；不说是凝神入炁穴也不得。

若无呼吸，不能调和。若无熏蒸，不能补助。

人当受天命而生时，则元炁是本根，原自有着落处，故发明之曰炁穴。强议无炁穴，自已落空亡，则归根无所归，复命无所复。

如何是炁凝而灵？人从父母二炁初合，只为一炁耳！此炁渐化微形，中即有一点灵光，如萤光朗耀，渐微动为呼吸之状，呼吸成，形体全，而神明具也，以生。由是而观，非炁凝而后灵乎？且谓仙道炁凝而灵之妙者，原夫精化炁者，精由炁化，使炁不化精，而复补全其炁；炁以化神，而仙道成，则纯是一神，而不见有炁；非炁凝而灵何？

唯此一灵，以动为用，则曰元神；在静时，则曰元性是也。

凝神入炁穴，“太阳移在月明中”，凝神入炁并形成炁穴（玄窍、妙窍）。

“凡人之息以喉”，有出入息者；“真人之息以踵”，无出入息者。

陈虚白言：“息息归根，金丹之母。”根者，元炁所居之地，烹炼金丹之所，大药所生之处，即所谓炁穴，亦曰产药之西南本乡。炼成金丹，则曰根基。凡炼丹时，采药于此，运用周天火候于此，则息息不可不归于此。息息能归于此，则三家相见，金丹可成，生出一粒黍珠，而为服食之宝。以其金丹之所由以生，故曰母。此百日关中之理也。所言息息归根，便有主张。归者，即神凝炁穴之理。

柳华阳

金仙证论

柳华阳，江西南昌人，生于清雍正十三年（1735 年）。他在自序中说：幼而好佛，常怀方外想，乃寻求不已，足迹遍荆楚间，阅及半载，幸遇伍冲虚师，传余秘旨，豁然通悟。嗣至匡庐，又遇壶云老师，得授达摩老祖之教外别传，及于临行，师嘱曰：佛教（性命）双修，今已断灭，子当续其命脉，以度有缘。华阳禅师不但得到了伍冲虚祖师的天仙法脉正传，同时又得到壶云老师的佛家性命双修嫡传——由达摩老祖传来拈花微笑之教外别传。华阳禅师修至金丹大道的究竟境界。

金仙证论[①]

序 炼丹

欲修大道者，理无别诀，无非神炁而已。先须穷其造化，究其清浊，则精生方可探摄。

注曰：精生者，元炁之动，是谓精生。探者，探其炁之妙处。必须以我之正念，敛收微细之神，诚志专意，探入其炁之动所，招摄已生之精，归于本穴，用火烹炼。

智者得师而明，愚者被师而误，皆因不悟群书简易之妙，而竟失于正理也。

天地之间，富贵以及妻子是有定分。若大道则不然，可以苦志而得；古云："有志者事竟成。"古来多少不该成道者，而竟成之，非生来有分也。

回光返照，凝神入炁穴，则炁亦随神还矣；故谓之勒阳关，调外药，及至调到药产神知，斯谓之小药，又谓之真种子。

然古人但言调药，而不言调法，自注[②]：法即绵绵不断之旨。七悟云："一阳初动，凝神入炁穴，息息归根。"

---

① 伍冲虚，柳华阳著：《伍柳天仙法脉》，静虚子校订，宗教文化出版社，2012。
② 文中"自注"部分为原作者柳华阳注。

不言调所，自注：所即炁之融动处。

又不言调时，自注：时即外物兴动之时也。

一调药之虚名，在于耳目之外。

既知调药矣，则元精不外耗，而药炁自有来机焉。此古圣不肯轻言直论，予明而显之曰：未有知机（活子时到）而不采者；未有不调药而先采者；知此或缺焉，是不得药之真故也。且欲得药之真者，唯赖神之静虚，炁则生矣。冲虚谓之“动而觉”，自注：动者，炁也。觉者，神也。以此不惧不惊，得盛而后起。冲虚谓之“复觉”。此时即药炁之辨机，不令其顺而逆之，斯谓之“采药”。鼎中既有药炁，则有周天之火候。

仙道以神炁二者熏蒸封固，喻之曰炉鼎。神炁升（到之处）为鼎，起止（之处）为炉。

当其始也（自注：元精初生），精生外驰，以神入精中，则呼吸之气，随神之号令，摄回中宫，混合神炁，自注：中宫即丹田。混合即绵绵息息归根之意。神则为火，而炁为炉。自注：以神炁言者，神在炁中，炁则为炉，神则为火也。

欲令此炁而藏伏者，唯神之禁止；炁则为药，而神为炉。自注：以炁神言者，炁在神内，神禁止其炁；神在炁外，神则为炉，而炁则为药也。即古人所谓“炁穴为炉”是也。自注：以形言者，指丹田为炉。神炁归藏于此，此即调药之炉也。

乃其采药运周天者，当从炁穴坤炉起火，升乾首以为鼎，降坤腹以为炉。自注：乾在上为鼎，坤在下为炉。即古人所谓“乾坤为鼎器”者是也。自注：以形言者，首腹为炉鼎，即之周天之炉鼎也。

见神炁之起伏运行，自注：起是升，伏是降。而鼎器在是矣。自注：有神炁即有炉鼎，无神炁即无炉鼎。

然古人将神炁二者借喻鼎器，或以丹田为炉，而以炁穴为鼎者，自注：丹田、炁穴一也。或以坤为炉，而以乾为鼎也。自注：坤即腹，乾即首。一鼎器之名目，纷纷引喻，故后人无以为真。

今予阐明，正合吕祖所谓真炉鼎，真橐籥，知之真者，而后用之真。用之真者，而后证果得其真矣。

觅法寻师问正传，若无真诀难为仙。

六祖《坛经》曰："有情来下种。"

自注：有情者，非欲念之情，乃妙道中元机萌动之人情。故龙牙禅师云："人情浓厚道情微，道用人情世岂知？空有人情无道用，人情能得几多时？"

元育曰："要觅先天真种子，须从混沌立根基。"

自注：古人言真种子不一，或有言神是真种子，或有言炁是真种子；而不言真种子其父母所由生之理；故世人被此颠倒之言所惑。《元学正宗》云："始者，上下相交混而为一。"盖混沌者，乃天地合璧之事，即神炁会和之时。若觅先天真种子，先须明种子之父母。盖神炁比如天地，天地即种子之父母也。神入炁中，则是天入地中之象，即为混沌之时也。真种子原由神炁而生，神炁若不交，安得有真种子？

旌阳祖师云："与君说破我家风，太阳移在月明中。"

自注：望江南云："日精若与月华合，自有真铅出世来。"盖太阳喻神，月明喻炁。移在者，神炁相会也。古云："要知大道希夷理，太阳移在月明中。"

学者凝神之时，炁穴之神，能觉进吸者，则炁自鼓自扇、自吹自嘘、自逆转矣。不用而自用之，何劳之有（为）乎？混然子云："神呼炁气归窍内，吹吾身中无孔笛。自呼自吸之内呼吸。常觉在此息（外呼吸）不用，归根而自归根矣。"

冲虚子曰："调到真觉，则得真炁。"

自注：觉者，乃时至神知。故其本灵之心体不能昧，谓之觉。若能如法调药，则自有造化之机发见于外，可不劳而自知矣。

栖云先生曰："人吃五谷，化为阴精。不曾锻炼，此物在里面作怪。只用丹田自然呼吸之气，吹动其中真火，水在上，火在下，水得火，自然化而为炁。其炁上腾熏蒸，穿透一身之关窍，流通百脉。烧得里头，神嚎鬼哭，将阴精烧尽，阴魔消散矣。"又，觅元子曰："阴精者，五谷饮食之精。苟非巽风坤火，猛烹急炼，此精必在身中思想淫欲，搅乱心君。务要凝神调息，使橐蘥鼓风，而风吹火烹，炼阴精化而为炁。其炁混入一身之炁，此炁再合先天之炁，然后先天之炁，再从窍内发出而为药。"

予故曰：自始还虚而待元精生，以神火而化，以息风而吹，以静而浑，以动而应，以虚而养，则调药之法得矣！

广成子曰："人之反复呼吸彻于蒂，一吸则天气下降，一呼则地气上升，我之真炁相接也。"

自注：降吸呼升者，即先天后天二炁之机也。然后天气吸，则先天炁升焉；升是生于乾，而为采取也。后天气呼，则先天炁降焉；降是降于坤，而为烹炼焉。若以口鼻一呼一吸为升降者，则去先天之炁远矣。

觅元子曰："乾坤阖辟，阴阳运行之机：一吸则自下而上，子升；

一呼则自上而下，午降；此一息之升降也！

自注：阖辟者，乃内外呼吸之元（玄）机。盖外面之气降，里面之炁则过我而升；外面之气升，里面之炁则过我而降；此乃（小）周天之密机。

冲虚子曰："当吸机之阖，我则转而至乾，以升为进（进阳火）。当呼机之辟，我则转而至坤，以降为退（退阴符）。

自注：吸机之阖固是下，然而内里之机要上，上者自下而升至于乾，为进阳火，为采取；呼机之辟固是上，然而内里之机要下，下者自上而降至于坤，为退阴符，为烹炼，此即内外阖辟之机也。

功到时至，此物（元炁）当产之时，不知不觉，忽然丹田融融洽洽，周身舒绵快乐；痒生毫窍，身心无主；丹田暖融渐渐而开，阳物勃然而举。忽然一吼，呼吸顿断；心物如磁石之相翕，意息如蛰虫之相含；不觉入于恍惚，天地人我，莫知所之。浑浑沦沦，又非今之禅家，枯寂无为。恍惚之中心自不肯舍其物（元炁），物自不肯离其心，相亲相恋，扭结一团。其中景象，似施似翕，而实未见其施翕；似泄似漏，而实未见其泄漏；其妙不可言语形容。故《心经解》云："一阳初动，有无穷之消息。"少焉，恍恍惚惚，心又复灵；呼吸复起；丹田之炁，自下往后而行。肾管之根，毛际之间，痒生快乐，实不能禁止。所谓炁满任督自开，此之谓也。迅时速采归源，转大法轮（小周天、法轮自转）。必然此物（元炁）满而又溢，则前功废却也。

盖此篇全泄天机，余三十余年方得妙道。后之修士，行功到此，切记！切记！莫忽却其中景象，但得二三，即是真种所产矣。故不必规矩如此，而又在禀受形体有同异之别也。

凡（小周天）临机转法轮之际，一意驭二炁，而运行之法，又在乎神之协真炁而同途，不可起于他见。于十二规（地支十二时位），全仗呼吸催运，以吸数定其法则；自采以至于归根，不可须臾离也！离则断而不续，不成舍利矣！

自注：凡转法轮之际，意主丹田而为轮心，神运炁而为轮爪，呼吸催逼而为轮毂，亦出乎自然而然之消息。有何难哉？不起于他见者，转法轮之际，外除耳目，内绝思虑，一点真神，领炁循环。稍有他念，炁则散于别络，空转无益。且数者，每步四揲，升为阳，阳为乾 乾用九，四九三十六，乾策总九爻之四揲，二百一十有六。降为阴，阴为坤，坤用六四六二十四，坤策总六爻之四揲一百四十有四。合成三百六十数，成其法轮一转之途步。限度不差丝毫之规，则妙也哉！至也哉！是道也，苟不用此，万无所成！

此法自汉（圣母元君）至今，秘而不宣，佛佛秘受，祖祖口传。余备全而泄尽。愿有志者，早成大道。夫三百六十数者，实非三百六十数，乃譬喻耳。

吹嘘（外呼吸）乃后天之气也，阖辟（内呼吸）即先后二炁之机也。又答曰：昔朱子谓“一呼一吸谓之阖辟”，乃后天之说也；非大道精微，至妙至妙之玄机。请问曰：至妙可得闻乎？曰阖辟者，乃大道二炁相动相应，玄关中之消息也。有四个往来，故曰往来不穷。若以一呼一吸两个往来为阖辟者，则有穷焉；非真玄关也。又问曰：吹嘘与阖辟何所分别用法？曰：吹嘘者，神炁不动之义也。阖辟者，神炁俱动之义也。夫阖辟之神炁，又在乎动与不动间耳。若出乎玄关之外动者，非炼药之阖辟；神炁亦不能相交相合，孕为真种。

自注：阴精在丹田内作怪，使心君妄动，扰乱主人之故耳。即当用阖辟之法，鼓动炉内真火，化此阴精，是谓秘密天机，救命宝法也。

炼阴精者，谓人食五谷百味所化之精华，名曰津液，是滋养五脏之后天皆属渣滓，昼夜滋润乎周身；而至于丹田者，则为阴精也。此精时刻作怪，搅乱心君，引动元炁之散泄。

安乐太平之禅定，勿助勿忘而养，常寂常照而温。静定之中，忽觉一轮皓月，悬于当空，留而待之；一轮红日，升于月中，收而藏之。……一轮金光，本是我所有之物，取而归之，为化形之妙药。收而养之，子又生乎其孙。愿备行满之时，隐于深谷绝迹，还虚合乎妙道，是谓如来末后之事也。自注：且出定之初，万物不可著。只候自身中一轮金光现于空中，将法身近于光前，以法聚光，取于法身内；遂即法身入于凡身。久久乳汁，则凡身立可化为炁矣。恐不得此金光者，则凡身不能化为炁，故有留身之说者，谓此也。又在德行之故耳。此即万古不泄之天机，今则泄矣。

注：道家子曰：读尽丹书千万篇，末后一段无人传；佛家人曰：向上一着，千圣不传。华阳禅师："此即万古不泄之天机，今则泄矣。"

李涵虚

道窍谈
三车秘旨
收心法
后天串述文终经

李涵虚（生于清嘉庆丙寅年，1806 年），号长乙山人，又称圆峤外史，为四川乐山市李家村人，丹道“大江西派”创始人。幼而颖悟，善琴，嗜诗酒，后至峨眉山遇吕祖、三丰师于禅院，得传金丹大道，潜修数载，金丹成矣。吕祖为其改名为西月，字涵虚，一字团阳；并嘱其著书救世。

李涵虚真人著述甚丰，行世的有《道窍谈》《三车秘旨》《张三丰先生全集》《老子真传》等。

道窍谈①

第一章　箴诸友书

夜来气清，息调神住。如其调而调之，即不蹈夫顽空。如其住而住之，又不类夫执着（随顺自然）。斯时也，不忘不住，若忘若存。寂寂惺惺，圆圆明明。水自然清，火自然生，神自然交，气自然会，风（呼吸）自然正，车（河车）自然行，抽（铅炁）自然抽，进（进阳火）自然进，添（汞神）自然添，退（阴符）自然退。唯其神妙独得，故尔操纵如心，散乱自然归（宁静）也。能弗快活欤？

夫避灯而攒瞌睡，吾不得而见也，在公等之自持也。摇几而作醒状，吾不敢与闻也，在公等之自信也。闭目而多思虑，吾不得而知也，在公等之自除也。当清夜而昏沉者，是不勤于此功。当清夜而散乱者，是不专于此功也。不勤、不专，是负祖师之厚望矣。

吾道至玄妙，犯此病者，尚其改旃。

第二章　开关问答

有友数人焉，问于团阳子曰："足下谈元（丹法至理），可谓清真浅显，开入门之孔窍也。但不识孙、陶一派有云，开关展窍，当在筑基（功夫）之前者，而潜虚翁则以为古仙垂语，绝口不言，而今乃有之。又云蛇足不添（大道圆满），骏骨无价（不轻易传授）。大道之厄（道之难行），斯人为之（这类人造成的）。若以开关展窍为可鄙（瞧不起）者，君与同师，

① 董沛文主编：《圆峤内篇》，盛克琦点校，宗教文化出版社，2009。

乞道其故也（请说明原因）。”

团阳子曰：“吁！潜虚所言，非鄙之也。盖叹斯人（这样的人）不信，而失其先天清净（大道之源），致令添其小术也。夫上德（童真之体）无为，不以察求。童子先天未破，可清养而得胎仙，不假（需）还返（不存在还丹），奚用通关（无需开关展窍）？故此以为大道之厄。即太上所谓‘大道废，有仁义’之喟叹。然吾侪以度人为功，其所流传者，安得尽属童贞？（中、老年人）则（需）展窍开关，所以启玄门而辟径路，还元返本，所以资同类（真阴之神与真阳之炁为修丹同类）而补真身也；中年学道者，只要凝神（守窍）有法，调息有度，阴跷炁萌，摄入鼎内，勿忘勿助。后天（之先天）炁生，再调再烹（孕、调药），真机自动。乘其动而引（进阳火），不必（用识神）着力开，而（尾闾）关自开，不必着力展，而窍自展。真气（炁）一升于泥丸（进阳火），于是而河车之路可通（小周天）。要皆自然而然。乘乍动而又静之际，微微起火，通过尾闾，逆流天谷。自然炼精化炁，灌注三宫（上、中、下三个丹田）。以后复得外来妙药（上丹田汞精），擒制吾身之真炁（铅精），令其交凝（神炁混沌），使不散乱（扭结一团）。然后，相亲相恋，如龙养珠，如鸡抱卵，暖气不绝，同落于黄庭（中宫、土釜）之间，结为朱橘，乃曰‘内丹’。则初候之功成，延年之妙得，全形之道备矣。”

友闻而喜曰：“微子言，盖几乎迷于向往也。吾侪虽不敏，请退而修之。”

第三章 后天集解

从古（以来之）后天法程，只言筑基、炼己两层。而陶存存先生又言：“修道之士，若不开关（为先），遽（忙）言筑基、炼己，乃是隔靴搔痒，无益于事。”于是（吾）以开关、筑基、得药、炼己四层，分为后天次序。吾恐人之多疑也，因作此以明之曰：

古来分二条者，后天之大端。今分四层者，后天之节次，以开关辟筑基之路，以得药助筑基之基，以练己了筑基之事。四端仍然两端，两端仍然一端。古人曰："细微节目，非真师不能传，非善人不敢道。"筑基、炼己，虽非上乘丹法，而其中之节次，且更有不止于陶翁所云者。《周易参同契》："下德（破体之人）为之，其用不休（有为法）。"夫不休，则见其节次之多也。所闻异词，所见异词，要见人之会通。孙教鸾真人云："修身之人，必先用鼎器以开关窍。"又曰："鼎器者，灵父灵母（真阴真阳）也。"曷以为鼎器（内鼎）称灵父灵母？盖以生仙、生佛之父母，不同凡父凡母（凡阴凡阳），故以灵父灵母名此后天鼎器（内鼎）也。灵父灵母，逆来交媾（以炁合神）。凡父凡母，顺去资生（生儿育女）。逆来之法，始终不离（交媾）者也。（内）鼎器立，则神炁交。神炁交，则积累厚。积累厚，则冲突（神炁混沌）健。冲突健，则关窍（尾闾）展（开）。关窍展，则逆运（进阳火）之途辟，河车之路（小周天）通矣。但运河车者，不与开关之事同。开关乃后天（中之先天）真炁（元炁），河车乃后天（中之先天）金水（纯阳真炁）。功夫到河车（小周天）一步，日日筑基两无分（别）也。

潜虚曰："循环灌注，久久纯熟。炁满三田，上下交泰。所谓常使炁冲关节透，自然精满谷神存也。"吾常以后天之学名为养己，人能细览愚言，究其包举在节次，则延年保身之道得矣。

养己者何？《周易参同契》云："内以养己，安静虚无。"此后天之要言也。己，己（汞）性也，即元神也。内，内境也，即虚无也。虚无之内，常静常安，安而后能虑，静而后能应。

然欲静其神，必须调息有（法）度。一呼一吸，名曰一息。则顺其自然（呼吸），勿听其自然（放纵不管）。庄子曰："真人之息（内息）以踵。"踵也者，相接不断，绵绵若存也。气彻涌泉，往来不绝。吾师（吕祖）曰："以内息踵（绵绵不断）外息，以外息踵（绵绵不断）内息，以息息踵（绵绵不断）息息。”此即以踵（绵绵无断、随顺）之妙也。内呼则外吸，内息则外呼，内外两息，反正相生。开合有度，却有自然妙趣，不待强为（阖辟机缄自现，橐籥之相自成）。古人云：“若问筑基下手，先明橐籥玄关。”知内息即知橐籥也。丹经云：“呼不出喉，吸归于蒂。”言内息也。若口鼻呼吸，安能使之不出乎？（内呼吸橐籥之相）

息既调矣（橐籥之相现、内呼吸自成），又须凝神（一念不生）。凝神者，寂然不动，内照形躯也。但此凝神、调息，却非两撅功夫。息调则神归，神归则觉照，觉照则炁生，炁生则静摄于内。金鼎日充，元黄（神炁）交媾，真炁冲心，（此时）引至尾间，一撞三关，牛女路开，银河可挽（小周天）。

然而养己之道，却甚多矣。养己包（括）调息，包（括）凝神，包（括）聚炁，包（括）冲关，而更包（括）筑基炼己之事。上阳（陈致虚）云：“宝精裕气，养己（元神）也。对境忘情，炼己（泯灭杂念）也。”养己为炼己之内助，炼己除养己之外缘。练己而不养己，则丹基难成。养己而不练己，则汞性（元神）难固。合而言之，养己与练己，皆一道也。

然欲养我己汞（上丹田元神），必用彼家真铅（下丹田元炁），乃后天中之先天（元炁），后天中之金水（水中金、铅炁），有炁无质（炁已纯阳，无有杂质）时也。真铅初生之始（脐下火发、玄关初开、元炁萌生），郁蒸乎两肾之间（两肾汤煎），即起河车以炼（小周天），循尾间而上天谷（上丹田泥丸宫），倾甘露而归黄庭，洒濯三宫，将铅制汞（以炁伏神）。炁化液（元神木液）而退阴符，则流珠（汞精、元神）之不走（散）也。液（木液）化炁而进阳火，则河车之又起矣。而且炼性修心，外除尘扰，大隐市廛，和光混俗，则身心两定，内汞坚凝（流珠成象）。然后求八两先天（元神、木液），配我半斤之后天（之先天元炁、铅精），而还丹（玉液还丹）可问也已。

第四章　筑基练己

筑基、炼己之道，是二（亦）是一。然有小筑基、大筑基，外练己、内练己。人亦不可不知也。

小筑基者（孕药、调药）何？摄元阳（元炁）而入内鼎（炁穴），胎息绵绵（孕、调药），然后生后天（之先天）之药（元炁），而行玉炼（玉液还丹）之功。此孙陶一派所谓筑基既毕，乃敢得药。内药既凝（纯阳真炁、火珠现象），乃敢练己（元神——以铅伏汞，以炁合神）者也。

大筑基者（小周天炼药）何？养灵珠（汞精）而生外铅（汞为内，铅为外），金水（铅炁）溶溶，勤行周天之妙，而完尽性（抽坎填离，汞火不飞）之功。此《集解》一篇所谓以开关辟筑基之路，以得药助筑基之需，以练己了筑基之事者也。

内练己者，河车（小周天）之事，玉液（还丹）之功，即《参同契》"内以养己"之论也。外练己者，万象皆空，一尘不染，即古人"对境忘情"之旨也。要之，内炼是大筑基（达基成不漏），大筑基即是养己（汞精、元神，性光圆满）。养己仍助内炼，内炼仍须外炼。一切丹经，三五错综，词虽异而事则同。吾故曰：筑基炼己，是一（亦）是二也。幸学者善与会之。

第五章　养己练己

愚前有言，养己为炼己之内助，炼己除养己之外扰（汞火不飞，心如止水，对境无心）。盖姑分（而）言之，使人易晓，非谓其不相同也。然亦有不同者。外练己，从对境炼之，实与内练己不同，即与外养己不同。何也？外练己者，练己心而使之定（对境无心）。心定则身定，身定则色欲不能摇，财利不能眩。然后真汞能存，丹基可固。

若夫内炼己，则又与内养己相同也。丹经炼己者，烹汞成砂（灵质）

也。陶翁云："炼己者，非徒空炼也。"上阳云："修丹容易，炼己最难。"己者，己汞真火。必先炼此真火（火易飞散），降此真龙（汞神），从我驱用，使无奔蹶，然后可以制服白虎（铅精），而得至宝之真金（纯阳真炁），是练己原有功夫也。夫有功夫之练己，既是内练己，亦是内养己也。内练己者，将彼家（下丹田）之铅（元炁），炼我家（上丹田）之汞（元神）也，使其相克相生也。内养己者，亦用彼家之铅，养我家之汞，使其相资相守也。

第六章　养己炼己

（此章为西派心传，改筑基为养己，名虽异而理实同）

养己炼己，功夫自是一串。养己（汞神）者，宝精裕炁，即筑基也。炼己（元神）者，对境忘情，即了性也。炼己（元神）必先养己，养己其炼己先资乎？

夫以精炁为培养，己土益增其坚厚，基字所以从其土也，故筑基即是养己（元神）。夫以情景为磨炼，己心益明而不死（不昧），性字所以从心也。故了性必须炼己。

第养己需要精炁，而精（汞精）从内守，炁自外来。坚其守者必用己，候其来者必用己。

养己之道，又须安静为功也。吾为养己者分出两条：自养一条，相养一条。相养者，精炁（以铅制汞、以炁合神）也。自养者，安静也。炼己者虽在情景，而情从内淡，境从外空。淡然自得者，己必有所乐。空然无累者，己必有所持。

炼己（汞神）之道，又须动静兼修也。吾为炼己者分出两件：内炼一件，外炼一件。外炼者，和光混俗（对境无心）也，内炼者，烹汞成砂（灵质）也。

偈语：

欲识修真正路，先行两段功夫。

发明（发挥）养己练己，使人好看仙书。

经云："内心（圣心）宜活，外心（凡心）宜死。"然欲活其内心，必须内以养己。然欲死其外心，必须外以炼己。此吾之所以发明内养己、外炼己也。

第七章　后天次序

初基以后天（之先天炁）为妙用，然有可用（于炼内丹的）之后天（之先天炁），即有不可用（于炼内丹的）之后天（之先天炁）。夫不可用（于炼内丹的）之后天（之先天炁），并不得以后天（之先天炁）名之。以其至阴至浊，不足道也。今悉从可用（于炼内丹的之先天炁）者依次言之。

第一曰后天（之先天炁），第二曰后天中之先天（纯阳之炁），第三曰先天（之先天炁），第四曰先天中之先天（真一之炁）。

（可用于炼内丹的）后天（之先天炁）者，阴跷之炁，生人之根（本），乍动为元精（静为元炁，动为元精）者也。学人敲竹（调息至其息深深）唤来，入于内鼎（炁穴），自然炼精化炁而开关窍。此炁冲五脏，熏百骸，萦绕脉络，仍归丹田。

凝神调息，静候动机。（活子时到，玄关初开）机动籁鸣，一缕直上，是为后天中之先天（之炁）。采之以剑（神意、武火），调之以琴（文火、真意），运之以河车，封之以黄庭（中宫、土釜），此即（纯阳真炁）玉液炼己之功也。

久久纯熟（三百周天满），身心牢固（基成不漏），然后入室临炉，而求先天（真一之炁）。这先天（真一之炁），乃是元始祖炁（鸿蒙初开、太极混沌之炁）。先把真阴（元神、汞精）、真阳（元炁、铅精）同类有情之物各重八两立为炉鼎（交媾而成内鼎、炁穴、玄关一窍；得其一万事毕的"一"）。假（借）此炉鼎之真炁（铅精），设为法相，运动周星，诱彼先天（汞神）出来，即刻擒之（进行混沌）。不越半个时辰，结成一粒，附在鼎中（炁穴），是为铅母，号曰外丹（阳鱼、火珠呈像）。

先天之先天者，铅中产阳，帘帷光透。采此至真之阳炁（纯阳真炁、火珠），擒伏己身之精（汞精）炁，所谓“金（元炁）来归性（元神）初，乃得称还丹”（金液还丹）也。以后温养固济，日运阴符阳火。抚之育之，乃化为金液之质。吞归五内，是金液还丹。服食之后，结成圣胎。十月功完，阳神出现。五行难管，位号真仙也。

再图向上，面壁九年，谓之炼神还虚。面壁者，且中如万仞当前，红尘不到，并非面壁枯坐也。九年者，九转也。九转功深，千百亿化身也。

第八章　内外二药

内药（汞精）者，了性之用。外药（元炁）者，了命之需。

学人尽性（天命之谓性、元神）至命（人命、元炁），必先修内药（汞精）以及外药（元炁）。这内药是半斤汞（元神），这外药是八两铅（元炁）。又必先采外药（元炁）以擒（制伏）内药（元神）。这外药是肾中炁（真阳），这内药是心中精（真阴）。后天事毕于此也。

至于将性立命，必先资内药（元神）以种外药（神光下照丹田炁穴）。这内药是砯里汞（汞神），这外药是水中铅（铅炁）。又必先修外药（铅炁）以及内药（汞神）。这外药是丹母炁（元炁），这内药是圣人胎（元神）。先天事毕于斯也。

然要知内外两用，何者为药，何者为丹？内丹者，真汞（铅汞浑一）也，己土也，归于离之门，久则烹之为妙灵砂（灵质）。外丹者，真铅（汞铅浑一）也，戊土也，藏于坎之户，久则现于美金华（花蕊元炁）。

欲结内丹（真汞）者，必先以铅制汞（而汞火不飞）。此铅非还丹之铅，彼家（下丹田）之火也。欲炼外丹（真铅）者，必先以汞迎铅（铅汞合一）。其铅非结丹之铅，先天之一炁也。

故结丹（纯阳真炁、火珠现象）与还丹（以炁合神、玉液还丹）不同。结者，凝（抟聚）也。取他家之炁（下丹田铅炁），凝我家之炁（上丹田汞精）。造化在后天鼎中（土釜、黄庭），不离（小）周天火候，乃可成功。还者，复也，采兑宫之金（阴中真阳），复乾宫之金。造化在先天鼎（泥丸宫）中，须合同类阴阳（真阴真阳），始得成就。

结丹完（成）内丹（真汞），还丹用外丹（真铅）。内丹为阴丹（汞珠），汞本阳中阴也。外丹（真铅）为阳丹，铅则阴中阳也（火珠）。地元为外丹，济施之功，皆切于人也。人元为内丹，性命之理，皆切于己也。

更有当知者，内丹为内药，而金液还丹亦名内药（大药），因其造化在内也。外丹（真铅）为外药，而金丹（炁属金，丹者纯阳之义）亦名外药，因其造化在外也。此大丹之兼乎内外者也。

又有须知者，外丹为外药，乃有未成丹而称为外药者。大坎离交，河车运转，化为炁液，下降黄房，亦名外药，然未成丹也。内丹为内药，乃有未成丹而称为内药者。筑先天基，绛宫化液，流归元海，液仍化炁，亦名内药，然未成丹也。此清静功之兼乎内外者也。丹药分际，备载于此。为学者告。

第九章　药物相类

先天、后天之学，其药物层次，颇有相类者，特大小之不同耳。今举相类者言之。

后天坎离（以离交坎，神光终日照西川），所以筑丹基。先天坎离（抽坎填离、乾坤交媾），所以立丹基也。

后天铅汞，所以小结丹（玉液还丹）。先天铅汞，所以大还丹（金液还丹）。三年炼己，所以了其性。九年面壁，所以了其命。

后天坎离者，元神、元炁交媾而筑丹基，生小药也。先天坎离者，真阴、真阳交媾而立丹基，生大药也。

后天铅汞者，“金鼎烹来生药物”，药物即外铅也。河车运转制流珠（汞精），流珠即内汞也。铅汞相拘，而小结丹也。先天铅汞者，“同类阴阳成戊土”，戊土即外铅也。“调停火候合己土”，己土即内汞也。铅汞相见，而大丹还也。

小丹烹炼之时，腹里熏熏如醉（孕、调药）。复假（借）周天子午，渐采渐凝，乃使铅投汞伏，而成阴砂（灵质）。大丹凝合之后，炉中赫赫长红。复假（借）外炉符火，勤增勤减，遂使铅乾汞现（炼炁化神），而成阳砂（仙质）。

炼己了性者，养阴砂也（阴鱼、太阳流珠）。内则宝精裕炁，外则对境忘情，斯能身心两固也。

三年者，三月不违之意也。

面壁了命者，养阳砂也（仙质）。要使形神俱妙，直教粉碎虚空，斯能变化无穷耳。

九年者，九转大还之意也。

第十章　三品互养

《心印经》曰：“上药三品，神与炁、精。”此修炼之至宝也。其间生生化化，互相资养，特为学者发明（发挥）之。

行逆修之道，则精化为炁，炁化为神也。行顺修之道，则神生其炁，炁生其精也。

问何以逆取？盖自本原走漏，精、炁、神皆落于后天。不能求之于我（上丹田元神），则必求之于彼（下丹田元炁）。求之于彼，斯逆也（逆而成仙）。

精化炁者，此精在阴跷，逆入紫府（上丹田玄宫）而炼之，乃化为炁。

炁化神者，此炁在阳炉（下丹田炁穴），逆入黄庭而炼之，乃化为神。

夫此逆取之道，虽从精始，而其顺修之道，则从神始。二者有相需之妙，不相悖也。

逆修元精，先要凝神。神凝则炁聚，炁聚则精生。盖其神炁交媾，产出天精（真一之炁）。此精乃天一之水，在坎为壬（阳铅），一名母炁，又名外精。

学人以母炁（阳铅）培子炁（汞精），以外精（铅炁）补内精（汞精），是为同类（阳铅、阴汞）施功。子炁者，心炁（神炁）也；内精者，心精（汞精）也。后天培养之学，自外（铅炁）入内（汞精），故必先修外药（铅炁），以返内药（汞精）也（以铅伏汞，铅汞合融）。

又有神化精，精化炁之理。所谓绛宫化液（心液），流归元海（丹田、炁穴），（心）液仍化炁，后转河车者是也。

更有炁生精，精生神之理。所谓白云上朝，甘露下降，抽出坎阳（铅精），去补离阴（汞精）是也。

善夫，陶仙之言曰："知内（汞精）不知外（铅精），无以通关窍。收外（铅炁）不收内（汞神），无以固根源。"人能体此，则知精、炁、神互相资养之妙也。

第十一章　炼功五关

丹法以炼精、炼炁、炼神分为三关。然穷其修炼，实有不止于三者。层次不全，则有躐等之患也。今试论之。

首关炼精，必用鼎器（内鼎、玄关一窍）。合元黄（阴阳、以离交坎）以交媾，化金乌（离火之神、进阳火）而上飞，则精化炁也。

次关炼炁，必明子午（抽添、抽坎填离）。抽出坎中之阳，去补离中之阴，则炁化神也。化炁化神，筑基与还丹皆有这样法功，特其药物炉鼎，大（周天）小（周天）不同耳。

至于炼神之道，则有三关：一则炼神了性，一则炼神了命，一则炼神还虚。

炼神了性者，玉液炼己（性神）之道。铅（炁）来伏汞（神），（以炁合神）结成丹基。内有真火（真意）绵绵不绝（胎息）。外有子午抽添（抽坎填离），渐采渐凝。则烹汞而成阴砂（灵质）矣。

炼神了命者，金液炼形之道也。铅归制汞，结就胎婴。内有真火赫赫长红，外有阴阳置用，日增日减。则乾汞而成阳砂也（仙质）。

炼神还虚者，更上一层，与道合真之事。移神上院，端拱冥心，直要与太虚同体，普照大千世界。如此是法身圆满，舍利交光（人天合一），分身应用，充周不穷。所谓子子孙孙，百千万化（身）。至此而应时立功，则身归三清，道超九祖也。

第十二章　产药层次

药物有三层：始则自无（虚无、无极，先天境界〇）而出有（无中生有，无极而太极，先天炁萌⊙），继则自有（元炁）而入无（再入虚无境界〇），终则由无（无极）而产有（太极真种子）。

自无（入虚无〇）出有（一阳初生⊙）者，后天（中先天）铅火（金炁）也。虽从外边生来，然却无形无质。无形无质，金炁初生之时也。

自有入无（再入虚无）者，送往西乡（丹田、炁穴）也。虽从内边种出，然却至空至虚，坤家（丹田、炁穴）洞阳之景也。

由无产有（玄关开，元炁萌）者，同吐兑方也。先天一炁，虚无中来。无形生妙形，无质生灵质（真药物）。二候求之（得药），四候合之（烹炼），则金丹成，圣胎结，温养毕，阳神现矣。

学人不识自无出有与由无产有，相悬万万，故为串述以告之。

第十三章　药物层次

药有三层，始则取外药（下丹田铅精）以制内药（上丹田汞精），继则由内药以修外药（铅汞合融成金液），终则食外药以合内药（服食金液过关，一点落黄庭培育道种）。

取外药（元炁）以制内药（元神）者，筑基炼己之事也。此般外药，乃是炼小药（小周天），炼精化炁时也。

由内药（汞精）以修外药（铅精）者，乾坤鼎器之事也。此般内药，乃是真汞播精施种时也。

食外药（铅炁）以合内药（汞神）者，迎铅制汞，将母见子之事也。此之外药，乃是大药（神炁合融浑一）。骤得之而大醉，永得之而长生。调和固济，则为圣胎。温养事毕，则为圣人。大丈夫功成名遂时也。

或问团阳子曰："上阳子云：'内药了性（以铅伏汞）以结丹，外药了命以还丹（丹产珠圆）。'是学人当先修内药以及外药也。如何莹蟾子又谓：'学道必须从外药起，然后及内药'乎？"

团阳子曰："汝盖以后天外药（铅炁）与先天外药（神炁浑一）同以外药视之。岂知后天外药，乃在癸先（玄关开以前）。先天外药，则在癸后（玄关开后经修炼而得）。名虽同，而（意义）实不同也。执文泥象，不得师诀者之通病耳。故为作三层串述以发明之。"

第十四章　丹砂两种

了后天之学，将铅（炁）制汞（神）以成砂（无质而生灵质、阴砂）。此砂乃七（汞神）返之宝，至清无暇，小还丹是也。

了先天之学，抽铅添汞以成砂（仙质、阳砂）。此砂乃九（金炁）转之至宝，金光罩体，大还丹（珠圆）是也。

第十五章　神炁性命

后天之道，神炁也。先天之道，性命也。性命、神炁，相似而实相悬，所以《入药镜》云："是（先天）性命，非（后天）神炁。水乡铅（先天元炁），只一味。"此言甚可玩（细细体味）也。

学人知此分际，当以神炁了后天，而以性命了先天。是何也？性所命者曰性命，两件原是一件。此立命之心法也。《悟真》云："异名同出少人知，两者玄玄是要机。"盖以命为异名，而以性为同出。以铅为异名，而汞为同出。故"水乡铅，只一味"也。只一味者，一味铅，本于一味汞也。

《道德经》云："无欲以观其妙，有欲以观其窍。"观妙、观窍，玄玄之机。人当至静无欲以观其妙，是乃定性之功。及乎时至机动（静极生动），元始真一之炁自虚无中来实有窍焉。夫两者虽有异名，而皆本于太极，是其同出者。于其无者以观妙，已得一玄；于其有者以观窍，又得一玄。玄之又玄，性在是而命在是也。

夫性者本乎天命，而命也本乎尽性。天以炁成物，而理亦赋焉。是由（天）命以（赋）与人性，故曰"天命之谓性"也。人以理造物，而炁始生焉。是由性以立其命，故曰："尽性（把握普遍规律、绝对真理）以至命（认识特殊规律、相对真理）。"

在天则理从炁出，在道则炁从理出。理从炁出者，以炁为重焉。此炁乃氤氲化醇之炁，人得此炁而生身，然后理有所寄，故此炁为可重也。炁从理出者，更以炁为重焉。此炁乃元始真一之炁，阴受阳光，而铅种铅中，又见一阳生，故此炁愈可重也。

金液还丹之道，非一铅炁不能生成，识者宝之。

第十六章　先天直指

先天（元炁）者，超乎后天（之先天炁）之上，最初、最始，为本、为元，盖一炁之尊称。但此先天之炁有三端，先天之名有二义。

二义为何？先出于天者，一也。先原（源）于天者，二也。先出于天者，比天更早，为生天生地之先天（元始祖炁）也。此炁包鸿蒙之体，初名太无（无极）。天地未分（生），先有此炁。此炁出于天（道）也，亦曰先天（道炁）。此一端也。

先原（源）于天者，从天而起，为生人、生物之先天（天地万物生于“有”，即太极混沌之炁，内蕴阴阳）。此炁含氤氲之象，潜形太虚。人物未产，先有此炁。此其先原（源）于天也。亦曰先天（之炁）。此二端也。

至于生仙、生佛之先天（之元炁），合前二义兼有之。此炁从虚无中来，称太乙，金丹假（借）此而后成，曰祖、曰始、曰含真，可与先出乎天、先原（源）于天者，为三相类，故亦号为先天。此三端也。

历圣丹经，或谓生天生地之先天，生人、生物之先天，无非比喻此生仙生佛之先天而已。

或有问生天、生地者。

团阳曰：“这个先天，太极生之。《经》所谓：‘有物混成，先天地生，不知其名，强名曰道’是也。万象之祖，两大（天地）之宗，无体无形，无声无臭。始则杳杳冥冥，五行不到。又复恍恍惚惚，一炁自然。至于清浊判，玄黄别，则乾坤定位，天地分彰也。”

又有问生人、生物者。

团阳曰：“这个先天，天地主之。一而三，三而一。一者，炁也。三者精、炁、神也。鼓铸群生，不离三一。以言其精，为二（阴阳）五（行）之精。以言其炁，为阴阳之炁。以言其神，为虚空之神。虚空之神，即与阴阳之炁相来往。二五之精，即与阴阳之炁共生成。其炁灵，灵故神。其炁妙，妙故精。上蟠下际者，炁也，而天地之精神在其内也。人得此炁而受生，即为天元之炁。但此炁有清有浊，有刚有柔。得其刚者为男，得其柔者为女。得其清者为智，得其浊者为愚。父母未交以前，此炁存于于穆。父母施受之际，此炁降与厥初。迨其精血混融，胎元完具，而此炁已浑然在胞矣。此时无神，以炁为神。此时无精，以炁为精。炁肫而包固，即精也。然此乃元炁、元精、元神，为人受生之先天。童子逢师得诀，守此清修，亦可希（冀）无为天仙。又有真炁、真神、真精，为我修丹之先天者。学者不识真机，无从下手，何以觅其至宝？今夫先天者，（后天之物）见之不可用，（先天之物）用之不可见，乃丹士致虚守静，借假修真，从无产有者。斯时也，三二一之道，分合自然。神为不神之神（元神），精为至精之精，炁为真一之炁，三也。不神之神，神乎其神，龙性是也；至精之精，精而又精，虎精是也，二也。至于真一之炁，乃是了命真铅，即合龙虎情性，打成一片，号为丹母之也，一也。得此真一（之炁）而饵之，三尸五贼皆逃遁，六六宫中尽是春。夫岂受生之炁、精、神所可同哉？又岂后天之气、精、神所敢跂哉？

后天者，呼吸之气，思虑之神，交感之精，三物可闻可见，生身以后之用也，故曰后天。夫人在胞胎时，只有一点元炁，并无呼吸之气。及至十月胎全，脱离母腹，遂假口鼻之窍，外纳天地之和（气），此呼吸气之所由来也。于是思虑之神，亦沿此气而进。借家为寓，夺舍而居。此神乃历劫轮回种子（阿赖耶识），（出）生时先来，死时先去，弃旧图新，毫无休息者。赤子下地而先哭，盖亦默着其轮回之苦也。迨其抚养渐成，识神用事，情欲缠绕，元炁日亡，并使呼吸之气刻无停息，亦何惨也！更有后天之精者，生不带来，死不带去，只因身中元炁渐充渐满，唯而至于十五岁以后，阳极阴生，阴长阳消，遂令浑沦之炁，化为交感之精。

交感者，有交有感则有精，无交感亦无精。此精乃欲念所逼，必是气血不固，肾窍难留也，此交感之精也。吾愿学道之士，只取先天，不取后天，则上药可得矣。即或筑基炼己，不敢骤寻极品（上药），亦必炼元精而化元炁，炼元炁而产真铅（铅汞融一），以为后天之先天，以足半斤之后天，则亦可求此无上之先天也。

第十七章　神炁精论

《心印经》：“上药三品，神与炁精。”此修丹之妙物也。原其最上者，元神、元炁与元精，真精、真炁与真神。元者何？先天也。真者何？亦先天也。先天之元，生于皇降，童子之天元是也。先天之真，成于大道，我辈之人元是也。不得天元而修之，必也人元乎？

或问：“天元如此之重，请即天元而言之。”

团阳子曰：“天元者，天地以阴阳五行化生人物，炁以成形，而理亦赋焉。生人之炁，元炁也。父母未交以前，此炁存于于穆（之天）。父母施受之际，此炁降于厥初。儒所谓天生蒸民，有物有则，盖指此也。此炁甚灵，灵则有神，是即为元神。此炁甚清，清则至精，精即为元精。胚胎未生之前，其中只有元炁，而无后天呼吸之气。及至十月形全，宛在口鼻，乃随阿母之呼吸，外纳天地之和，并使轮回阴神（阿赖耶识），缘此呼吸（气）而进，则后天之神气两全，同时哇然坠地也。幸而口不能言，目不能笑，无知无识，元炁浑沦，不虑不思，阴神无用。元炁以元神得以相资而养。迨至二八（十六岁）之年，神完炁足，阳极阴生，遂变出后天交媾之精，而欲火蓬勃，阴神肆志也。故童贞上德，有缘遇（真）师，即将天元之体，清静修持，可作无为天仙。若后天用事，则先天退位矣。”

或者谓：“天元之易修如此，何不举童子入山证果，即童子而即神仙乎？”

曰：“善哉问！天地生人，所以立天之道，行天之德。故当内守成真者，不妨外出成人，以广大其造化。否则仙道虽盛，人道必微也。故于顺生人之后，重与逆生仙之方。此人元大道，所以曲成万物而不遗，范围天地而不过者也。只要人识得这精、炁、神耳。”

或问：“元神与真神若何？”

曰：“元神者，浑浑噩噩（无意识状态）。真神者（元神识神握手融为一神），郎朗明明（清清楚楚）。一隐（元神）混沌而无光，一经锻炼（元神智慧 + 识神聪明而为真神）而有用。儒以静安能虑得，释以行深大般若，道以泰定生智慧，此真神之妙（用）也。以此言之，元神是无知无识，识神是多知多识，真神是圆知圆识。故童子犹有清修，凡夫必加静炼，乃克企乎至人之真神也。”

或又问：“元精与真精若何？”

曰：“元精（汞精）在我家，真精（铅精）在彼家。其在我家者，绛宫（心精）浑然之炁，积久而生灵液（木汞、心液）者是也。其在彼家者，华池壮盛之炁，《悟真》所称‘首经’者是也。八月十五（金炁壮盛），金炁足而水潮生，正合二分真信。学人识得此（真）精，一口吸来（二候采摩尼），霎时天仙有分，非凡物也。”

或有问：“元炁与真炁如何？”

曰：“元炁者，童子得之于天，所谓成形之炁，随年加长者也。若夫真炁则不然，先天元始之祖（炁），自虚无（虚极静笃）内生来。要得真师口诀，先设乾坤鼎器（炁穴、玄窍），调和真龙（元神）、真虎（元炁），打合真阴、真阳。半个时辰，结为铅母。铅中产阳，乃为真炁。故天以元炁生人物，而道以真炁（神炁浑一）生仙佛。人元炼炁之法，有夺天地造化者，非容易也。”

或闻团阳子人元炼炁夺天地造化之论，遂起问：“天元与人元若何？”

团阳子曰：“居，吾语汝。天命之谓性，理从炁出（立），天元也。上德（童贞之体）无为，不以察求，清静之功也。上德之士，得天甚厚，然犹有清静修持。必将元炁、元神炼为至清至虚，化为正等正觉，乃克尽乎天元之理。是天元，非上德现成之事也。其以上德为天元者，以其故我无亏，自与天元相近耳。下德之士，得人最多，故先有还返妙谛。必将阴丹（阴鱼）阳丹（阳鱼），打成一团、一片，炼入太无、太虚，乃克全乎人元之道。是人元（经后天锻炼而返元），非现成之体也。其以下德为人元者，以其自他有耀，故号人元之术耳。上德（童真）本体，性命双赋。下德妙用，性命双全。而要以一炁为陶铸，是故人元得元始真一之炁以成仙，即如天施阴阳、五行之炁以成人。丹道所以夺天地之造化者，以天道同也。

第十八章　精炁神再论

上德（童真）之体，精、炁、神皆称元（本来如此），盖得于天者甚厚，不必求之彼家（下丹田元炁）也，故曰天元。下德之事，精、气、神皆名曰真，盖取于人者甚多，不能求之于我家（上丹田元神）也，故曰人元。

然此人元下手，亦有采元之妙谛，求元之秘机。是故以人还天（元）者，采元精以补元炁，炼元炁而养元神，炼元神以成真种，则后天（返先天）之事毕也。到得返本还元，抱元守一，直与上德（童真）之事大相同也。

修下德而不造（就先天）无为之境，抱上德（童真）而不（深）究无为之玄（妙），皆不能服食天元（大丹），位证天仙也。

第十九章　性命顺逆

性命之理，有顺有逆。顺成之性命得之天，以一兼二。逆成之性命造乎人，以一合二。

以一兼二者，即炁以赋理（阴阳数理），炁理合而性命浑全。以一合二者，举水（肾水）以灭火（心火），水火交，而性命长在。

天命之谓性，命中有性焉，顺成也。孟子以形色谓天性，盖其所命者，有是形，即有是性。良知良能，皆于所命之形体寄之。

尽性以至命，性中造命焉，逆成也。至人以神火种命宝，有是神，乃有是命。于感于召，皆于所性之神光为之。

今而知上德清静，守其顺成之道，而结仙胎，即天（道）以全人也。并可知下德返还，修其逆成之道，而结圣胎，又尽人（事）而合天（道）

也。学道者其知之。

第二十章　玄关一窍

玄关一窍，自虚无中生（出）。不拘于五脏六腑，肢体间无论也。

今以其名而言：此关为玄妙机关，故曰玄关。此窍为万法归一之地（修道道场），有独无对，故曰一窍。一言以蔽之曰：中是也。中在上下之中，亦不在上下之中，有死、有活故也。

何谓死（窍）？以黄庭、炁穴、丹田为此中，就是死的。

何谓活（窍）？以凝神聚炁，现出此中，就是活的。

以死（窍）的论，就叫做黄庭、炁穴、丹田。

以活（窍）的论，乃算做玄关一窍。故曰："从虚无中生。"

真机直露，得者秘之。

第二十一章　玄关再说

玄关者，神炁交媾之灵光（现象）。

初见玄关（现象），明灭无定。初入玄关（境界），恍惚无凭。以其神炁乍合，未能固结（成玄关一窍）也。到得交抱纯熟，死心不离，始识玄关之中（景象），人我皆忘，鬼神莫测（原注：离此不能躲无常），混混沌沌，兀兀腾腾。

此中玄妙，变化万端，不可名状，无怪其名之多也。各人所见不同，各因所见而字，各就所用而号。古仙师秘而不言，都要摩顶受戒，乃有传述。即有所谕，不过曰非心、非肾而已。吾谓其并非黄庭、炁穴、丹田也。

今再说破，识者秘之。

第二十二章 两孔穴法

丹家有一穴（下丹田炁穴、玄牝窍穴），一穴有两孔（上离下坎）。空（虚）其中，而（开）窍其两端（成无孔笛），故称为（有）两孔（之窍）穴。师（吕祖）所传“口对口，窍对窍”者（以离交坎、呼吸绵绵，无孔笛颠倒两头吹），即此境界也。（此玄牝妙窍）为任督交合之地，阴阳交会之所，乌兔往来之乡。一穴两孔，其中有作（有）为之法，此法最玄（之又）玄也。

《参同》曰：“上闭（神入静虚）则称有（静极生动），下闭（不漏了）则称无（入虚极静笃境界）。无者以奉上，上有神（元神灵明）德居。此两孔穴（坎离妙用，无孔笛颠倒两头吹）法，金炁亦相须（炁随神还）。”

斯数语者，即尽为之之法也。上下者，天（离宫）地（坎府）也。闭者，冥合也。有无者，妙窍也。称者，名状也。一上一下，皆藏于此穴之间。若有、若无，咸在乎此穴之内。

当其致虚守静，天地冥合（虚极静笃）之时，有（欲）以观其妙。妙有之物（元炁），不可名而（勉强）可名，故称有（坎中之满、元精）。所谓“杳冥有精，其中有信（可征）”者也。无（欲）以观其窍，虚无之窍，可状而不可状（描述），故称无（虚灵之窍）。所谓“其中有物归无物”者也。

无者以奉上，非是空空回复，乃是（元精还为）先天真铅（神炁合一）。《老子》所谓：“无状之状，无象之象。迎之不见其首，随之不见其后”者也。丹法以无（虚极静笃）奉上（精炁），即是将无还有（神炁合一、真铅）。其所谓奉者，是谁敬奉？是谁相奉？神德（灵明元神）恭居，其炁自还，还即奉也，只怕上无神德耳。上即黄庭之上，德即谦柔之德。《周易参同契》所谓：“返者道之验，弱（虚）者德之柄”也。致虚用道（无为），求铅用德（有为）。德有为，而道无为，不可不知其法也。

两孔（坎离）者，玄牝之门也，为金丹化生之所。人于一穴两孔中，知行追摄（调药）之法，则两门皆开。夫而后金（元炁）来归性（元神），可称还丹也。故曰“金炁亦相须”（元炁元神，半斤八两）云云。相须者，相须此摄法（炁随神还）也。

第二十三章　玄牝根基

修玄之事，无论大丹、小丹，均宜静养谷神，立其根本。

谷神者，先天虚灵之性，吾人元性是也。养于何处？玄牝尚焉。上阳子云：“玄牝乃二物（阴阳、天地），若无此二物，又安有万物哉？”盖以玄，天也。牝，地也。已见《易》之首卦矣。可知玄牝一窍（造化之器），实为生生化化之源。人道者，可不寻此生化之源哉？夫此生化之源，即是玄牝之窍也。

或引老君之言曰：“谷神不死，是谓玄牝。”若又以谷神为玄牝者，何也？

答曰：假（借）虚无之玄牝，养虚无之谷神，故以谷神之名名玄牝。此因用所名之义。而且更有说者：《金丹四百字》云：“此窍非凡窍，乾坤共合成，名为神炁穴，内有坎离精。”则玄牝不但养神，而并以养炁也。

今夫神炁交而玄牝现，故当凝神聚炁，二物（神炁）交融，乃能结为乾坤圈子。此其中有颠倒之用焉，何则？自上凝下者，神也。以其玄天之尊体（神），而行牝地之卑躬（天入地中、神入炁中），则上下交泰，炁神和合也。《道德经》云：“天下之交，天下之牝。”盖此窍当中，故曰“天下之交”；中有柔道，故曰“天下之牝”。言牝道，而玄道亦在内，故曰玄牝。玄牝者，一乾、一坤，一刚、一柔也。不如是，则神健炁健，反相敌而反相离。故谓以男下女，（即）以神下炁，颠倒相俱，阴阳相媾，斯神与炁会，而根基立焉。否则神自神而炁自炁，炁自炁而神自神。神不得炁，则无补神之物也。炁不归神，则无养神之用也。欲令元神长在，其可得乎？而且神住绛宫（中丹田），则绛宫为（神）布政之明堂，知识见闻皆扰之，唯凝于黄庭（中宫），而后声籁绝，念虑除，此亦不无清养也。故《悟真》云：“要得谷神长不死，须凭玄牝立根基。真精既返黄金室，一颗明珠永不离。”

谷神者，至虚至灵之汞性。真精者，至清至嫩之铅精。根基者，以汞迎铅，造就金丹之地也。黄金室、黄房（中宫、土釜）也。以其为还金（元炁）之地，故曰黄金室。金铅（元炁）木汞（元神）交并，方成一颗明珠。

明珠者，一颗金丹，大如黍珠也。“金（炁）来归性（神）初，乃得称还丹。”一得永得，故曰永不离也。尝谓紫阳此诗，直明千古真诀，先天后天皆宜之。愚所解者，光天也。即以后天论，亦须先求玄牝，乃可筑基其丹基焉。盖谷神凭此而立，则真精凭此而返。以玄牝养谷神，以谷神养真精。神得精而培元，精得神而化炁。《参同》云：“内以养己（汞精），安静虚无。”又曰：“性主处内，立置鄞鄂（围墙、乾坤圈）。”可知修身之要，必先以静养谷神，作根基矣。

第二十四章　中字直指

《道德经》云：“多言数（理无有）穷（尽），不如守中（玄关妙窍）。”识得这个“中”，即是圣贤仙佛种子。否则修道无地，一举足即落魔坑。

中者何？玄关（一窍）是也。《周易参同契》云：“运移不失中”，“浮游守规中”，皆指此（玄关一窍）也。陶仙云：“中非四维上下之中，儒曰喜、怒、哀、乐之未发；道曰念头不动处为玄牝；释曰不思善、不思恶，正恁么时，那个是本来面目，乃是真中也。”中境，妙自养己凝神，入室还丹，以至脱胎神化，无不在是（玄关一窍）。故初入道者，即要识得这中，乃是登进之路。

在昔文始真人问道于太上曰："修身至要，载在何章？"太上曰："在于'深根固蒂，守中抱一'而已。"今即其言试述之。

学人下手之初，务要牢持筋骨，力战睡魔，塞兑垂帘，离诸妄想，回光返照乎三穴。三穴者黄庭、气海、丹田也。然虽返照三穴，又要不执意（死死守）于三穴。夫而后神安其内，息任天然，浑乎俱忘，杳无朕兆。《道德经》所谓："无欲以观其妙"者，正此时也。致虚守静之际，神凝气合之时，不意有一境忽从规中化出，其大无外，其小无内，则玄关现象矣。《道德经》所谓："有欲以观其窍"者，其此时也。

再考之《契》云："上闭则称有，下闭则称无。"窃谓此"上、下"二字，都在"中"字之里潜藏。阴阳来往于其内，坎离升降于其间，合上下而入乎其中矣。是故上者而下闭，则管括微密，太虚之中，元炁独运，故称无，此亦观妙之旨也。下者而上闭，则隐藏未见。然杳冥有精，其中有信，故称有，此亦观窍之旨也。上闭下闭，皆归于玄牝（一窍）之内。无欲有欲，尽存乎玄微之间。是故玄关一窍，有称为有无妙窍者，有称为上下釜者，有称为阴阳鼎者，有称为神炁穴者，皆统于一"中"而已矣。

师（吕祖）评曰："学道学道，先要得妙。不得其妙，难窥其窍。欲窥其窍，还须闻道。某与团阳，间观一笑。"

第二十五章　药物直陈

药物者何？上阳（陈致虚）云："此药自物中来故也。"

夫药有小药、大药，道分先天、后天（之先天）。后天（之先天）则小药，结丹（纯阳真炁）用之。先天则大药，还丹（成真种子）用之。后天（之先天炁）则无形无质而实有（坎中之满），先天（之先天炁）则有体有用（道贵虚用）而实无（无象之相）。

后天（之先天炁）真铅，弃癸（后天）取壬（先天），阴中藏阳，以无生有（静极生动）也。《悟真》云:“三元八卦岂离壬？”三元者，精、炁、神之三元也。壬为天一所生，居子之先，为一阳之元。盖壬癸皆居坎北（下丹田坎宫），（癸）水属阴，壬水则阴中之阳（坎卦中爻、水中金炁），癸水则阴中之阴。又，壬癸为干，亥子为支，欲求真铅者，必以天干为准，地支次之，天先乎地也。要之，壬也者，只是个最初之义，无思无虑之始，动而仍静之先。子（时）则有知、有觉之时，静而向动之际也。癸阴不用，而亥未脱阴，亦不用也。求小药之法，在此时也。

先天（之炁）则不然，产在坤（玄关、炁穴），种在乾（上丹田泥丸），以有（元炁）生无（元神），以我（元神）求彼（元炁）。盖乾（卦中爻）金（炁）入坤，曰坤中金。坤实成坎，曰水中金。坎居北方，兑在西方为邻，故寄居于兑，名曰兑金（炁）。欲求此精者，不求于乾，不求于坤，直求于兑（紫阳真人：神光终日照西川）可也。不求于乾者，乾方播种也，不求于坤者，坤方含元也。不求于坎者，坎虽有阳，尚藏于水，未露炁机也。直求于兑者，铅中产阳，已现其金。喻初三日，月出庚方也。故以坎水为川源，兑金为药物。非真有乾坤坎兑列吾身中，无非是以有生无，以我求彼焉耳。我运一点阴火之精（汞精），种在彼家（坎海）之内，遂生铅之之阳（炁）。阳炁一动，采取归来，又种在我家胚胎宫里，而成真人。《悟真》云：“依他坤位生成体，种在乾家交感宫”是也。“种在乾（凝神）”之种，是初播种（凝神入炁穴）。“种在乾家”之种，是养育也（以炁合神）。崔（希范）、张（紫阳）二翁复起，当以愚解为然也。种铅得铅，其机若此。但其种铅之法，须要在丁、壬先后之间，然后得震、兑代行之效。

吾师口诀，并识于此。内外二药之真机，今已直露。得吾言者，三生有幸，勿轻亵视之。

第二十六章　铅汞的辨

心中之神曰汞性，心中之精曰汞液（木汞、心液）。收汞性于黄庭，凝汞液于紫府，是为龙汞，是曰真汞，是号内丹，是名阴丹，称后天（之先天）半斤子也。

身中之炁曰铅精，身中之精曰铅华。察铅精于坎宫，采铅华于兑户，是为虎铅，是曰真铅，是号外丹，是名阳丹，是称先天八两母也。

第二十七章　鼎器直说

丹法以乾坤为鼎器（上丹田为鼎，下丹田为炉），以坎离（中爻真阴真阳）为药物。取坎填离，金（元炁）始还（归元神）焉。盖坤形六段，其体本虚，地势极阴（静）之中，有一阳（炁）来复。乾形三连，其体皆实，天势盛阳之内，有一阴乍生。天地间实者不能容物，而虚者能受。故假坤之虚以藏其实，而以乾之实先投其虚。

法功如此，又要知金（炁）之转移，乃能知药之老嫩。盖自先天乾金（炁），隐居坤位（成水中金），此时阴中含阳（坎中之满），虽是坎中有一，而水底潜形，秘而未露。迨至水中金（元炁）现，兑西月（嫩药）出，方为可用之金（元炁）。而采以一符之顷，此正有炁无质（未化为后天精质）之时也。取于兑，犹之取于坎。产于兑，犹之产于坤。然非乾父之精光（神光下照），不能产此大药也。饶他（元炁）为主，我（元神）反为宾。欲他（元炁）上浮，我（元神）却下沉（以离交坎，神入炁中，汞沉水底）。宾主沉浮，皆在鼎中作用，然后知鼎器之设，妙在乎空耳。

陶真人曰："鼎器之中，本来无物。二七之期（至十四日，月将圆、药始盛），感触乾父精光（神光下照坎宫），而阳炁始动（水中火发，雪里花开）。乾鼎中，亦本来无物。采取之时，吸收坤母阳铅，而金丹始凝。皆是劈空造作出来。其曰鼎器者，不过假（借）此以作盛物之器也。"

其言最妙，故识于此。

第二十八章　乾坤坎离

先天是乾坤，后天是坎离。然先天有乾坤，兼有坎离。后天有坎离，复有乾坤。是故何也？

先天是乾坤者，童贞元阳未破，内具乾象而阳固，外具坤象而阴固，故名先天乾坤也。后天是坎离者，中岁元阳已走，坤抱乾阳而坎成，乾抱坤阴而离成，故名后天坎离也。

先天有乾坤，兼有坎离者，盖以乾坤为鼎器，坎离为药物也。

后天有坎离，复有乾坤者，盖以得坎离为妙用，还乾坤之本体也。

更有当知者，后天炼己之物，以名先天坎离，言其取坎填离，得玉液还丹也。先天还元之物，亦名先天坎离，言其取坎化离，得生金液还丹也。先天后天之取坎，皆名先天，特有（从）他家来，（于）我家种之别耳。

愚按：先天乾坤，即是天元药物，犹后天坎离乃是人元药物也。童子得诀逢师，坐守乾坤而成道。至落于后天，则乾坤更名鼎器也。

第二十九章　采炼妙用

采炼者，采彼家阳铅（下田铅炁），炼我家子珠（上田汞神）之炁也。阳铅即地魄，以其藏于外边至阴（坎水）之中，故曰地魄。炼己时得之，则可以制我汞性，而使之成砂（无质生质之灵质）。《悟真》云："但将地魄擒硃汞"，只要吾人会采、会炼耳。

云何采？采以不采之采。云何炼？炼以不炼之炼。

何谓不采之采？龙（神）闲虎（炁）静，守雌不雄。建子之月，其炁始生，神即随其升而逆入鼎内（采取），就便引来，所谓不采之采也。

何谓不炼之炼？彼（元炁）在我（上田）家，即药是火，相融之久，其阴自化。阳即因之而长，积在炉中，自然运化，故曰不炼之炼也。但其间须要凝神以待，乃能采之。调息以守，乃能炼之。精尽化炁，腹内充实，而内丹可结也。

第三十章　河车细旨

河车者，得药运行之要旨，非存想搬运之法。乃子午进退，阴阳阖闭，内外升降，天地自然之火候也。

自筑基以来，金鼎（之炁）充足以后，调内息，凝内神。神息相依，风火交合，忽然（活子时到）而灵芽吐萌，炁机生动，吾即起（小周天）河车以炼之，使之自下往后，由督脉进，逆流天谷，而返中宫，此得药当行之事也。惜后不得真传，多落存想搬运，空空往来，有何益哉？只缘妙悟少人，故仙师难说耳。今吾试言之：

其妙在于意守于内（炁穴），神驭于外（督任）。然自有此说，而疑者纷纷矣。盖以真神即真意，如何两处分身？主内复主外，安得独充二役？此疑之必然者也。抑之神守内庭，只贵凝，而不贵运，运则必用乎意也。周天之妙，外运逸，而内掌劳，故内掌必以意当之。譬之于人也，身坐灯前，影现壁上，身动而影亦动也。语发室中，声流墙外，语出而声亦出也。意也者，即如神之声与语。神也者，即如意之影与声。未有不相见、不相闻者也。故以意筹于内，而神自运于外，是二仍是一，运内即运外，不要管它，自然两相知也。何则？真意居中，调遣呼吸，以内运外，此本知有内者也。然而真意流行，穿关过顶，又有隐隐相知者。是神乎？是意乎？此神还即此意乎？伍真人云："有两相知之微意"，盖即此也。吾不知神与意之何以化体分身也，又不知神与意之何以里应外合也，即以"不知为真知"而已。吾只伏吾意而调吾内，这里炁动，那里炁升。这里风行，那里风送。这里是意，那里是神。是神、是意，分而不分。只觉守内者会理家事，驭外者即上天门，不知其何以有此两相知之微意也。玄乎！玄乎！泛仙槎，游银汉，朝碧落，归黄庭，机畅神流，快活极也。日日循环，朝朝来往，炁冲百节，灌注三宫，则所得之药，方不致闲散无用，而真炁愈多矣。

吁！世人昧却河车旨，搬运劳劳枉费心。不把真传详细说，饶君到处去摹寻。

第三十一章　真心论

金丹之道，贵得真神、真炁、真精，而后能成造化。然不用其真心，亦不能得此真精、真炁、真神也。真心者，识念未起之前，如欲未交之会，阴气未染之萌也。

修身妙道，全在定静中下手。学人炼己未纯，唯有此着功夫稍能济事。兵家所谓“出其不意，攻其不备”时也。

当心地偶清之际，吾则闭塞三宝（原注：耳、口、目），凝神调息。

陆潜虚曰：“调息之法，自调心始。凝神之法，自调息始。”

心与神，静心而返乎神室，则为神。神也者，无思、无虑，无为之中无不为，无用之中藏大用。内想不出，外想不入，此时欲念未发，有功即效，乘识神之未用，即可以见其真神也；乘浊气之未扰，而可以养其真炁也；乘淫精之未播，而可以待其真精也。一心专向，致虚极而守静笃，并可以认其相关矣。此性命双修之第一义也。

如待有事物交接、人我应酬、笑言饮食之念，触动心机，而乃从而克制之，则内心浮动，杂念已生，吾止之而即止，幸也。苟或止之而复起，麾之而又来，愈逐愈多，如逢勍敌，闭目作天人之战，抚衷为糜烂之场，心败矣。可奈何?

大抵初基之士，比不得尘缘久淡、对境忘情之人。顿悟虚空者，固称上智。渐悟了性者，亦非下流。学人只觅真心下手，虽炼己未到，亦可觅静入门，总要遇而不失耳。其真心，或在平旦，或在晚间，或散于十二时中，自领之而自取之可也。

是说也，其名似创，而实未创，且有便于初学之流，亦与前古丹经融通不悖。苟如此渐造之，时时守其真，日日抱其真，无时无日，不见其真。由其渐而及其常，久久纯静，则并举炼己之功而亦包之矣，不更大欤？然则心地偶清明时，正是一派好功课、好光阴、好境界，愿人以一刻千金珍重视之也。

第三十二章　心神直说

（篇中兼言调息之法）

心为一身之主人，神为三品之上药。唯心与神，是二是一，不可不辨也。

老君曰："夫人神好清，而心扰之。人心好静，而欲牵之。故常遣其欲，而心自静。澄其心，而神自清。"陆潜虚曰："调息之法，自调心始。凝神之法，自调息始。"此圣贤仙佛之梯航，吾人入德之路也。

下手学道者，必须摄念归静，行、住、坐、卧，皆在腔子里，则守静始能笃也。

盖有念为妄心，无念为真心，人能收念于平日，而还其所止之地，乃能专心于临时，而坚其入定之基。圣人云："知止而后有定，定而后能静"是也。心之静者，息亦易调。心愈细，而息愈微也。息调则神归，于是而再安其神，凝于炁穴之中。

夫心也，而又曰神，何也？盖心在绛宫，动以纷之则为念，静以收之则为心。即静心而返回神室，则为神（元神）。神也者，无思、无虑，无为之中无不为，无用之中藏大用，此所谓三品之大药也。

凝神之际，务要与息相依，毋以神逐息，毋以神运息。逐息则神散，运息则神摇。只要息息动荡，任其天然，随其自然，斯其神愈凝然。迨至静极而动，是神之得乎炁机。是炁初破鸿蒙，寂然不动，感而遂通。

修道之士，乃如是有为也哉。

第三十三章　神息妙用

神者，火也。息者，风也。欲识风火玄机，须将神息安顿。

神贵含光默默，息凭真炁绵绵。但安其神，不逐于息。有如炉中聚火，箱管抽风，风自煽而火愈红，火愈红而金自化。可见风来助火，并不是火去追风也。

但其中尚有机窍，欲令风箱之气专笃而吹，必使风管逼炉，使它从消息中度去，乃能煽起炉焰，火色重青。学人凝神聚气，即是火熔金，息向坎中吹，又即是引管逼炉，助风追火之势也。炉中火发，阳光腾腾，此时神即是炁，炁即是药。犹之火炼铁红，红铁亦火。琼琯翁所谓“火即药，药即火”者，此也。若使息不内吹，徒向喉鼻中播弄，即是管不逼炉矣。不可笑乎？

第三十四章　神息再论

息静则神归，凝神之法，固赖调息。神定则息住，调息之法，亦赖乎凝神也。

盖其存神于虚，则内息方有。所以息恋神而住，神依息而留。神息两平，若存若忘，不知神之为息，息之为神也。

风得火而煽，火得风而灼。相维相系，又不知风之为火，火之为风也。功夫纯熟，真有不可以文字形容者。

第三十五章　气息妙用

曹元君曰：“我与诸君说端的，命蒂从来在真息。”

以真息为命蒂，何也？

盖吾人以后天之呼吸配先天之呼吸，而先天之呼吸乃是身中之真炁，被息引动，悠悠来往。斯时也，是息动耶？是炁动耶？息动亦炁动，两不分明。息中有炁也，故曰真息氤氲。炁中有息也，故曰真息橐籥。真息动而真炁生，真炁来而命蒂生。复命之根，养命之源，护命之宝，诚在乎真息（之炁）而已。

第三十六章　神意妙用

神贵凝，《契》所谓："安静虚无，内照形躯"是也。神非意，所谓"内照玄关，必用真意"是也。吾闻冲虚云："真意者，虚无中之正觉。"潜虚云："灌注上下（三官），必以元神斡运乎其间。"元神之斡运，即元神之正觉。不得谓元神即真意也，自有体用之殊耳。盖杳冥无为，静中宰运者神。从容大雅，理事不乱者意。故神为丹君，意为丹使也。神与意，实有体用之分。既分体用，则二也。用因乎体，故又可以一物视之。

但有进说者：欲培真意，须养元炁。真意从静极而生，乃克成吾之妙用。道所谓："常应常静"；儒所谓："安而后能虑"；释所谓："定中生慧"也。

第三十七章　神意再论

垂帘打坐之初，神意有不必分者。至于动静交作，则神意分焉。

有时当以神守中宫，而或以意代之，不可也。如致虚、守静、观其复，当其临炉之会是也。

有时当以意守中宫，而或以神将之，不可也。如擒铅、制汞、掌天罡，作媒合之际是也。

何者？神则无为，而意则有为也。神则无为无不为，意则有为有以为。神为意之神，意以神为真元，神主静也。意为神之意，神以意为正觉，意能动也。

欲养元神，须以无念为主，而后能无为无不为。上阳注《参同》云：“真人潜深渊，无念以应之。浮游守规中，无念以使之。呼吸相含育，无念以致之。三姓既会合，无念以入之。”无念之用，尚不止此也。

欲动真意，须以炼己（汞神）为先，而后能有为有以为。潜虚《就正篇》云：“炼己求铅，以己迎之。收火入鼎，以己送之。烹炼沐浴，以己守之。温养脱胎，以己成之。”己土之妙，亦不止此也。

神哉、意哉，直贯金丹之始终，须臾不可离也。其它尚有妙用处，总在学人自参，吾特集诸说以启其端焉。

第三十八章　共（同）争（取）不朽之论

古人有言：“太上立德，次立功，次立言。”三者俱不朽。夫存不朽之神者，道（元始祖炁）也。而三者（德、功、言）亦不朽，以其为道之助也。仁慈之德为道体，谦柔之德为道用。普济之功为道体，修养之功为道用。至于言，则功德之记，而载道之文也。故能共（同）争（取）不朽云云。今夫朽则凡，不朽则圣。

人之所以能争（取）不朽者，以其无所争，亦以其有所争。无所争，则后其身而反先矣，柔其志而克刚矣。有所争，则男子之须眉，丈夫之气骨，英雄之果敢，豪杰之猛烈。不与人争一时，直与人争万古。孔子曰：“当仁不让于师。”师正恐其不能争，空自颓于无勇也。先儒曰：“平旦之气，清夜之神，直与圣贤无异，人能即此而充之，虽孔颜亦不逊也。”释乘云：“能仁寂默，何异释迦？般若行深，何殊自在？”道书云：“瞿昙不从地涌，钟吕岂自天来？”此皆以道为争（不朽），而不必让于前者。志士勉乎哉！千真万圣，原不忌人之共争夫道也。

第三十九章　功成名遂身退论

《道德经》云：“功成名遂身退，天之道。”愚以为，天之道，即人之道，亦即修身之道也。

天以生存畅遂为功名，时行物育，天道于焉退移，藏身冬令。此天道也。

人以尽忠为功名，功成勇退，名遂身藏，英雄所以从赤松子游也。又以全孝为功者，志体交养，其功也。宗族交称，其名也。父母百年，人子事毕，退身保命，此人道也。

丹士以致虚守寂为无功之功，杳冥恍惚为无名之名，至于返还功成，抱一还虚，此修丹之道也。

通德类情，识者思之。

第四十章 仙佛同修说

性命双修，此本成仙、作佛、成圣之大旨。或谓佛修性、仙修命、儒治世，分门别户，盖不深究其宗旨也。

愚按：佛重性，而其中实有教外别传，非不有命也，特秘言耳。其重性功者，盖欲人从性立命，能使性量恢弘，照十方而无边无际也。

仙重命，而其中亦有教内真传。非不言性也，特约言耳。其重命学者，盖欲人从命了性，能使命根永固，历万劫而无尽无穷也。

若使性功圆满，外无立命之修，则真性难存，终属空寂，又何能法周沙界乎？

若使命功周到，内无尽性之修，则真命虽守，徒保色身，又何能神通三界乎？

唯佛有教外别传，则从性立命，极乐之地，益见空明。

唯仙有教内真传，则尽命了性，而大罗之天，益见超脱。

是仙也、佛也、圣也，此双修而非单修者也。故释迦到禅定时，而有灌顶穿膝之效。释迦谈真实义，而有倒却刹竿之奇。试思于意云何？吕祖云：“单修性兮不修命，此是修行第一病。”紫阳云：“饶君了悟真如性，不免抛身又入身。如何更兼修大药，顿超无漏作真人。”略举一隅，可以类推也。

至于行深般若，五蕴皆空。丹熟大还，九年面壁。六十耳顺，七十从心。夫而后性命双了，同登空超之境，而仙、佛、圣皆成也。故达摩初祖《了道歌》云：“三家法一般，莫作两样看，性命要双修，乾坤不朽烂。”人又何必（拨弄）是非哉？

且更有说者：三教嗣续，皆不能知。知此必不互相抵牾。只索各尽其道，以归于道也。今设一大道主人于此，为三教说法曰：夫三教者，吾道之三柱。分而三，合而为一者也。道不能分，无变化；道不能合，无统宗。是故三柱立其极，释道言性默言命，仙道传命默传性。儒道则以担荷世法为切，言性难闻，言命又罕，并性命而默修之。遂使三家后裔，各就祖派，分为专门。掀天震地，讲起是非，开出无边境界。佛攻（击）道，则有翻空出奇之梦想。道攻（击）佛，则有踏实指陈之神思。儒攻（击）佛与道，则有翻澜不穷的文章，流窍不休的耍子。而岂知皆道之分也。道既分三，其中岂无支流之不同？邪正之不类者？奈何不思其本，而谈其末也。

夫以性命为一脉，以命兼性为一脉，浑乎性命为一脉。此三脉皆道脉也。及其还无，（统于）一也。

偈曰：吹了明灯玩耍子，谁知打着自家人。

吾言若有相攻者，又是飞花点汝身。

三车秘旨[1]

长乙真人李涵虚　著

皖江　陈撄宁　校订

按：李涵虚真人特别强调大、小周天的运炼。也许是看到其后的承传法脉者，背离了他的丹法原旨，绕开大、小周天不炼，遂于还虚七十年后，特别现身“聚则成形”为银道源传授三车秘旨。可惜这一秘旨并未有人继续承传下来，至为遗憾！相信民间定有涵虚真人的“原汁原味”之传承人在！

三车者，三件河车也（小周天工程神炁沿督脉上升进阳火，采取沿任脉下降退阴符烹炼时的路线，称为河车道路。因神炁的“品位”不同，效应亦不同，略分为三品，所以有三件河车之别）。

第一件运炁，即小周天，子午运火（元炁）也；第二件运精，即玉液河车，运水温养也；第三件精炁兼运，即大周天，运先天金汞，七返还丹、九还大丹也。此三车者，皆以真神、真意斡乎其中。人能知三车秘谛，则精、炁、神三品圆全，天、地、人三仙成就。

第一件河车

（小周天）运气（元炁）功夫，所以开关筑基，得药结丹（纯阳真炁、人元金丹、火珠现象）也（所谓精、炁、神三品，天、地、人三仙。这一件当是人仙功夫）。

其中次叙（序），从虚空中涵养真息（胎息）为始（达虚极静笃先天境界，

① 董沛文主编：《圆峤内篇》，盛克琦点校，宗教文化出版社，2009。

先天一炁从虚无中来）。收心调息，闭目存神，静之又静，清而又清。一切放下，全体皆忘。

混混沌沌，杳杳冥冥。功夫到此，如天之有冬（从有为而渐至无为，安静下来），万物芸芸，各返其根（达虚极静笃先天境界）。如日之有夜，刻漏沉沉，各息其心（万缘尽歇）。此无知、无识时也（虚极静笃）。谁晓得此无知、无识时之际（自造一个道源无极○），才有一阳来复（无极而太极⊙，玄关初开、微阳初生），恰如冬之生春，夜之向曙。蓦地一惊，无烟似有烟，无炁似有炁，由下丹田薰至心阙，使人如梦初醒（一觉独灵）。初醒之候，名曰药产活子时。急起第一件河车，采此运行，迟则无形之炁变为有形（之浊精）。此炁也，名壬铅，名后天（之先天；药物），又名阳火，故曰子时进阳火（子时指子时之位置，河车搬运时的起始点，即尾闾关）。

何为进阳火（阳炁沿督脉上升——实际是脊柱里面）？学人把初醒之心，陡地拨转，移过下鹊桥，即天罡前一位（即尾闾关处），誓愿不传之真诀也。此心（初醒之心）名曰天地之心，又名妙心，又名元神，又名真意，又名玄关发现。移至尾闾，守而不乱。霎时间，真气（元炁）温温，从尾闾骨间两孔中，透过腰脊，升至玉枕，钻入泥丸。古仙云："夹脊双关透顶门，修行路径此为尊。"即指此也。（这一段是讲小周天进阳火采取时的实际工程——一箭透三关）

愚人不知运炁，便要舌抵上颚，以承甘露。吁！可笑亦可怜也，皆不得（真）师（真传）之过也。须知运炁一道，只可运炁入喉。《黄庭经》曰："服食玄气以长生"，因此阳火之炁紫黑色，名曰玄气耳。服食之法，须要口诀，乃能送入气管。否则走入食喉，从何处立得丹基？须把这阳炁送入气喉，至于玄膺，乃化为甘露之水。《黄庭经》曰："玄膺气管受精符"，此之谓也。玄膺名玄雍，又名玄壅，言人之气到此壅塞也。俗人不知玄妙，炁至泥丸，就想它化为神水，如吞茶汤一般。

吾恐炁管一滴，便叫汝咳而不休矣。盖水者有形之物，安能入得气管？故《黄庭经》曰：“出清入玄二气换，子若遇之升天汉。”犹言清气出于丹田，玄气入于玄膺，二气转换云耳。炁化为水，洒濯心宫，仍落于虚无窍内，宝之裕之，是为筑基。

筑基既久，积累益深，乃有一个时候，照常静坐。忽于丹田中突出一物，有声如风雷之响，有色如星电之光，是为后天中先天药，即按第一车运之，至于泥丸，始化为液，饵而服之，方得玉液丹头。此得药结丹（结成丹头）之始也（一但须三百头才能满足，成漏尽通而马阴藏象）。

以后功夫，须要绵绵不绝，固蒂深根，乃尽养丹之妙。请看下文分解。（本文叙述到小周天采取、烹炼已开始小药产、阳丹结；炁的五行属金，故亦曰人元金丹；玉液还丹，火珠成象）

第二件河车

运精（铅精）功夫，所以抽坎铅，制离汞，炼己性也（这里的精，系指经小周天烹炼而成的铅精、纯阳真炁，形如火珠，进行抽铅添汞，即取坎填离，以真水制汞火，令汞火不飞，炼己性也）。

前此运炁日久（即“一粒复一粒，由微而至著”），得了小药，结了丹头（火珠）。以后绵绵内息，天然自在，固守丹田（文火温养）。

每早辰间，清坐清卧，其丹如一团软绵，升于心府。仍要收回虚中，杳然无影，方不走失。诀曰：“神返身中气（元炁）自还。”正此时也。

怀抱日深，忽然间丹田如春水初生，溶溶漾漾。即守自然之内息，烹之、炼之，其水忽化为热气，由两胯内边流至涌泉，须要神注两踵，真息随之，此所谓“真人之息以踵”也。

如此片时，涌泉定静，即将心返尾间，默默守候。忽觉有物来尾间间，似绵陀，似馒首，似炁块，沉滞难行。就要调停内息，专心一志，猛烹急炼。乃有一股热汤，透出尾闾，徐徐过腰脊，滔滔上泥丸。方谓之黄河倒卷，曹溪逆运。此等河车，《大洞经》所云“勒精卫泥丸”，吕祖所云“搬精入上宫，不与运炁同（涌泉真水与火珠混融双运）”也。

泥丸宫中，水声震响，久之而水声止息，神即休于其中（进行乾坤交媾化为金液）。持守片时，乃以舌倒舐上颚，鼻中忍气，牙关紧闭，两手反抵坐榻，头面仰对空梁，候它金液满舌，其鼻息忍而不播，伊乃咽了一声，流入气管，降下重楼十二阶梯，神水灌注华池矣（服食此金液、大药过关，已是准神仙，地仙成就矣！）。

此华池在人两乳中间，名曰上气海，与玄膺隔一层耳。白玉蟾云：“华池正在气海内”是也。

水满华池，走而不守，至于绛宫。心地清凉。落于黄庭，心火泰定。此之谓抽铅制汞，牵虎降龙。既（既济）未（未济）两卦，周流不息，即玉液炼己（汞神）之事也。

但此玉液，不能日日常有，须加前头运炁功夫。运之数次，乃有一次。若做到玉液常来时，则黄中通理，皮肤润泽。心君闲逸，性体光明。对境忘情，在欲出欲（精尽化炁、炁化神成，无精自然无欲），随缘度日，在尘离尘。真意坚牢，剑锋犀利。圆陀陀，光灼灼，赤洒洒，亮铮铮，此炼己纯熟之时也（汞性通灵，性珠圆明）。

于是讲三车功夫，又听下文分解。

第三件河车

运先天精炁，丹家名汞（元神）迎铅（元炁）入，情来归性，七（元神）返九（元炁）还之事也（这里七指元神，九指元炁，此时元神、元炁混沌为道生一之“一”，以了证性之功，达真性圆明）。

前此炼己纯熟，汞性通灵，进退自如，雌雄应变。功夫至此，乃可行返还大事。

七返还丹者，先将已成之汞性（性珠）呼为内丹，于是入室坐圜，把内丹藏于空洞之中。上边如乾，下边如坤，性边属有，命边属无。先要以有入无（即以命实性），然后从无生有（即以性安命）。其象如乾精播于坤母，坤乃实腹为坎。坤精感自乾父，乾乃虚心而为离。乾坤既列，名为鼎器（即有无妙窍也）。离坎二用，借此现形。

原夫以有入无（即以命实性）之时也，寂寂静静，心死神存。稍焉有自己识神，化为惊人、爱人之物，试尔内神。诸般不动，元神湛然。乃更一时焉，有一支阳炁发生。譬如坤阴之下，一阳来复。我即吐乾宫一阴以迎之（原注：肾气上升，心液下降，本乎自然），名曰以汞迎铅，又曰大坎离交，又曰内外阴阳消息。消息既通，于是命太乙神女俦邱兰者捧出雌剑，摘而取之，立为丹本，此即七返还丹也。

丹本既立，神炁融和，由是一阳渐长而为兑，坎男变为兑女矣（原注：此是庚方月、西江月、峨眉月诸喻时也）。因此兑女二字，故丹家名曰首经，又曰天癸（原注：因类而言耳。愚人不知，盲修瞎炼，未遇真师之故也）。丹士采此首经，名曰摄情归性。五千四十八日归黄道之时，有如十五明月，金水圆满。在人身中，总一先天精炁，腾腾壮盛之时也……

道人服此金液，然后名曰铅投汞，金并木，后天返先天，婴儿（阳鱼）会姹女（阴鱼；重铸乾坤，再结良缘）。婴、姹相逢，朝夕涵养，久之洞见脏腑，内外光明，中有一真，宛然似我，此婴、姹复生婴儿矣（真人现象）。得此婴儿者，必须默默调养，刻刻温存，由灵谷移上天谷，然后出神入化，高会群仙。

收心法①

长乙真人李涵虚 著

皖江 陈撄宁 校订

收心法下手功夫

养生之道，真息为本。曹文逸云：“我为诸公说的端，命蒂从来在真息。”诚要言也。

下手功夫，先静心，次缄口，次调息（原注：心静则气平，不调之调为上）。鼻息平和，然后闭目内视，神注肾根之下阴跷一脉（原注：谷道前，阴囊后），如此片时，将心息提到虚无窍内（原注：腰后腰前，心下肾上，中间一带，不可拘执）。停神安息，以自然为主。心太严则炎，务必顺其自然，即文火也。心太散则冷，务必守其自然，即武火也。文武烹炼，始终妙用。内息匀称，勿忘勿助。是时也，心如虚空，有息相依则不虚，有息相随则不空。不虚不空之间，静而又静，清而又清。气息绵绵，心中默默。至此要一切放下，人我皆忘。此之谓钻杳冥。杳冥中有炁，一神独觉，此乃真息也。真息发现，薰心酥痒，还要按入腔子里、虚无窍内，积之累之，则命蒂生而阳炁自长，乃可以开关运炁矣。

凝神调息，是下手功夫。凝神者，是收已清之心而入其（炁穴）内也。心未清时，眼勿内闭。先要自劝自勉，收它回来，清凉恬淡，始行收入炁穴，乃曰凝神。坐虚无中，不偏不倚，即是凝神于虚。

① 董沛文主编：《圆峤内篇》，盛克琦点校，宗教文化出版社，2009。

调息不难，心神一静，随息自然，我只守之、顺之，加以神光下照，即是调。调度阴跷之息，与吾心中之息相会于炁穴中也。神在气中，默注元海，不交而自交，不接而自接，所谓隔体神交也。守其性，不散乱。存其神，不昏沉。故能杳冥恍惚。

心止于脐下，曰凝神；气归于脐下，曰调息。神息相依，守其清净自然，曰勿忘。顺其清净自然，曰勿助。勿忘勿助，以默以柔，息活泼而心自在，即用钻字诀。以虚空为藏心之所，以昏默为息神之乡。三番两次，澄之又澄，忽然心息相忘，神气融合，不觉恍然而阳（嫩炁）生矣。

收心法杂谈

一

门人问曰："三车秘谛，尽泄天机，能不惧天谴乎？"

涵虚曰："非敢故违天谴，实望人改过自新。凡做功课，必先去人心，求道心。屏凡息，寻真息。然后定神气，钻杳冥。如此诸境，皆不可少。入吾道者，安得复为小人？"

二

凡做功夫，钻杳冥是第一桩难事。但先天一炁自虚无中来，必有真杳冥，乃有真虚无。噫！先难而后获，全身要舍得。昔我在洞天中，学钻杳冥七八年，然后稍有把柄。今之学者，进锐退速，安能入道耶？

三

弟子问："先生传道，人言过滥。倘下士得之，行持无效，能不反唇相讥耶？"

涵虚曰："不遭下士之讥，不足以见吾道之大也。大道者，先要清净身心，调理神气。其甚者，要能一切放下，钻入杳冥。必有此等真功夫，然后有真效验。彼无功（夫）而妄想效验者，亦终为不得效验之人也。反唇相诋，何足病之？"

四

弟子问："如师所说，恶人皆可学道乎？"

涵虚曰："可。即诵格语曰：'从前种种，譬如昨日死。从后种种，譬如今日生。'诸恶莫做，众善奉行，则能转地狱为天堂，变黑气为红光。"

五

"余有三字诀，修道之士，勤、诚、恒，缺一不可。但勤也、诚也，而结果必归于恒。孔子曰：人而无恒，不可以用作巫医，况（修）道乎？儒生习文艺，尚以数年为期，甚至有十年者。岂修心炼气，反不如读书作文？"

六

诚乃至阴（静默）之象，在《易》为"太极"，在佛为如如（不动）。孟子曰："志诚而不动者，未之有也。不诚，未有能动者。"动对静言，则知诚为阴象（静默）。孔门之道，推至诚如神，论志诚无息，皆静中大体、大用，故以诚入静，静心不乱。以诚入定，定心不移。以诚守中，中心不偏。以诚入杳冥，则通微无碍矣。

七

勤为学业之本，其在于道，更有不勤之勤焉。盖自然之息，定自然之心，无为而为，为而不为。所谓"绵绵若存，用之不勤（而自勤）"

者，真乃勤之至也。

八

炼睡魔，必用勤字。跑香打坐，精神倒退，此误用其勤之过也。善炼睡者，睡而不睡，不睡而睡，功夫自然不断，神气自然加增。熬更守夜，反惹睡魔。《参同契》曰："寝寐常相抱，觉悟候存亡。"能用此诀，自然惺惺不昧。

九

门人问曰："陆潜虚仙师云：'交媾乃太上秘密之旨'，其诀可得闻乎？"

曰："（阴阳）交媾者，至阴之本，杳冥之根也。人能钻入杳冥，方能得成交媾。我劝人先在虚空中团炼，静之又静，定之又定，无人无我，无无亦无，自然入得杳冥，不交媾而自能交媾，从至阴中生出至阳矣。交媾之法，先天（阴阳交媾）与后天（阴阳交媾）不同。先天（阴阳）交媾，以性立命。后天（阴阳）交媾，以神合气。故《入药镜》云：'是（先天）性命，非（后天）神气，水乡铅（金炁），只一味。'先天名目，独有一物（元炁）。后天名目，则分精、神、意、气、魂、魄、性、情。若在先天，只炼出一个，就皆有了。总要从交媾中取出真阳耳。人身五脏，原有部位，不可移动。道家云：'乾坤坎离颠倒。'岂心可移于下，肾可移于上耶。非也。所谓颠倒者，乃心肾中之神气耳。心神俯而下就，肾气仰而上升，神气颠倒，则有形之心肾亦如颠倒，无形之乾坤亦皆颠倒。颠倒交施，坤中生一阳为坎，乾中生一阴为离，离女与坎男交施，则如西方之兑女，相接东方之震男。又将南北移为东西，水火变为金木。金情木性，称为白虎青龙。龙交虎如姹投婴，虎交龙，如婴投姹。要之，乃性命二物。命中有性，性中有命，二物乃一物耳。故紫阳先生曰：'震兑非东西，坎离非南北。’人亦可以恍然（有悟）矣。”

十

儒家、道家，养气各有不同。养自然之气，可以得生。养浩然之炁，则可生、可死。古来志士仁人，见危授命，杀身成仁之类是也。养之之时，纯是义理之心，充乎宇宙。故孟子曰：“其为炁也，至大至刚，以直养而无害，则塞乎天地之间，是集义所生者。”道家养气，独葆其真，不必见危而早退，不必杀身而早隐。《易》所谓见机而作，不俟终日之君子也。

十一

道家初功，须养其自然之气。敢问何为自然之气？

曰：易言也，其为气也，至小至柔以曲，养而无害，则聚乎虚空之中，是集精所生者。道家还丹，亦是浩然之炁。其炁得手，亦能见危授命，杀身成仁。古来谓之刀解，究竟有神奇莫测处，变化莫解处，异乎儒家。或死之处，他处见之，须眉转少，仙客同游，此乃还丹成就，身外有身者。

十二

至人得道，生亦仙，死亦仙，如留形住世，尸解登真之类是也。仁者能静，生亦寿，死亦寿，如曾子全身，颜渊短命之类是也。

十三

道有五失：有浅尝而去者；有浮慕其名者；有始勤终怠者，有心性偏执，未入门墙，妄诋高深者；有资质下愚，唤之不醒，呼之不悟者。道有三得：有知之者，可为灵人；有好之者，可为真人；有乐之者，可为至人。

后天串述文终经[1]

予著《道德》《黄庭》《大洞》《无根》诸注，皆言先天之用，而非初学法门也。夫行远自迩，登高自卑。若不明后天次序，譬诸世上功名，未举茂才、孝廉，空想进士、翰林也。因作《后天串述》一篇，为入门之路焉。一、收心。二、寻气。三、凝神（守窍调息）。四、展窍。五、开关。六、筑基（小周天基成不漏）。七、得药。八、结丹。九、练己（全性）。

一、收 心

太上有言："贵以下为贱，高以下为基。"后天资补，贱下之道也。贱也者，师（吕祖）所谓"说着丑"也。下也者，《经》所谓"下面取"也。培养丹基，纯以精气为宝。其行法功也，要先收心入内，以中为极，以和为则，以神为体（定），以意为用（慧）。

二、寻 气

寻气以阴跷为先，中是活活泼泼，不见不闻之处。和是专气致柔，抱神以静之功。定而生慧，坐照如如。媾元精而生元气，展窍开关不难也。

元精者，阴跷一脉，逐日生人之炁也。学人采取元精，必寻炁之活动处，而以静合之。此之谓神炁交。神炁交，则男女媾精，真种化生。

真种者，后天鼎之真炁也。后天鼎者，即元神、元炁交合之所也（炁穴、玄关），故名灵父、灵母。

[1] 董沛文主编：《圆峤内篇》，盛克琦点校，宗教文化出版社，2009。

三、凝　神

此炁从鼎中炼出，即宜凝其神，柔其意，以柔制刚，自然入我内鼎（炁穴）。和之、调之、锻之、炼之，潜伏于丹田之中，呼吸乎虚无之内，是名命蒂，又号胎息。

四、展　窍

忽然而内鼎之间，冲出一物，跳跳跃跃，嘘嘘喷喷，直由冲脉上至心府，即展窍时也。

五、开　关

俟其冲突有力时，乃变神为意，引出尾闾，一撞三关，飞上泥丸，即开关也（小周天进阳火，首先闯开尾闾关）。

六、筑　基

关窍既开，乃行养己之功，而谈筑基之道。筑基者，采彼炁血（水中金），补我精神（离中虚）。精神虽壮，又恐动摇，于是以壬铅（真炁）制之。壬铅者，二气（炁与气）媾（和）而生者也。

七、得　药

原乎坎宫之气，地气也。离宫之气，天气也。天地（以离交坎）交合之时，混混沌沌，氤氤氲氲，结为虚无窟子（玄关一窍）。虚无窟中旋产一气（先天一炁），即以此炁为壬铅，此得铅时也。

八、结　丹

铅之体有炁无质，以故清而上浮。至昆仑时，要以目光上视，神炁相息于鼎中。凝住一时，阳极阴生，始以舌倒抵上腭，鼻息要匀，抵腭久之，乃有美津降下，寒泉滴滴。虽不甚多，然一吞下重楼，以意送回黄庭。却又奇怪，发声如澎湃一般，始知天上甘露，原不可多得也。降入黄庭，结为内丹。

九、炼己

以后则在欲绝欲，在尘出尘，对境忘精，炼铅伏汞，赶退三尸、五贼，消磨六欲、七情。骨气俱是金精，肌肤皆成玉质。则内发天机，外合人事，毋意、毋必、毋固、毋我。积功累德，炼炁养神，物来事至，心境自放光明。即景会心，慧剑劈开尘障。功修人间，名标天上。且食天禄，享寿无穷。此时抱璞守贞，防危虑险，天人合发，万化定基，精神永固，一炁还虚，此炼己之功完备矣。

入门者必先收心、寻气、凝神、展窍、开关、筑基、得药、结丹、炼己，此九层功夫，乃为入道之门。

既已入门，阴阳归一，无往不复。穷理尽性以至于命，自有为而入无为，由勉强而抵自然，未有金丹不成者也。

黄元吉

《道德经讲义》及语录摘要

黄元吉，是清末著名丹道修炼家，学究天人，达金液还丹的境界。光绪年间在四川富顺乐育堂传道讲学，于清道光、咸丰、光绪年间，奉师命应运而来，数次往来蜀中，在自贡富顺举办“乐育堂”道学讲坐十余年，从学者数千人之多。

他主张下手实修功夫的关窍在“中宫黄庭”，故世俗学者妄将它列为“中派”，不可当真！

《道德经讲义》及语录摘要①

序

三教之道，圣道而已。儒曰至诚，释曰真空，道曰金丹，要皆太虚一炁，贯乎天地人物之中也。唯圣人独探其源、造其极，与天之虚圆〇无二，是以成为圣人……

自古圣贤无有只修其身不应乎世者，观天地即可知圣贤矣。

光绪十年（1884）孟冬月谷旦元吉黄裳自序

学人下手之初，别无他术，唯一心端坐，万念胥捐，垂帘观照，心之下、肾之上，仿佛有个虚无窟子，神神相照，息息常归，任其一往一来，但以神气两者，凝住中宫（黄庭）为主。不顷刻间，神气打成一片矣。于是听其混混沌沌，不起一明觉心，久之恍恍惚惚，入于无何有之乡焉。斯时也，不知神之入炁、炁之入神，浑然一无人无我、何地何天景象，而又非昏聩也，若使昏聩，适成枯木死灰。修士于此，当灭动心，莫灭照心，唯是智而若愚，慧而不用。于无知无觉之际，忽然一觉而动，即太极开基。须知此一觉中，自自然然，不由感附，才是我本来真觉。

道家谓之玄关妙窍，只在一呼一吸之间。其吸而入也，则为阴、

① 黄元吉著，黄信阳主编：《道德经讲义·乐育堂语录》，蒋门马点校，宗教文化出版社，2003。

为静、为无，其呼而出也，则为阳、为动、为有，即此一息之微亦有妙窍。人欲修成正觉，唯此一觉而动之时，有个实实在在、的的确确、无念虑、无渣滓一个本来人在。故曰：天地有此一觉而生万物，人有此一觉而结金丹。但此一觉，有如电光石火，当前则是，转眼即非，所争只毫厘间耳。学者须于平时审得清，到机方把得住。古来大觉如来，亦无非此一觉积累而成也。

修士兴工，不从无欲有欲、观妙观窍下手，又从何处以为本乎？虽然，无与有、妙与窍，无非阴静阳动，一炁判为二炁，二炁仍归一炁而已矣。以其静久而动，无中生有，名曰一阳生活子时；以其动极复静，有又还无，名曰复命归根。要皆一太极所判之阴阳也，两者名虽有异，而实同出一源，太上谓之玄。玄者，深远之谓也。学者欲得玄道，必静之又静，定而又定，其中浑无物事，是为无欲观妙，此一玄也。及炁机一动，虽有知、却不生一知见，虽有动，却不存一动想，有一心，无二念，是为有欲观窍，此又一玄也。至玄之又玄，实为归根之所，非众妙之门而何？所惜者，凡人有此妙窍，不知直养，是以旋开旋闭，不至耗尽而不已。至人于玄关窍开时，一眼觑定，一手拿定，操存涵养，不使须臾或离，所以直造无上根源，而成大觉金仙。

下手工夫，在玄关一窍……余无可进步也。……天地忽辟之际，静极而动，一觉而醒，则人偵炁于动，为炼丹之始基。第此倏忽之间，非有智珠慧剑（灵觉——对境无心，一觉独灵），不能得也。要之，念头起处为玄牝，实为开天辟地、生人育物之端，自古神仙无不由此一觉而动之机造成。又曰：无欲观妙、有欲观窍，两者一静一动，互为其根，故同出而异名。

道家曰“玄关”，其中有无思无虑之密。大道根源，端本于此。

一经想象，便落窠臼；一经拟议，便堕筌蹄……

凡人打坐之始，务将万缘放下，了无一事介于胸中，唯是垂帘塞兑，关照虚无丹田，凝起神，又要调息，调起息，仍要凝神，如此之久，神炁并成一团，顷刻间自入于杳冥之地，此为无也；及无之至极，忽然一觉而动，此有为焉。我于此一念从规中（丹田、炁穴）起，混混续续，兀兀腾腾，神依炁立，炁依神行，无知有知，无觉有觉（灵觉），即玄牝之门立矣。由于恪守规中（炁穴），凝神象外，一呼一吸，一往一来，务令气炁归玄窍，息息任天然……

道成德自立，实至名自归。圣人纵不居功，而天下后世，咸称道不衰。是不言功而功同日月，不言名而名重古今……

修道者，舍此玄关一窍，别无所谓道矣。……教人从有无（动极生静、静极生动）相入处，寻出玄关一窍，为炼丹之本根。……下手有基，通天有路矣。

与其求之无极○不可捉摸，何如求之阴阳⊙更有实据！

虚心以养神，实腹以养气，顺理以成章，性命以不离。

兹欲修道，须知（后天）聪明智慧，皆为障道之魔……人心死而道心生，知见灭而慧见昭矣。

太上示人下手之工曰："谷神不死。"何以为谷神？山穴曰谷，言其虚也；变动不拘曰神，言其灵也。不死，惺惺不昧之谓也。人能养得虚灵不昧（之神炁）以为丹头，则修炼至易；然而无形无影，不可捉摸，必于有声有色者而始得其端倪。古云："要得谷神长不死，须凭玄牝立根基。"

何以谓之玄？玄即天也。何以谓之牝？牝即地也。天地合而玄牝出，玄牝出而阖辟成，其间一上一下，一往一来，旋循于虚无窟子，即玄牝之门也。……凡人顺用之则为死户，圣人颠倒之则为生门。人欲炼丹以成长生久视之道，舍此玄牝之门，别无他径也。非天地之根而何？

所谓“静则为元神，动则为真意”，是其中胎息一动，不要死死执着于丹田，必于不内不外之间，观其升降往来，悠扬活泼，即得真正胎息也。古人云“出玄入牝”，是出非我本来面目，入亦非我本来面目，唯此一出一入间，中含妙谛，即虚灵也，所谓“真阴真阳形而为真一之炁”是也。……谷神者太极之理，玄牝者阴阳之气……唯借空洞之玄牝，养虚灵之谷神，不即不离，勿忘勿助，斯得之矣。

静则无形，动则有象，静不是天地之根，动亦非人物之本，唯动静交关处，乃坎离颠倒之所，日月交光之乡，真所谓“天地根窟”也。学人得到真玄真牝，一升一降，此间之炁凝而为性、发而为情，所由虚极静笃中生出法象来。知得此窍，神仙大道，尽于此也。

大道原无他妙，唯是神炁合一，还于无极太极、父母生前一点虚灵之炁而已矣。

一呼一吸之间，微阳偶动，即一眼觑定，一手拿住，运一点己汞以迎之，左旋右抽，提回中田（孕、调药），凝聚不散……不片刻间，而真阳大生，真炁大动矣（周天活子时至）。由是运行河车，自虚危穴起火，引至尾闾，敲九重铁鼓，立三足金蟾（神意），上升于顶，俱要一心专注，不二不息，及至升上泥丸，牟尼宝珠已得，若不于此温养片时（沐浴），则泥丸阴精不化，怎得铅汞融和，化成甘露神水，以润一身百脉？

既温养泥丸矣，复引之下重楼，入绛宫，即午退阴符也。但进火之时，法取其刚，非用乾健之力，真炁不能自升；退符之候，法取其柔，非以柔顺之德，阳铅依然散漫，不能伏汞成丹。故曰：“专气致柔，能如婴儿乎？”其意教人于阴生于午后，一心朗照，任其炁机下降，如如自如，了了自了，却不加一意，用一力……至绛宫温养，送归土釜，牢牢封固，唯以恬淡处之，冲和安之，一霎时间，气息如无，神机似绝，此至柔也。温养片晌，神炁归根，自如炉中火种。久久凝注，不令纷驰，自然真炁流行，运转周身，一心安和，四肢酥软，不啻婴儿之体……

所谓“实而有”者何？真阴真阳、同类有情之物也。所谓“虚而无”者何？先天大道根源、龙虎二八初弦之炁是也。有炁而无质，大道彰矣。故曰：“阴阳合而先天之炁见，阴阳分而后天之器成。”《易》曰：“形上谓之道，形下谓之器。”是非器为无以见道，亦非道无以载器也。

《悟真》云：“女子（性）着青衣（火生木），郎君（命）披素练（水生金），见之不可用（后天水火土），用之不可见（先天木金土）。恍惚里相逢（混而为一），杳冥中有变。霎时火焰飞，真人自出现。”

天有天根，物有物蒂，人有人源……其根究何在？在将开未开处也。……是本果何在？亦在将生未生时也（活子时）。“一阳初发，杳冥冲醒。”其机甚微……

邵子（咏玄关初开诗）曰：“冬至子之半，天根理极微。一阳初动处，万物始生时。”

虚极静笃之中，神机动焉。无象者有象，此离己之性光，木火浮动之象，即微阳生时也（上丹田性阳生）。再以此神光偶动之机，合目光下照，恍兮若有觉，惚兮若无知，其中之阳物动焉（下丹田命阳生），此离光初交于坎宫者。其时炁机微弱，无可采取，唯有二候采牟尼法，调度阴跷之炁，相会于炁穴之中。调度采取为一候，归炉温养为一候，依法行持，不片饷间，火入水中，水里金生（元炁），杳杳冥冥，不知其极，此神炁交而坎离之精产矣。

然真精生时，身如壁立，意若寒灰，自然而然，周身苏软快乐，四肢百体之精气，尽归于玄窍之内，其中大有信在，溶溶似冰泮，浩浩如潮生，非若前此之恍恍若有、惚惚似无、不可指名者也。此个真精，实为真一之精（阳精），非后天交感之精可比，亦即为天地人物发生之初，公共一点之精是矣。如冬至之阳，半夜之子……自此发端也。

离中真阴是恍惚中之物，坎中真阳是杳冥中之精。性光下照坎宫，真阳发动，故云有物。杳冥之精，乃二五之精（阴阳、五行；性命与精、神、魂、魄、意），故云“甚真”。

……凡息自停，真息乃见。

万物皆有两，唯太极无二。

炁一（专一）则动志（情志，肝主怒、心主喜……），志一（专一）则动炁（怒则气上、思之气结……）。苟不求养气而徒曰养心，无惑乎终身不得其心之宁者，多矣！

内药生，又曰大药产，为灵父、灵母（灵知之神性、真知之炁命）交媾而育者（神炁混沌为一）。

凝神要也，而调息亦不可少。苟知神凝炁穴，而不知调呼吸之息下入阴跷穴中，则神虽住而息不畅，无以煽风动火，使凡息停而真息见，凡心死而真心生；又况神火全凭神息，若无神息吹嘘，不唯水火不清，亦金胎不化。

于无知无觉时，忽然有知有觉，即是太极开基，玄关现象。“一阳初动处，万物始生时。”此际能把得住，拿得定，正所谓“捉雾拿云手段”，丹经云“时至神知”，又云“真活子时”，正谓此也。此时急当采取，若稍迟晷刻，又起后天知觉之私，不堪为金丹之药矣。

静之又静，沉之又沉，于无知无觉时，寻有知有觉处，庶乎得之。

真意有意则落于固执；真果无意则落于顽空。有意无意之间，生机（契机）在其中。

“乾坤交而结丹。”阳炁上升泥丸，有何景象？觉得头目爽利，天朗气清，另有一番气象，才算是真汞。以前之汞还是凡汞，不可以养成仙胎。铅汞会于泥丸，斯时之凡精、凡汞合同而化，不见有铅，并不见有汞，只是一清凉恬淡之味，化为甘露神水，香甜可口，“醍醐灌顶”，从上腭落下，吞而服之，送入黄庭温养，即封固矣。此个真精一生，浑身苏软如绵，欲睡不睡，欲醒不醒，而平日动荡之身心，至此浑然湛然，不动不摇，自安所止而得所止……

此境非大静大定不能。若夫采取之法，即一意凝住，毫不分散，古人谓之“不采之采胜于采”是。所谓交媾者，即“神入炁中，炁包神外，两两不分”是。学人行一步自有一步之效验。若无真实处，工犹未至。天机毕露，人其自取证焉可。

气质不化，身何由固？所以剥肤存液，剥液存神，剥神还虚，层层剥尽，方能与道合真。苟非精固气壮，焉能战退群阴，扫除六贼，致令一身内外精莹如玉，变化凡躯，炼成仙体哉？故曰“自胜者强”。

至若凡身脱化，真灵飞升，亦犹凡人之死。但凡人之死，死则神散；

而圣人之死，死犹神完，形虽死而神犹生，乌得不与天地同寿耶？

夫炼精化炁，为入胎之始；炼炁化神，为成胎之终。不知止火，则炁不入胎，精虽炼而为炁，犹可因炁之动而复化为精，且不知止火，则神不凝于虚空，炁虽炼而成神，犹可因神之动而复化为炁。

今特详下手之工：如打坐之时，先凝神，继调息。到得神已凝了，不必有浩然正气至大至刚、充塞天地，只要心无烦恼，意无牵挂，觉得心如空器，一点不有，意若冰融，片念不生，此身耸立，恍如山岳静镇，不动不摇，由是以神光下照炁穴之中，默视吾阴跷之炁与绛宫之炁，两相会于丹鼎之中，微微巽风缓缓吹嘘，自然精融炁化，此即炼精化炁也。

何以知其炼精化气哉？前此未采外来之气，与吾心内之神两相配合、会成一家，此个坎离各自分散，全不相依，呼吸亦不相调。到得收回外气，以制内里阴精，气到之时，阴精自化。上下心肾之炁既合为一，自然绛宫安闲，肾府自在，外之呼吸与内之真息合为一炁，浑如夫妇相配成，聚而不散，日充月盛，真阳从此现象矣，此即化炁之明证也。既已化炁，再行向上之事。

何谓向上之事？斯时呼吸合，神炁交，凝聚丹田，婉转悠扬，几如活龙游泳，一日有无数变化，我唯凝神于中，注息于外，听其天然，自然静极而动，动极而静，此即炼炁化神也。到得静定久久，我炁亦调，前此婉转流行于丹田者，此时烹炼极熟，觉得似有似无，若动若静，粗看不觉，细会始知。此际务将知觉之心一齐泯去，百想无存，万虑全消，即丹田交会之神炁，听它自鼓自调，自温自煅，我唯致虚守寂，纯任自然，神入炁中而不知，炁周神外而不觉。如此烹炼一阵，自有一阵香风上冲百脉，遍体熏蒸，此所谓神生炁也。又觉精神日长，智慧日开，一心之内，但觉一气从规中（丹田、炁穴）起，清净微妙，晶莹如玉，此所谓炁生神也。如此神炁交养，两两相生，斯时正宜撒手成空，不粘不脱，若有心，若无意，此炼神还虚之实际也。此三件功夫，一时可行可到。学人须遵道而行，不可但到神炁初交，未至大静，即行下榻；又不可但到神炁大交，凝成一片，两不分明，未到虚无清静自在之境，速离坐地。必须照此行持，从炼精起，至于炁长神旺，久久化为清净自然，再加归炉封固工法，然后合乎天地盈虚消息与一年春夏秋冬气象，如此始完全一周工夫。照此修持，自然我气益调，我神益静，自有无穷变化，不尽生机，由是日夜行工，绵绵密密，寂照同归，自有真炁熏蒸，上朝泥丸，下流丹府，透百脉而贯肌肤，勃然有不可遏之状。此河车之路，自然而通，我不过顺其所通而略为引之足矣……久之丹成道立，走雾飞空，与天为徒。

人心不死，道心不生，凡息不停，真息不见。唯动极而静之际，忽来真意以主持之。此意属阴，谓之己土。少焉恍恍惚惚，阴阳交媾，大如杳冥之境，似梦非梦，似醒非醒。于此定静之中，忽觉一缕热气，混混续续，气畅神融，两两交会于黄房之间，将判未判、未判忽判，此即真铅现象；心花发露，暖气融融，元神跃跃，不由感触，自然发生，斯乃玄关兆象，太极开基也。斯时唯用一点真心发意以收摄之。此意属阳，为戊土。其实一意，不过以动静之基，分为戊己之土而已。盖玄牝（窍）未开，混沌之中有此真意为主，即无欲观妙之意，谓之阴土；及玄牝（窍）开而真机现，即有欲以观窍，谓之阳土。一为无名天地之始，一为有名万物之母。生天生地，生人生物，皆此一点真意为之贯注。

修行人，能以真意主宰运行，庶不至感而有思，动而他驰。所谓“天关由我，地轴由心”“宇宙在乎身，万化生于心”，皆此时之灵觉（元神真意），为之运用而主持也。故曰：略先一息，则真机未现，采之无益；略后一息，则凡念已起，采之又多夹杂，不堪为我炼丹大药。此须有大智慧、大力量，方能于此一息之中认得清、把得定，以为成仙证圣之本。虽然，此个玄关，始而其炁柔脆，只觉微有点热意从下元起，久则踊跃周身，似有不可遏抑之势。学人须于微妙处辨得明白，以我真意主持，毫不分散，久之炁机大有力量，一任兀兀腾腾，随其所至，不加一意，不参一见，斯得之耳。到得炁机壮旺，一静即天机发动，迅速如雷，虽一切喧闹之乡，不能禁止。总要有灵觉之心，为之主持，乃无差也已。

天有盈虚消长，人有寿夭穷通，此亦气数之常，然只可以概凡夫，而不可以律圣人。圣人则有挽回天地之能，扭转乾坤之德，要不外颠倒阴阳，逆施造化而已。

在天地虚空中取（内真外应——内不真外不应），人身虚静处夺，此精才是真精。

“念起是病，不续是药。”……从中一觉而出，即是玄关（现象），所谓“回头时岸”，又曰“彼岸非遥，回光返照即是”。

若问丹是何物？即吾丹田中氤氲元炁是也。然此元炁，与我本来不二元神会合一处，即是返还太极无极、父母未生前一点天命。人能以性立命，以命了性，即可长生不死。炼丹为水府求玄，欲修成金液之丹，不得先天神息，采取烹炼、进退温养，则先天元性与先天元命不能自家会合为一，攒五簇六而成金丹。虽然，既得元性、元命也矣，若无真正胎息，犹人世男女，不得媒妁往来交通，亦不能结为夫妇。故丹经云：“真意为媒妁。”兹又云：“真息为媒妁。”岂不与古经相悖乎？不知真意者，炼丹交合之神；真息者，炼丹交合之具，要皆以神炁二者，合之为一而已矣。第无真息，则真炁不能自升自降，会合温养、结成玄珠；既得真息，若无真意为之号令，摄持严密，则使真息亦不能往来进退，如如自如。故曰：真意者，炼丹之要。然真意不得真正元神，则真意从何而始？唯于玄关窍开之初，认取这点真意，于是返而持之，学颜子拳拳服膺，斯得之矣。

元神所流露，即是真意，即是“一善”，亦即“得一而万事毕”之道。学人认得分明，大丹之本立矣。

欲求长生，先须伏气。然伏气有二义：一是伏藏此气归于中宫（黄庭），如如不动；一是管摄严密，降伏后天凡息，不许内外呼吸出入动摇吾固有之神炁。……长生即在此伏气中，除此别无他道。

虚无者，道之体；冲和（炁机）者，道之用。

冲者中也，阴阳若无冲炁，则中无主而神不宁。

大凡修炼丹道，虽离不得真阴、真阳，若无太和元炁，则丹无由结，道亦难成，盖道原太和一炁所结而成也。

天以无（静虚）为尊，人以有（动用）为累（累到无为时，长伸两脚睡）。

盖无为，是天性；有作，是天命。无知（分别心）是元神（灵知），有觉是元炁（真知）。天地间（事物）非二（阴阳）则不化（变），非一（太极）则不神（妙）。神而不神，不神而神，斯得一而两、神而化之妙境焉。

金丹一物，岂有他哉？只是先天一元真炁……乾坤交媾之后，乾（卦）失一阳（中爻）而落于坤宫，坤得此乾阳真金之性，遂实而成坎。故丹曰金者，盖自乾宫落下来的，在人身中谓之阳精（乾阳之金），此精虽在水府，却是先天元炁，可为炼丹之母。修士炼药临炉，必从水府逼出阳铅，以为丹母。

一己阴精（汞精），不得先天阳铅以为之母，则阴精易散（神易外驰），无由凝结为丹。是以古仙知己之阴精难擒易失，不能为长生至宝，乃以真阴、真阳，二八初弦之炁，同类有情之物（真阴真阳、元神元炁）烹炼炉鼎，然后先天真一之炁，至阳之精，从虚极静笃、恍惚杳冥时发生出来，此丹母也，亦母炁也。用阳火以迫之（督升进阳火）飞腾而上至泥丸，与久积阴精混合融化，降于上腭，化为甘露，此阴精也，亦号子炁。由是下降重楼，倾在神房（中宫土釜），饵而吞之，以温温神火，调养此先天真一之炁与至阴之精，此即太上曰："既得其母，以知其子；既知其子，复守其母。"

"认理行将去，凭天摆布来。"

所谓胎息者，盖人受炁之初，此身养于母腹，此时口鼻未开，从何纳气而生？唯此脐田之炁，与母之脐轮相通，是以日见其长。及至呱地一声，生下地来，此炁即从口鼻出入往来，所谓"各立乾坤"者此也。吾示脐轮之炁，与外来之天气相接，不内不外，氤氲混合，打成一片，即是返还于受炁之初，而与母炁相连之时，即是胎息也。

学道人，无论茶时饭时，言语应酬时，微微用一点意思，凝神于虚无一穴之中，自然合气于漠，直见真炁调动，有不可名言之妙。然于此调息，则知觉不入于内，而坎水自然澄清。此历代仙圣不传之秘，吾今一口吐出，后之学者勿视为具文而忽之也。

施肩吾："天人本一炁，彼此感而通。阳自空中来，抱我主人翁。"

天地无弃物，圣人无弃人也！如有弃人，是自弃也。

既得元神、元炁，不得真正胎息，则神炁不能团凝一处，合并为一而返于太素之初。

真意又何自始哉？必从虚极静笃无知无觉时，忽焉炁机偶触而动，始有知觉之性，此即真意之意。非等凡心凡性也。

汞为心液，液虽属阴，却从离火中出，带有火性。

朱元育曰："对坎离言，身中离精坎炁，皆属凡铅；直到坎离交媾，真阴真阳会合，生出一点真阳出来，才算先天真铅种子。"……学人得此阳生，只算一边工夫，安望结丹成圣？唯将此阳炁，引之上升，复合周身之阴精，更与泥丸绛宫之神髓灵液交合为一，此正谓："东家女（木汞也），西舍郎（金铅也），夫妻配合入洞房（炁穴）。黄婆（真意）劝饮醍醐酒，每日薰蒸醉一场。"此乾坤交而结丹，前只是坎离交而产药，有此真铅真汞一合，才可还丹，铅即水中所生之金，汞即火中所生之木。前只算凡汞凡铅，到此才算真汞真铅。

天若有情天亦老，日唯无意日常明。

唯道不尚智而尚愚，愚则近乎道矣。

智（小聪明）为（身）国之贼（害），愚（朴）为道之种（愚非傻也。大智者若愚；聪明人宜于装傻可也）。

古云："修丹要诀。以（元神）灵觉为道之体，冲和（炁机）为道之用。"

久久烹炼，火功既足，忽然天机发动，周身踊跃，从十指以至一身跳动不止，身如壁立，意若寒灰，丹田炁暖，此即药之不老不嫩，合中之时。若非有此效验，尚是微嫩，不可行火（运周天、进阳火）；

若久见此景而不知起火，炁已散矣；始行用火，是为药老无用。

天命。此命在天即清虚一炁，在人即太和一炁（潜藏于炁穴）。

“天上春云如我懒，谁知我更懒于春（深入静定）。”

古人有两等修法：有清净而修者，有阴阳而补者。清净而修，即炼虚一着，不必炼精练炁为也。然非上等根器（童真）不能语此。

何谓阴阳两补？必先识得太极开基（玄关现象），先天一阳（元炁）发生，然后将我这点真阳之炁投入丹田之中，犹父母交媾，精血合做一团，入于胞胎之内，此为先天真种，种在乾家交感宫，日运铅汞，渐生渐长，他日出胎，方成脱窍神仙。

古经云：“先天元神，体也；后天识神，用也。无先天元神，大道无主；无后天识神，大道无（法起）用。”

苟炁机大动，不行河车化精为炁、化炁为神之工，仍然凝聚丹鼎，奈未经火化，阴精难固，不能长留于后天鼎中，必动淫根，生淫事而倾矣。

乐育堂语录

可见学人修养之时，忽然静定，一无所知所觉，突起知觉之心，前无所思，后无所忆，干干净净，即乾元一炁之本来面目也。

静于神意，动于神机。

《定观经》云：“得道之验，第一宿疾齐消，身心爽快，行步如飞，颜色光耀。”

吾言之玄关一窍，（里面）是虚而灵之一物，才能了生死、脱轮回，为亿万年不朽之法身。

最忌神炁不均（不能冲和），（而）时离时合。

吾前云玄关一窍，实在神冥炁合，恍恍乎入于无何有之乡、清虚玄朗之境。此时心空似水，意冷于冰，神静如岳，气行如泉，而初不自知也。

若阳动药生之时，即将内之精神，一意凝于丹鼎，即是进火；将外之呼吸出入升降以包裹之，即是采药（原注：采之于初动之未形未象。若已形已象，即是后天）。

若但用外呼吸升降往还，而神不凝于丹鼎，则虽真机勃发，必散漫一身而无归宿之处。但若见阳炁勃发，以意凝注，而不用后天呼吸包裹之，则药炁止于其所，唯以壮旺下元，冲举肾气而已。

他如采大药于无为之内，行火候于不动之中，此是火药合一，进（阳火）采（取）无分（不采自采）。

人生天地间，不将自己性命修成，终为阴阳鼓铸、天地陶熔，莫说旋转乾坤、挽回造化，势有不能，即此一心一身俱被鬼神据滞，无以潇洒自如。

用工修炼，第一要调得外呼吸均匀，无过不及，一任出玄入牝，如如自如，可开则开，可闭则闭，为粗为细，略加收敛调协之意足矣；

切勿气粗按之至细，气浮而按之使敛，致令有形凡火烧灼一身精血可也。

学者调息凝神之际，务要寻得真意，认得真神，斯可浑合为一。

何谓真息？即丹田中悠悠扬扬、旋转不已者是。何谓真神？即无思无虑之中，忽焉有知觉，此为真神（真意、灵觉）。修炼家欲采元炁以化凡精，欲升真铅以制真汞，使之返还乾性，仍成不思不虑之元神，非采先天元息（之炁）不能。夫元息（之炁）在丹田，若有若无，不寒不暖，如火种者然，外不见有焰，内不知有火，只觉暖气融融，薰蒸在抱，斯无形之神火，自能变化无穷，神妙莫测。

修行人以无形之真火为用，而外面呼吸有形之火非谓全然不用，不过如铁匠之风扇吹嘘于外，以卫中间神息而已。

三丰云："大凡打坐，去欲存理，务令一枪下马，免得另来打战。"此等语非过来人不能知也。

终归大静大定。如此打坐，可以三五日不散。

三丰《道言浅近说》："大凡打坐，须将神抱住气，意系住息，在丹田中婉转悠扬，聚而不散，则内藏之炁与外来之气交结于丹田，日充月盛，达乎四肢，流乎百脉，撞开夹脊双关，而上游于泥丸，旋复降下绛宫，而下丹田，神炁相守，息息相依，河车之路通矣。功夫到此，筑基之效已得一半了。总是要勤勤炼耳。"

诸子近日用功，不可专顾下田。虽下田炁壮，自能升至泥丸，销铄上田渣滓；若神炁犹懦，未至圆明，须久久顾諟，不妨以真心发真意，回顾上田，则泥丸阴炁被阳炁一照，自当悉化，而头目不致昏晕也。

故古人谓“顶上圆光”者，此也。

夫以神炁不运于周身，则周身阴气不化，无非死肉一团，终是无用……使血泼泼，随心所用，无有阻碍，肉之躯化为活泼，令神炁运于周身，得到一身毛窍晶莹、肌肤细腻得矣。又不可贪神炁之周于一身，酥软快乐，流荡忘返，还要收之回宫，不准外泄，却不要死死执着一个穴窍认为黄庭。须知收之至极处，无非与太虚同体，浑不知其所在；时而动也，亦与神光同用，一动即觉，一觉即灭，前无所来，后无所去，仍一杳冥光景，还于无极焉耳。（眉批：无相光中常自在，始终离不得〇）

古仙云：“玉液炼己以了性，然后金液炼形以了命。”玉炼即修性是也（以炁伏神，不令外驰）。

此个玄牝门，不先修炼则不见象。必要呼吸息断，元息始行，久久温养，则玄牝（之炁）出入，外接天根，内接地轴，绵绵密密于脐腹之间，一窍（玄关）开时而周身毛窍无有不开，此即所谓胎息。如赤子未离母腹，与母同呼吸之气一般。生能会得此窍，较从前炼口鼻之气大有不同。生自今后须从口鼻之气微微收敛，敛而至于气息若无，然后玄牝门开，元息见焉（原注：息息要诀，始终全是神炁相依）。

昔人（邱祖）云：“念有一毫之不止，息不能定。息有一毫之未定，命不我有。”是知玄牝者，从有息以炼至无息，至于大定大静之候，然后见其真也。近日用功虽气息能调，究未归于虚极静笃，则玄牝之门犹不能现象。唯于日夜之际，不论有事无事，处变处常，时时以神光直注下田，将神气二者收敛于玄玄一窍之中，始则一呼一吸犹觉粗壮，久则觉其微细，则少静矣。又久则觉其若有若无，则更定矣。迨至气息纯返于神，全无气息之可窥，斯时方为大定大静，炼丹则有药可采，此可悟玄牝之门，此可见生身受气之初，是即真正玄牝之消息，以之修炼，可以得药成丹也。不然，有一息之未止，则神随气动，气与神迁，有何玄牝之可言哉？

眉批：评论玄牝之真实相○。张紫阳《金丹四百字·序》："须要知，夫身中一窍，名曰玄牝。此窍者，非心非肾，非口非鼻，非脾非胃，非谷道也，非膀胱也，非丹田也，非泥丸也。能知此一窍，则冬至在此也，药物在此也，脱体亦在此矣。夫此一窍，亦无边旁，更无内外，乃神炁之根，虚无之谷，在身中求之，不可求之于他也。此之一窍，不可以私意揣度，是必口传心授。苟或不尔，皆妄为矣。"

吾前言玄牝之门，其实玄即离门，牝即坎户，唯将离中真阴下降，坎宫真阳上升，两两相会于中黄正位（土釜、中宫），久久凝成一炁，则离中自喷玉蕊（心液），坎中自吐金英（金炁）。

坎离交媾，身心两泰，眼中有智珠之光，心内有无穷之趣。

"调停二炁生胎息，始向中间设鼎炉。"是知安炉立鼎，以锻炼真药，未到凡息停而胎息见之时，则空安炉鼎，枉用火符，终不能成丹。

夫炼丹有文火，有武火，有沐浴温养之火，有归炉之火，此其大要也。

数息以起刻漏（呼吸）者，武火也。迨至神稍凝，气稍调，神气二者略略相交，但未至于纯熟，此当用有为文火以固济之，意念略略放轻，不似前此之死死执着数息，是即文火也。古云："野战用武火（采取），守城用文火（温养）。"

文火，有意无意者也。

至于沐浴有二。卯沐浴，是进火进之至极，恐其升而再升，为害不小，因之停符不用，稍为温养足矣。此时虽然停工，而炁机之上行者犹然如故，上至泥丸，锻炼泥丸之阴气，此其时也。况阳炁上升，正生炁至盛，故卯为生之门也。酉沐浴，是退符之至极，恐其着意于退，反将阴气收于中宫，使阳丹不就，学人至此有当停工不用，专炁致柔，温之养之，以俟天然自然，此即为酉沐浴也，昔人谓之死之门是，是即吾所谓收敛神光，落于绛宫，不似卯门之敛神于泥丸也。然此不过言其象耳，学者切勿泥象执文，徒为兀坐死守之功夫焉。至于归炉封固，此时用火无火，采药无药，全然出于无心无意，其实心意无不在也。此即玄牝之门现其真景。然而此个功夫，非造到火候纯熟之境，不能见其微（妙）也。

论丹书所云:“初三一痕新月，是一点阳精发生之始，是为新嫩之药，急宜采取。”然以吾思之，不必据也……

古人谓“二分新嫩之水，配以二分新嫩之火”，庶水不泛溢，火不烧灼，慢慢地温养沐浴，水火自然调和，身心自然爽泰，而有药生之兆焉，然炁机尚微，药物未壮，不可遽用河车以分散其神也。此即初八之月，上弦一点丁火之象。若要搬运升降，往来无穷，必待药炁充盛，勃然滃然，上而眉目之间朗朗如星光点点——其炁机开朗无比，非谓果有星光点点纷飞而可见也——下而丹田之中浩浩然如潮水漫漫，其真炁流动充盈有如此……

有此景到，始知十五一团明月，遍满大千，普照恒河，即是大药初生，可以兴功采取，搬运河车，升之降之，进之退之，由是而温养烹炼之，日复一日，自然智慧日开，精神大长。眉批：未生用武，初生用文，过壮退符，大壮停符，既壮用武……故曰：“临炉定铢两，二分水有余，其三遂不入，火二与之俱”是其义也。

卯门沐浴者，所以防阳之过刚也；酉门沐浴者，所以防阴之过柔也。故丹法云：“内伏天罡，外推斗柄”，是其诀也。若药炁已生而行周天功法，内不伏天罡，则炁机无主，必有差度妄行之弊。若药炁已行，外不推斗柄，仍然死守中庭则无生发之机，犹天地以日月为功用，日月以天地为主宰，斯为体用具备，本末不违也。

真灵之知（性光），才是天地之根，造化之本。

调息凝神，阴阳交会，神息相依，而坎中之真阳生于活子时，由是动而采之，上升下降，活午时到，离中真阴生于其际，由是静以养之，收于玄玄一窍。世人只知静养，而不知动采，何以回宫？又或但知动采，而不知静养，何以结丹？此处切不可胡混。尤要知活子时到，所谓：“恍恍惚惚，其中有物，杳杳冥冥，其中有精。”

活午时到，离中虽有至阴之精兆而为象，如圆陀陀，光灼灼，犹非先天真精、太极立基之本也。要知此时惺惺不昧，天然一念现前，能为万变主宰，此即古人所谓心中之灵知，先天至真之精发现也。

太极之体，彼感此应，一动即觉，“时至神知”，先天真知。学道人须于此认得清，方得先天一炁。

惺惺不昧，天然一念现前，能为万变主宰，此即古人所谓心中之灵知，先天至真之精发现矣。唯有不即不离，勿忘勿助，得矣。

顾自后天言，肺之出气，肾之纳气，两相调和均匀，无或长或短之弊，自然无病，可以长生不老。然先天则金生水，即天一生水是，而后天则必自土而生金，金而生水，金水调匀，生生不息，故必节饮食、薄滋味、慎言语以养肺气，少思虑以养脾气，与夫一举一动节其劳逸，戒其昏睡，则土旺自能生金，金旺自能生水，水气一运，则脾土滋润，而金清水白，可以光华四达，无有违碍焉。

故虚无一炁，在先天而生乎阴阳（一生二），落后天而藏于阴阳。

修炼之道，人只知两重天地、四个阴阳，岂知先天后天阴阳之外，还离不得真灵之知，才是天地之根，造化之本也。

后天阴阳，借父精母血而生者。……先天阴阳，息虑忘机，默默回光返照于丹田一窍之中，以采取真阳之炁，烹炼至阴之精。此即先天阴阳生于虚无之际，不区区在色身上寻讨者也。

但初行持，须要知肾中一阳生，而有真知（元炁真觉）现象，心中一阴生，而有灵知（元神真意）兆形，到得功深学久，肾中之真知亦化为灵，心中之灵知亦化为真，真灵合而为一，真灵化而无有，所谓陀罗尼谛真灵乾谛萨婆珂者是。

未得药生之时，可数息以调息，至于药炁已归，切不可再用刻漏（呼吸）武火，须任其天然自然，元神始不为识神打散。

人之本性，非因静而后有，不过由静而养之也。

自乾坤破为坎离，已非旧物矣。坎离，外假而内真，学者宜先采坎中真阳补离中真阴，复还乾坤本来面目，即返还本原。法在以汞投铅，以铅制汞，复用天然神火久久温养，以汞铅虽先天之物，在人身气血中，夹带有阴气在内，故日运符火包围己汞，必将铅气抽尽，化为明窗尘埃片片飞浮而去，只存得一味灵妙丹药，再加九年面壁功夫，始能无形生形，成就一位真仙。

但若离宫修定（元神），不向水府求玄（元炁），则离宫阴神犹是无而不有，虚而不实，纵静中寻静，深入杳冥之境，只得一个恍惚阴神样子，终不能聚则成形、散则成炁、欲有则有、欲无则无、实实在在有个真迹也，故曰："修性不修命，万劫阴灵难入圣。"

又有只知炼命者，但固守下田，保养元精，前此未闻尽性之工，后此但求伏气之术，唯炼离宫阴精使之化气，复守脐间动气使之不漏，不知移炉换鼎向上做炼炁化神功夫，虽丹田气满，可为长生不老人仙，然炁未归神，神未伏气，有时念虑一起，神行气动，仍不免动淫生欲，故曰："修命不修性，犹如鉴容无宝镜。"

（吕祖《敲爻歌》："只修性，不修命，此是修行第一病。只修祖性不修丹，万劫阴灵难入圣。达命宗，迷祖性，恰似鉴容无宝镜。寿同天地一愚夫，权握家财无主柄。"）

必也性命双修，务令一身内外无处不是元精（动炁），无处不是元炁。到得精以化炁，无复有生精之时，然后精窍可闭。于此急行圣师口诀，用上乘法，行五龙捧圣之功，自虚危穴起，上至泥丸，降下丹田，所谓"四象攒来会中宫，何愁金丹不自结"者，此也。斯时凡息停而胎息见，日夜运起神火，胎息绵绵，不内不外，若有若无，炼为不二元神。如此炼炁化神，适为大周天火候。张紫阳云："终日绵绵如醉汉，幽幽只守洞中春"，又谓："绵绵密密，不贰不息，上合于穆之天。"如此抽铅添汞，以汞养铅，待到铅炁尽干，汞性圆明，外息尽绝，内息俱无，只有一点神光了照当空，是即炁化神矣。

学人初入定时，未至大定，犹为少阳，未炼到老阳之候，尤必惺惺不昧，寂寂无闻，不著有相，不著无相，庶元神才得超脱。不然，神有依傍则不脱，神有方所则不超，安能跳出天地阴阳之外，而不为天地阴阳鼓铸者？此炼虚一着，所以无作无为，无思无虑，纯乎天然自然之极。……此为最上上乘之道。

何谓元精？此精自受生之初，阴阳二炁凝结一团，如露如珠，藏于心中为阴精，即天一生水是也。其未感而动也，只一炁耳；及乎有触而通，在肝则化为泪，在脾则化为唾，在肺则化为涕，在心则化为脉，在肾则化为精……所谓“涕唾精津气血液，七般灵物总是阴”。

静则为炁（元炁），动则为精（动炁）。

火候之事别无机密，只是一个勉强自然、分文分武而已。……总要将后天凡息停止，不可丝毫运用（原注：河车最忌凡息）。

学道人第一要炼剑，剑即先天元炁也。第二要铸镜，镜即先天元神也。是无杂妄，常常唤醒，不许走作，即明镜高悬，物来必照。慧剑排空，能斩三尸矣。

既明修炼要采阴阳之炁机以为长生之药物，尤要得太极之混沦才是神仙之根本，二者不容偏废也。

元炁与胎息虽二，实一也。若无先天元炁，则后天之胎息无以生；无后天之胎息，则先天元炁无由寄。

凡息一停，胎息自动，而生死由我也。到得真息大动，而神仙果证也。生等须知，胎息之用，有勉强、自然之分，为文为武之用，胎息即成仙之首务也。

人心不死，道心不生。凡息不停，胎息不动。

火候之事，别无机密，只一个勉强、自然，分文分武而以。

火候之说，不过内、外呼吸尽之。

周天火候，只一个温温神火，不即不离，不丢不弃，凝其神，柔其意。

活午时：泥丸静养，阴精化甘露，滴入绛宫，冶炼片时而后化金液，归丹田养成珠。

纵有后天之息未止，我亦不理它，只心心念念融会先天神息……与他做一个主，即得先天神息之用。

以神驭炁炁归神，不必他术自长生。

无为之中，有个真正主人（元神真意、灵觉）为我主宰，方不落空。

先离宫修定，再水府求玄——以性摄情。

每日行功，到阳炁一生，务要顺其上升之常，若稍有壮旺，即行沐浴；到阴炁一起，即行下降之功，恐阴炁太盛更行沐浴法。定静片晌，不行火，不退符，如此暂休，纯任自然。

周天之功，一半天然，一半人力，学者药生之初，微微用一点力，久之者，纯乎自然，而不假一点人力。

转法轮之际，外除耳目，内绝思虑，一点真神，领炁循环，不引不失之间，二者不容偏废也。

外调口鼻之凡息，内蕴呼吸之神息，一上一下，往来不息，氤氲无穷。

夫玄关一窍是修士第一要务，然不得太极无极之真，焉得玄牝现象？如曰有之，亦幻而不实。夫修丹之要在玄牝，玄牝乃真阴真阳混合而为太极者也，但未动则为浑沦无迹耳，故曰无极。由无极而忽然偶动，即太极动而生阳，静而生阴，一动一静互为其根。此阴阳炁机之动静，即万物之生成肇焉。

大修行人将神炁打成一片，于此而动，是太极之动，神与炁两不相离也；于此而静，是太极之静，神与炁自成一致也。其曰："坎离交而生药，乾坤交而结丹"，亦无非此真阴真阳之动静为之，亦无非此太极圆成之物致之。

动亦定，静亦定，如此动而神炁一，静而神炁一，自然日充月盛，学成金仙。

《水火真经》："欲从心起，息从心定。心息相依，息调心静。"

吕祖："大凡学道，先须炼心；既炼其心，尤须伏气，无论睡眠，而道俱在其中。道岂在坐乎？""炼心伏气，入圣之梯，亦即是性命双修。"

试观古圣仙真有二三十年而未得入门者，盖以此心未曾炼得干净，纵有玄关妙诀，何由行得？此炼心所以为第一步功夫。

炼心……尤须加一调息功夫，方是炼命之学。然调息非闭气之谓也，必要慢慢操持，始而有息，久则息微，再久则息无，始是命学之真。

须心无出入，息亦无出入，方是性命兼修之学。

夫道曰炼己，不是孤修独坐清净自好者可能了得本性光明，故吕祖炼道于酒肆淫房，邱祖养丹于丽春院。（“临事不动心，真是不动心。”“坐中有妓，心中无妓。”）

炼己事大……如不宝精裕气，则神不入炁，炁不伏神，不能打成一片……如此神了神，炁了炁，不相凝聚，焉得无息之息以成先天法身、不神之神以配两大乾坤乎？

（《论语·季氏》：“君子有三戒：少之时，血气未定，戒之在色；及至壮也，血气方刚，戒之在斗；及其老也，血气既衰，戒之在得[贪]。”）

元神。药生无此元神，是为凡精无用，不能结胎；还丹无此元神，是为幻相，不能成婴。

又云玄关一窍即此偶然感动之阳神，又云玄牝之门亦此阳神之触发，然有分别。玄牝之门，是阴阳交媾之后，一元之炁氤氤氲氲始有征兆。若阳神，则是氤氲活泼之炁中灵而觉者是。虽然是二，究竟一也。

学者下手兴工……久之一息去，一息来，息息相依，恍觉似有非有，似虚非虚，那口鼻之息浑若无出无入，此即修凡息停而真息见，坐到息息归元之候矣。

修炼至此，又必再加锻炼，将那先天元息慢慢向炉中吹嘘，久久调和，忽觉丹田中滚滚辘辘，不有如有，非真似真，恍若有一清明气象，但不可起明觉心。如起明觉心，又堕于后天知觉，而不可语先天玄妙矣。

当玄窍初开，不过其极甚微，及养之久久，直觉平日之气息不能收纳者，至此自然收纳，平日之心神不能静定者，至此自然静定。

学人欲归根复命，唯将此心放下，轻轻微微，以听气息之往来。……此个听息一法，正凝神调息之妙诀也。

尤要知此个胎息非等寻常，是父母未生前一点元炁，父母既生后一段真灵，性得之而有体，心得之而有用。在天为枢，在地为轴，在人为归根复命之原。人若希贤希圣希天，舍此胎息（之炁），无以为造作之地也。

诸子近来用工，唯将心神了照不内不外之际，虚心听气息之往来，庶几神依息而立，炁得神而融，未生前一团胎息（元炁）可得而识矣。由是言之，此个胎息（元炁），诚修炼之要务也。

古云："入定功夫在止观。"何以止？止于脐下丹田。何以观？观于虚无法窍（炁穴）。如此则心神自定，慧光日生，以之常常了照于不睹不闻无声无臭之地，而胎息常在个中也。

若但粗定其息，未入大定，此个胎息尚非真也。未到如如自如之候，而凡息暂有停止，即谓胎息自动，则失之远矣。人到胎息（元炁）真动，一身苏软如绵，美快无比，真息冲融，流行于一身上下，油然而上腾，勃然而下降，其气息熏蒸如春暖天气熟睡方醒，其四肢之快畅真有难以名言者。眉批：胎息真境。

当夫静坐之时，一心返照于虚无祖窍……尘垢一空，清明常见，庶几混混沌沌中落出一点真意，即是先天之意。从此有觉，即先天之觉，从此有动，即先天之动。

玄关一窍愈求愈不见也。今教生于动静之际，无论炁机动否，我唯以了照之心觉之守之，则主人常在，而大丹不难成焉。

总之，清明之神由混沌而来，故古云：“修道之要，不在尘劳不在山，直须求到杳冥端。”夫杳冥端，即虚极静笃时也。

要之此个杳冥不是空空可得，须从动极而静，真意一到为之造化，才能入于杳冥。及静极而动，此时阴阳交媾，将判未判，未判欲判，恍恍惚惚中，忽觉真铅发生，全赖元神为之主持。……至于气机之消长，且听其盛衰，而主宰（之神）切不可因之有消长，此即真正妙诀。

古人谓“玄窍一开，即如太极一动，阴阳于此分”，又谓“伏羲一画，两仪于此兆”，其间千变万化，无穷无极，莫不由此混沌一刻立其基。

夫胎息（之炁）非口鼻之凡气，非丹田之动气（混元气炁），非知觉之灵炁。原人受炁之初，父精母血媾成一团，此时是个浑沦事物，并无气息往来，只是个中微有一缕热意与母脐腹相联。自脱胎而后，剪断脐带，即另起呼吸直从口鼻出入，而天地一点灵阳之炁只落于中丹田，凡息一启，胎息即隔，一点元炁不能住于中者，自离母腹时已然矣。虽然，莫谓竟无也。

人能一心静定，摈除妄幻，回光返照于印堂鼻窍，自然渐渐凝定，从气海而上至泥丸，旋复降至中田，何莫非此胎息为之哉？虽然，若但粗定其息，未入大定，此个胎息尚非真也。未到如如自如之候，而凡息暂有停止，即谓胎息（元炁）自动，则失之远矣。

人到胎息（元炁）真动，一身酥软如绵，美快无比，真息（之炁）冲融，流行于一身上下，油然而上腾，勃然而下降，快畅难以名言。

凡息（之气）一起，胎息（之炁）即隔。先天之胎息（元炁）非得后天之凡息（之气）无以运行；后天之凡息（之气）非得先天之胎息（元炁）无以主宰。人能凡息一停，真机一现，凡息都是胎息。若杂念未除，尘心未尽，纵胎息亦是凡息。

其中胎息一动，不要死死着于丹田，必于不内不外之间，观其升降往来，悠扬活泼，即得真正胎息也。

人心不死，道心不生，凡息不除，真息不见。故必动极而静之际，忽来真意以主持之（己土、属阴）。少焉恍恍惚惚，似梦非梦，似醒非醒，于此定静中，忽觉离缕热气，混混续续，兀兀腾腾，此即神融气畅，两两交会于黄房之中，不由感触，自然发生，此即玄关兆象、太极开基也，唯用一点真心发为真意以收摄之——（此意属阳，为戊土。其实一意，不过以动静之机分为戊己二土而已）。盖以玄牝（窍）未开，混沌之中有此真意为主，即无欲观妙之意（无名天地之始）。及玄牝（窍）开而真机现，即有欲以观窍（有名万物之母），生天生地生人生物，皆此一点真意为之机括——我于此即以真意运行。

久之炁机大有力量，一任其所至……得到炁机壮旺，一静即天机发动，迅速如雷，虽一切喧哗之地，闹嚷之乡，其机亦不能禁止。总要有灵觉之心，庶无差忒。

学道人当其龙虎相斗，水火相射，一似春夏之万物滋荣，我于其中须如如自如，了了自了，不随炁机之动而动，是即阳里生阴也。及炁机一静，龙降虎伏……于寂寂之中而有惺惺之意，在我不随炁机之静而静，此即阴中含阳也。

我是宁静……呼吸之息若有若无，思虑之神无出无入……唯以主人翁坐镇中庭，不动不摇，如此温养，自有真阳从虚无窟子出。若不由它自动，却一心去推移斗柄，皆由我之造作存想而来，一任搬运不停，终年竟月，只是后天识神引起后天凡气，不可以成丹也。

我以主人翁安神静坐，看守其中。所以学道人无不有丹，只为起大明觉，夹杂后天识神而散者有之；即不起明觉，神昏气倦，所以丹之不结，道之难成也。

从今后静坐一次，管它杳冥不杳冥，总将我元神发为真意以为之主；其杳冥境到，阴阳交会，我以真意主之；即至杳冥久久，真阳发生，我亦以元神主宰之而变化之，此外不参一见，加一意，方是吾师（黄真人自谓）上上乘修炼之道。

坐下存神于听……垂帘塞兑，回光返照于玄玄一窍之中。始而神或不凝，息或有相，不妨以数息之武火微微的壹其志、定其神。如是片晌，神凝息定，然后将心神放开，不死死关照虚无一窍，唯存心于听息（听心息之相依，神炁之相融）。此个听字，大有法机。庄子云："壹若志，无听之以耳，而听之以心；无听之以心，而听之以炁。"要之此炁，不是口鼻之气，不是肾间动气，更不是心中灵炁；此炁乃空中虚无元炁，生天生地生人生物者此也。唯能存心于虚无一炁，此心此神即与太和元炁相往还，所谓神炁合一烹炼而成丹也。若著凡息，还不是神与凡息相交，又何以成丹哉？经云："不神之神，真神也。无息之息，真息也。"我须于混沌中落出先天一点真意，以之翕聚元炁，是元神与元炁相交，而大道可成。苟有粗息，我即轻轻微微将此凡息收敛至静。到凡息已停，不问他元炁动否，而元炁自在个中矣。我当凝神以正，抱意以听，此阴阳交媾之一端也。我一心以听，即耳窍常闭而众窍无音也。此个听法，第一修炼良法。如此久听，自然真阳日生，而玄牝（窍）现象矣。

下手初基，要知人无精则无气无神……但云精不知生精，又将何以为用哉？黄帝云："精不足者，补之以味。"后人解释，有节饮食薄滋味之说。又古人云："精以静而后生。"术家以搬运按摩动摇其精，误矣。广成子云："毋摇尔精，毋劳尔形，毋俾尔思虑营营，乃可以长生。"此可见保精之道又在乎身无摇动、心无杂妄矣。

人果能凝神调息方寸，一心不散……上下相融，自然成雨，精之生矣。

古云："药出西南是坤位，欲寻坤位岂离人？"……一点灵阳正炁，本来人矣！无作它想！

欲穷生身受炁之初那一点虚无元阳，必先向色身中调和坎离水火。迨后天水火既调，然后坎中一阳自下而上，离中一阴自上而下，上下相会于虚危穴中，烹之炼之，而先天一炁来归，玄牝之门兆象矣。此坎中一阳、离中一阴，即内财也。日夜神火温养，不许一丝渗漏，即积内财也。能向自家身心寻出一个妙窍，即内法也。前言本来人，即内伴侣也。云虚危一穴，即内地也。

天地之生人也，同是混元一炁，此炁即太和元炁，在清空中浑沦无间者是。

明得金丹大道系清灵之炁结成，而清灵之炁又不自来归，必假我身中真阴真阳然后可以召摄得来，古人谓"二八同类之物"是也。

"两重天地，四个阴阳。"夫一呼一吸，即阴阳也；阴阳原一炁，一炁散而为阴阳，此凡阴凡阳也。……调此呼吸，以目了照于丹田中，以息下入阴跷，提起阴跷之炁上黄庭，又以息引起绛宫之阴精下会丹田，此亦凡阴凡阳。久之阴精与阳炁两厢交融，凝于丹田土釜中，自然阴精化为真阳之精，凡气化为真阴之炁，蓬勃周充一身，此即真阴真阳，与元炁不相远也。

天然元炁来归，不离阴阳，亦不杂阴阳……务要有安然天然自得光景，方见本来面目。

董子："正其谊不谋其利，明其道不计其功。"

凡人未生以前，此个灵神原在清空一炁中，即神机一动，而天地之元炁即随之而动，盖元炁无有知觉，唯神有知觉，故此元炁即随神之号令而合为一体，此尚未着人物时也。迨至神炁合一，而投于父母胎中，人则十月形全始生，仙则十月炁完便出，同一般作用，无有二也。

神炁交也，真阴真阳在也，而天然一点元炁即在其中，不必他求矣。此真阴真阳会和而成，即是阴精。外边元炁，即是真阳。

至于玉液已成，再炼金液之丹，不得不寻僻静之区鸡犬不闻、人迹不到之处以修之，古云"养气于山林"是也。

论近时修炼，不拘前根，只论眼前积功累行，好道求师，亦准一劫造成。

以虚（灵）为君，以阴阳为臣。……然虚有几等：不是空空之虚，乃实实在在之虚……活活泼泼之虚。

不得真虚则不灵，不得真阴真阳，则不能变化无穷、生育不测。

意有先天之意，有后天之意。必从后天有意之意（己土）下手，然后寻先天无意之意（戊土），庶戊己合而为刀圭焉。……双目微闭，采阴跷之元息（炁），纳心中之神炁，会于黄庭宫中，观照久久，忽焉混沌片晌，入于杳冥……无觉之时，忽焉有觉，此即先天之真意，戊土是也。

邵子云："乾遇巽（老阴、静虚）时观月窟（丹扃），地（坤）逢雷处（阳生活子时）见天根（阳生）。"二句即进阳火退阴符之大要也。到阳炁已极，重阳之下忽有一阴生，此即乾遇巽时也。乾，纯阳也，巽为老阴。学到人行功而至于阳升已极，蓬蓬勃勃充周于头目之上，其势有不可遏者，我即静定片刻，停火不行，不知不觉即有一阴来生。夫以上行之炁机至此而转为下降，即阴生于巽也。到阴生之时，即真正活午时，我即行退符之法，以目下观丹扃（中宫、土釜），不似进火之凝神于泥丸，即顺阴生之常也，是谓之观月窟。至若卯门沐浴，即阳气上进于中正之位，是阴中阳生其半也，故酉沐浴者，即阴气下退于中正之位，是阴中阳生其半也。苟阳气太升，则阴气必亏，阴气太降，则阳气必陷，唯进火而不过进，且于中行卯沐浴之法，退符而不过退，更于中行酉沐浴之方，自然阴阳燮理，性命双完矣。（眉批：卯酉沐浴，归炉温养，火足之后，纵有动机亦宜入定。）

每日行功，到阳气一升，务要顺其上升之常，若稍有壮旺，即行卯沐浴法；到阴气一起，即行下降之功，恐阴气太盛更行酉沐浴法，定静片晌，不行火，不退符，如此暂休。到纯任自然，斯道得矣。

学道之要，唯以真意（灵觉）为主，所谓以真土擒真铅，以真铅制真汞，三家合一，两性交欢，斯道在是矣。然用意之法有二，一为动时之意，一为静中之意。丹书所谓外黄婆者，通两家之和好，故无位而动（动而采）。……内黄婆者，传一时之音信，故有位而静（静而养）。

且真阳即真胎婴也，然亦有二焉。一为坎中之阳……可成不饥不渴之人仙。一为虚无中之阳，可成出有入无之圣真。学者须从坎中之阳加以神火锻炼，复完纯阳之体，再从天地中安炉立鼎，采取太虚一炁归于虚无鼎炉之中，饵而服之，自成无上金仙。

总之，阴阳无端，动静无始，不可以方所拘者也。

觉与意，二而一者。不过以无心无意，偶尔有知，谓之真觉。迨一觉而后，我必加意用心调停蕴蓄于其间，则为真意。然意发而心仍无有物，始为真意，与我先天一点真觉不甚相远。所以无心忽觉为真觉，一心内守为真意，其实皆一觉而已，一意而已。学人欲采药炼丹，除此一觉则无本，除此一意则无用。真意实从一觉之后，只一心，无两念……

“一阳来复见天心。”此时一知不起，一念不动，忽焉一觉而动，一惊而醒，犹“亥末子初交半夜”是。学者于此须凝神入炁穴。此个炁穴，非在有形有象肉团子上，是神炁合一之炁穴也。神炁聚则有形，神炁散则机息。学人坐到凡息停时，口鼻之气似有似无，然后胎息（元炁）从下元发起……

“一元兆象，大地回春，桃红柳绿，遍满川原”是。于此收回药物，采入金鼎玉炉，锻之炼之，大丹可成矣。

金鼎非真有鼎，玉炉非真有炉，亦无非神炁合一凝聚于人身气海之旁，即男子媾精之所，女子系胞之地是也。然亦不可死死执着此处烹炼也，不过以人身元炁一阳来复，神炁交会于此，归根复命于此，烹炼神丹、采取归来离不得此，除此而外，别无修炼之处。若执着此处，未可以成神胎也。须知神炁团聚一区，恍惚若在此，又若不在此，方与虚无之丹相合。

初步工夫，如嚼铁馒头，了无趣味。唯有耐之又耐，忍之又忍，于无滋味中不肯释手，自有无穷真味出来。

离宫所修之定、性，乃气质之性，而未可言虚无之性也。唯有坎宫是我先天一点真正乾阳，下手兴工，即从此处用神光了照，久久自见本来面目……

前言守中，是坎离交之事，故但观气息之上下往来，归于中黄宫内，所谓神炁交而后性命见。至真阳一生，以坤炉之药物引之上升于于乾顶，此为乾坤交，而未始性之性、未始命之命见。此为以水灭火。若非得真一之水，必不能伏后天阴神也。

调其呼吸，顺乎自然，一出一入，不急不徐。如此调息，虽属后天凡息，然亦是自在真火。以此烹炼一番，将那后天有形之精忽然化为元精（动炁）。到得丹田有氤氲活动之炁（元精）现象，即是化精之候。试思凡精，有形也，元精，灵液也，犹如口中真津一般，不经真火一灼，万不能化为元精。此时究何凭哉？吕祖云："曲江月现水澄清，沐浴须当定主宾。若到水温身暖处，便宜进火办前程。"水温身暖，的是化精之验。

无思无虑，一任自然之火，精方是元精，炁方是元炁。从此元精一动，元炁即生。

凡气之动，但见其暖，不见有逍遥自在之处。唯真一之炁动，此身酥软如绵，美快无比……只觉清凉恬淡一般趣味。

（眉批：采药须用火无火，而再以眸光专视中田，留宁不怠。）

凡息停而胎息动，真津满口，即验元精产矣；周身踊跃，即是元炁之动也；美快无比，元炁藏于个中也。即“抽铅添汞”“还精补脑”“以虎嫁龙”。

河车工法，一半天然，一半人力。

度人要普度世人，若度一二人登仙证圣，犹微也。

所谓“片晌龙虎频斗罢，夺得金精一点生”，此霎时间事耳。然得之虽易，守之实难。不行子午河车，不用逆施造化，是由窑头泥瓦未经火炼，一遇雨来，仍化为泥。其必速采此一点阳炁，以之升上泥丸，配合阴精，然后飞者（汞火）不飞（不外驰），走者（铅精）不走（不漏泄），合成一块紫金霜，不怕历遭磨折，且愈炼愈坚也。

道之不行，由于道之不明，亦因道之不明，愈见道之不行。

吾师（真人自称）此山设教，其得吾真传者仅有数人，人才之难如此！

又言天心为主、元神为用者何？天心即寂然不动之中而有一个主脑，元神即感而遂通之后并不知所从来，此皆自然而然，一灵炯炯，万象咸空，虽日用百端，而天心元神究不因之有减损也。

夫内动阳生，实由静定久久自然而生者。有由偶尔入定，当下即生者，此神入炁中，融洽为一之象也。……我于斯时，唯有坐镇主人，凝定中宫，务使内想不出，外想不入而已。

吕祖:“温养两般,内神火而外符火。保全十月,去有为而就无为。”

柳仙:“一息去,一息来,息息相依莫徘徊。”……周流一身上下,往来无穷,息不期调而自调,精不期炼而自炼,所谓“真橐籥”,又谓“长吹无孔笛(调息),时鼓没弦琴(调心)”者是。

无论有效无效,务要用一点神光微照,为我主张。

玄关一窍,正阳生活子时。吕祖云:“万有忽一臭,地下听雷声。”古仙云:“忽然夜半一声雷,万户千门次第开。”玄窍之开,真阳之动……张祖(三丰)又云:“雷声隐隐震虚空,电光灼灼寻真种。”……即此倏忽杳冥、忽然惊醒之一念也。

入定时凭空一觉(真觉。今觉返本觉),即是我本来面目,急忙以真意护持,切勿稍纵……不可延迟,迟则无及也。故曰:“以前不是,以后不是,露处只在一息,一息之后不复见焉。”

(自注:白玉蟾《玄关诀》:玄关者,求玄之关道,玄妙之机关也。有体有用。何谓体?寂然不动。何谓用?感而遂通。……“念头起处为玄牝”是也。念头起处,醉而复苏,有一个灵觉,当下觉悟,是又一关也,“时至神知”是也。)

故曰:“从无知无觉时,寻有知有觉处。”

古云:“圣人传火不传药,传药不传火。”火候之说,不过内外呼吸之息尽之。……炼时谓之为火,火中自有药在也。然只是一个动静而已。动而有形,喻之为药;静而无象,拟之为火。此殆无可名而名,无可状而状者。

“以神驭炁炁归神,不必它术自长生。”……火即神也,候即息也。……要之,此个火候要天然神息……动而有形,喻之为药;静而无象,拟之为火。

张继先（虚靖天师）《大道歌》："道不远，在身中，物则皆空性不空；性若不空和炁住，炁归元海寿无穷。欲得身中神不出，莫向灵台留一物……神若出，便收来，神返身中气自回。如此朝朝并暮暮，自然赤子产灵胎。"

古人谓"药老不成丹"，即假后天阴识故也；"药嫩不可取"，即是阳炁未见兀兀腾腾氤氤氲氲之象，即以意采之。

见性在一时，而炼性在终生。唯能以先天元性为本，时刻操持，自然日积月累，而得缉熙光明之候。如初见性时，不过混沌中一觉，不能八面玲珑，必养之久久，吾身元炁与太虚元炁无间，方有此境。

凝其心神，调其气息，任其自然而然，一往一来，一开一阖，呼而出，不令之粗，吸而入，不令之燥，久久自无出入，安然自在，住于中宫，此即凡息停也。凡息停，胎息自见。如此慢慢涵养，自然真炁冲冲，上达心府，此展窍也。盖以真炁有力，直冲乎绛宫，庶几一身毛窍亦有自开之时。

所谓"一窍相通，窍窍光明"是，又谓"一根既返本，六根成解脱"是。学者行功到此，始可自虚危穴起，往后而达尾闾，直上泥丸宫，若但炁机微动，或仅冲心府，不见七窍大开，又不见一身毛窍眼皆开，此非真展窍时，切不可骤运河车。况无水行火，必烧灼一身，务要有此景况，方得内真外应，外感内灵，吾身之炁于太虚元炁合为一体，所谓真药者，此也；又谓"人盗天地之炁以成丹"者此也。

"静中阳动金离矿，地下雷轰火逼金。"真阳始生之初，只宜轻轻微微采取提升，古云：“二分新嫩之水，以二分火配之。”到得升而至腰脊，斯时炁机蓬勃，略有冲突之状，又不妨意思著紧。至若真阳不见大动，不妨久久静养，十二时中无有间断，自然炁满药生，不须三两月为也。

周天工法。药生杳无气息可寻，忽焉坎离一交，“偃月炉中玉蕊生”之候也。……进火之时，轻轻微微用起后天呼吸，将元炁催促上于泥丸顶上……药炁上引，周身踊跃，炁机运转回旋，无有一毛一窍不到者，恍觉身如壁立、意若澄渊。此真阳盛之时，正阴符起手之时，所谓阳即生阴，斯其旨也。行工至此，须退而向下，不可仍用催迫之力。

卯门宜沐浴。即当退火停符，一心了照，不东思西想足也。

女子丹法。忽然一阳初动，“冬至阳生，活子时至”之一候也。我于是回光返照于乳房，是为水源至清，可以炼神仙上药。

日夜唯有关照乳房之中，出入之息一上一下，任其天然自在，其呼而出也，上不至冲动头目，其吸而入也，下不至冲于水府，一听缓缓而行，悠扬自得……久久从事于此，自然阳气发生，一身健旺非常。

筑基了性，还丹了命。三花聚顶，五气朝元，凝成一个法身。

炁为心之灵，神即性之虚。

无色身法身无依，无法身色身徒具。

将性以立命，即以虚无之性，炼成实有之命，生出百千万亿化身。

性地初圆，谓之性阳生；后天则为性光见，大道称为精（汞精）阳生。此精降入水府之中，以元神勾起一点乾宫落下（之那）一点元炁回来，即是以精炼而为炁也。若窍初开，即下水府（炁穴）去炼，则为药嫩不可采；若到蓬勃充周已久，炁机已散，则为药老不可采。

从此精入炁中，火降水里，再运天然神息，自阴跷摄入中宫，与离中之精配合，自然水火既济，神炁扭结一团。此须知"常守药炉看火候，但安神息任天然"，切不可再向阴跷问津。

当其神炁初交，炁自涌泉直上，炁欲冲天，运河车时也。于是以意引导，凝而不散，不偏不倚，而轮自旋转不息矣。运至上顶（乾宫泥丸），归到极处，即为阴之初生，降至黄庭（中宫土釜），归炉封固，杳无踪迹，是为一周。再养之，至动时又炼，如此循环不已。

玄关现象不只一端。炼精化炁有精生之玄关（现象），练炁化神有炁动之玄关（现象）。真精（铅炁）藏阴跷一穴，从混沌一觉摄归中黄正位与阴精（汞液）炼而为一。

老嫩：若未混沌，斯为无药；若已混沌，未与神融为一，便去阴跷采取，斯为药嫩（神未全），不堪入炼；若混沌一觉（神知），未及时提取，待一觉之后有觉他事，一动之后又复动而外驰，斯为药老，更不可用。

炁阳生。神即离中之神火，炁即坎中之神水，迨至神炁合融，宛转丹田 吾身灵炁与天外来的阳炁合一，为炁阳生，玄牝现象，"天地相合，以降甘露"，露即外来灵阳之炁是。

谷神不死。谷即虚也，神即灵也，不死即不昧也。

“要得谷神长不死，须凭玄牝立根基。”夫谷神何以必依玄牝哉？以虚灵不昧之主宰，必于玄牝之有形者形之，其实是无极也。

命蒂：水中金生，铅中银出，阴中阳产，坎吐金花，长生之本。

玉液：后天中之先天，灵液，津精。

其效见于一时半刻，其功必待三年九载，而其得力全在养我慧光、铸我慧剑。

古人云慧光：“在天为日月，在人即两目。”慧剑：“在天为风雷，在人为神炁。”

学人……补天地之偏，培造化之缺。故曰：“人者，天地之心也。”苟无至人出世以参造化之权，赞天地之化，则天地亦成混沌之天地，而不能生育无穷也。

历观古仙，无一个不是晚年闻道，到百余岁始证金仙。

邵雍：“学不际天人，不足以谓之学；学不至于乐，不可谓之学。”“美酒饮到微醉后，好花看到半开时。”

离宫光显“性阳生”；神火下照，水底金生，炁阳生，“命阳生”，活子时。

人欲长生，除此守中、河车二法行持不辍，别无积精累炁之法焉。

此中所生阳铅，是从坎中生出，阳即是灵父。……从虚危穴起火，而上至泥丸，我于是凝神泥丸，温养阴精，即以灵父配圣母，以阳铅配阴汞，以阳炁制阴精，此为灵父圣母交而产药。

若无外炉火候调分文武，则虽天然真火虚灵洞彻，则亦仅能了性，不能立命。此内外二火，一性一命之火也。且人有内火而无外火，则性无以恋命，命亦无以恋性，是谓孤阴不生，独阳不长。

凡呼吸与真呼吸，二者一体一用也。无先天神息，则凡息无主，无后天凡息，则真息无自而生。

无性（元神）则无丹本，无主宰。

此性原在离宫，理宜离宫修定，始见本来性天。不知此特气质之性（众生所禀之个性、特性：猫捉耗子狗吃屎！），而未可言（大道）虚无之性也。学人欲见（大道）真性，求之离宫难矣。唯有坎宫，是我一点真正乾阳（坎中之满、水中之金、乾精道炁）。下手兴工，即从此处神光了照，久久自见本来面目（先天一炁、太极真种）。

总之，药朝上阙，泥丸炁满药灵，有一片清凉恬淡之象，即阳炁上升于头目，宜退阴符之时也。此时不须引之降下，但以神主宰泥丸，意注于高上之天，自然循循降下重楼，入于绛宫，温养片晌，导入丹田，与炁打成一片，和合一团。斯时不进不退，无出无入，静候个中消息，再行周天。

凡精者何？口中甘露，元精即甘露中一点白泡，如珠玉者。

"毋摇尔精。"精即汞，心中之灵液，元神之所依托者。

盖元炁，母炁也；胎息（之炁），子炁也。元炁与胎息（之炁）虽二，而实一也。若无先天元炁，则后天之胎息无以生；无后天胎息，则先天之元炁无由寄。……是知凡息一停，胎息自动，而生死由我也。

以神为胎之主，以炁为胎之辅，以息助胎之成，故胎息即成仙之首务也。

天根者，天一生水之根，坎中一阳也，资生之根本。

月窟者，月亏而有窟，在一身之泥丸。

月者，金水之精，人身之用，坎水也。

吾言之玄关一窍，是虚而灵之一物，才能了生死，脱轮回，为亿万年不朽之法身。

动静无端，玄关亦无端。阴阳无始，动静无端，胎息为玄牝之门，打开玄牝之门，玄关窍也就大开。一息未止，则神随炁动，炁与神迁，有何玄牝之可言哉！

玄牝、元牝，生生不息义。

药产有时——玄关窍开，此其时也。神炁相恋，玄牝体立。

父母媾精时，一点灵光坠入胞胎内，是为玄牝之旨。未归虚极静笃，则玄牝之门犹不能现象，炼丹亦无药可采。

其实“玄”即离门，“牝”即坎户。为将离中真阴下降，坎宫真阳上升，两将混合于中黄正位，久久凝成一炁，坎离交媾，身心两泰，眼中有智珠之光，心中有无穷之趣。

“调停二炁生胎息，始向中间设鼎炉。”否则空安炉鼎，枉用火符，烈火烧干锅。

他若玄关一窍，并无形色可窥，亦非心肾之炁两相交会始有其兆。但心有心之玄关，肾有肾之玄关，不经道破，不成佳谛。始而以性摄情，忽然肾炁冲动，真机自现，此肾之玄关（现象）也。继而以情归性，忽焉心神快畅，炁机大开，此心之玄关（现象）也。即真知灵知之体也。人能于此立得住脚跟，不为他物而迁，自然日积月累，以几于光明之域。要之，玄关何定，到得大开之时，一身之内无处不是玄关（现象），一日之间无事不是玄关（现象）。此非粗浅人所能识也。

呼吸之火，能化谷精之气而生元炁，元炁之火能化呼吸之息而生元神。

大凡修道炼丹，虽离不得真阴真阳（离中之虚、坎中之满），若无太和元炁（先天一炁、元始祖炁），则丹无由结，道亦难成。盖道（胎）原太和一炁所结而成也。

元始祖炁，含一点真阴真阳。真阴真阳同类。神炁立而坎离生，坎离交而元精产——白虎首经至宝。

黄芽有两种：初三新药；十五大药。

癸铅——炁；壬铅——神炁意。

铅花（元炁）现（于后天）癸尽时（阳生）。还丹大药铅生癸（尽）后，铅生则采之。金（元炁）逢望远（十五月圆、超过十六之后一阴生矣）不堪尝，唯于五千四十八日癸水初潮（十四月将圆满）之后，斟酌用功，擒住首经至宝，乃为上上。癸生为十四（二七时，有真机）癸尽为十五，一遍阳光，正此时也。以人身而言无非大静之大动尔，采而吞之。

若不知保养后天，徒寻先天元炁，势如吹沙求饭，万不可得。

坎中真阳活子时，动而采；离中真阴火午时，静而养。

人之神在心，心之机在目，心向外驰是情，心向内收是性。此心一定，心火下降，肾水上升，心水既济，口饵甘津。内有天机，必待师传。

子时——药旺活子时，坎离一交，“偃月炉中玉蕊生”，暖炁融融，不老不嫩，过关穿窍进阳火。

午时——药朝金阙，进火上顶（泥丸宫），阳极生阴时，退而向下。

卯、酉二时，一心了照（沐浴、温养）。

胎息成，玄牝立，炁机自然生生不息。

有间断，即非胎息（心息相依，绵绵不断，真胎息）。

至于炁机之消长，且听其盛衰，而主宰（之神）切不可因之有消长，此即是真正妙诀。

两重天地——先天后天。四个阴阳——一呼一吸，凡阴凡阳。不呼不吸，真阴真阳。

浑身上下炁冲天，正是河车运转时。

“下重楼而服食之”，是得坎实点离阴（抽坎填离），名乾坤交媾也。正是中丹田事。

（经小周天）炼作纯阳之炁，则有大周天火候。

至若河车未动，不妨以守中为主，养育胎息（之炁）为是。

务要炼出胎息（之炁），色身方有主宰，且有变化之妙。……不但祛病延年，即仙体亦于此固结焉。

但若外阳勃举，是微阳初动，非真阳也，只可目引之而上升，以意引之而归炉（脐稍上之中宫、土釜），不可遽转河车。

阳已举而不用提掇之法，则药老而不可用。

小周天，守中温养一法，是为钝根漏体之初工。若能精气神三宝无亏，有如童体，则又不必用守中工夫，直从河车搬运下手。

守中之一候，只是教人神凝气穴，息住规中，会三性于一堂……

必也丹田有温温之炁冲冲向上，自脐至眉目之间一路皆有白光晃发，如此至再至三，审其属实，其炁冲冲绝非虚阳显露，然后行河车搬运之法。尤要知得真阳之炁至刚至壮，其必丹田炁突始能开关展窍，不须多用气力引之上升而下降也。……于斯时也，只须以意微微引之，一顺呼吸之常，恰与天地合度，则絪缊之炁自然养胎结丹，而成不老之身。

然不可不知子进阳火、午退阴符、卯酉沐浴之法。自审真阳发现果系无他，由规中少著一点意思，将此真阳之炁从内肾透过下（鹊）桥，由尾闾、夹脊双关上玉枕，直至泥丸之宫，引至印堂，下至重楼绛宫，然后送归丹田，温之养之，烹之炼之，丹自结矣。

虽然，周天之数亦岂漫无度哉？又岂死死执着乎度哉？总之一日之间，一年之内，皆有十二时辰，自子至巳为六阳时，必于每时（位）数至三十六度（四个呼吸 × 九个数数 = 三十六），合得二百十六数（三十六 × 六阳时 = 二百一十六），自午至亥为六阴时，必于每时（位）数至二十四度（四个呼吸 × 六个数数 = 二十四），然卯酉二时是沐浴之时，除却二时不数，还得周天三百之数，所以谓之小周天河车者此也。然始也一夜或行一二周天，久之或行三五周天，再久之或行十四五周天，如此大药（内药）将产、河车将停之候也。然亦必有六种效验方可停工：目有金光，鼻有抽搐，耳有风生，脑后有鹫鸣，丹田有火珠之耀，腹中有震雷之声，如此方可停火，而行七日过关大周天之工夫。此所谓龙虎交而黄芽产，小河车之事也；又谓百日筑基以成不老丹者此也。……此中皆有微意，吾亦不敢一口尽泄，有志修士自家揣度其真谛可也。

小河车之工如此，然亦炼精化炁之候。顾何以知其精尽化炁哉？外阳收缩尽净，精窍知其已闭，若有一分精未化，必其阳不收、其窍不闭，气不团聚，不能变化而成六种之神效。此的的口传心授。

天人性灵合于泥丸，地人命灵合在漕溪（脊柱骨髓中）。

殷勤修炼，不差毫发，水火调匀，铅汞配合，龙虎不相争斗，龟蛇合为一体，其始真铅现象，如月之出于庚方，只有一线微明，其炁尚柔，其质尚嫩，维时但于铅阳发现时，运行进退火符之工，迨至积精累炁之日久，筑基炼己之功成，其炁油然滃然，融融似冰泮，浩浩似潮生，滔滔汩汩，直周流乎一身之内，势有不能遏者，于是乃用炼炁化神之工，行七日半过关服食之天机，用五龙捧圣之真诀，时至神知，妙用现前，阳光发动，大药呈形，于是轻轻然举，默默然运，微以意而动炁，运造化之机枢，自然水见火而化为一炁。诀云：依法度追魂摄魄，凭匠手捉雾拿云……如龙养珠，如鸡抱卵，念念在兹，日夜不忘，自然见先天一炁混合离宫之阴精，化为一体，有不知神之为炁、炁之为神者。

大周天之火，固非著有，亦非顽无，始似不著于有无，久则定归于大定，使汞性之好飞者不飞，炼成一块紫金霜之色，浑无动荡，所谓“肘后飞金精入泥丸，抽铅添汞而采大丹”，此大周天之法象也……工夫到此，百脉自停，胎息自住，可以长生不死而成人仙。

然后行此大工以还玉液、金液之丹。

得丹不难，只须片晌之功，唯温养此丹成圣为难。

铅汞打成一片，融会一团，久之有阳神出现，由绛宫上至泥丸，突然神光晃发，直冲霄汉，霎时间游行五湖四海九州万国，有莫知其所以妙。

初出（阳神、法身）宜谨慎，以防转生人世，乃至马腹牛胎……

至此再安神炉，复立神鼎，直将已成之阳神，送归于泥丸八景之宫，时时温养，若有若无，以炼还虚一着；犹必将先所炼之元神化为乌有，浑不知神之为虚，虚之为神，庄子所谓蝶化周、周化蝶，不知蝶为周、周为蝶，是二是一，浑浑沦沦，无可以破其际真者，此方是还虚之说。若犹未知吾神即太虚之虚，太虚之虚即吾神之虚，神与虚尚不能合而为一，则不可轻易放出也。虽然，万物皆有象，唯虚无象；万物皆有名，唯虚无名，而实天地之大、四海之遥，亦一民一物一草一木无不包罗于虚中，此其所以不可思议也。学者修炼到此，即可与大觉如来同登法坐矣。

内修性命，**外积功善**，**无有怠志**，**自有天神指授**。

静虚子

辩别正宗旁门和清静浊染的正理正法

——读《道经经》第四十二章小得

金丹正功虽分门派　修持证果皆宗同法

——读各派名家丹经一得

黄元吉真人玄关绝学

谭立三（生于1937年），湖北武汉人，家传四代中医，而他却毕业于西北工业大学航空发动机专业，高级工程师。

他深谙紫阳真人的名言“任君聪明过颜闵，未遇真师莫强猜”，梦见拜师求道，得遇柳华阳禅师，而开始修习伍柳天仙法脉，并经过近二十年的亲修亲证。与师兄、师弟一起对收集到的丹经进行反复修改、校订，在2007年出版《伍柳天仙法脉》。他还撰写丹道“导读”性质的文章，以利后人研读天仙法脉经典，对后来学者启发甚大！

辨别正宗旁门和清静浊染的正理正法

——读《道德经》第四十二章小得[1]

序　言

存诚子

古人曰：道之不行，缘于道之不明；愈因道之不明，愈致道之不行。为弘扬钟吕天仙正道，静虚子谭立三先生曾先后撰写了三篇重要文章：《辨别正宗旁门和清净浊染的正理正法》《黄元吉真人玄关绝学》及《金丹正功虽分门派　修持正果皆宗同法》等，当有助于读者对继承钟吕“人中修取仙（人仙），仙中升取天（仙）”[2]的天仙之道的《伍柳天仙法脉》和黄元吉《道德经讲义》的深入理解，宗天仙法脉的真修实证皆应细读之、深研之，如此方能读懂《伍柳天仙法脉》《道德经讲义》，加深理解钟吕天仙之道，少走弯路，直趋峰顶，欣赏那里的月白风清。

前　言

修功求道之法，自古以来，道宗有三千六百门，佛宗有八万四千法。门门自称正宗，法法自标清净，使世之真修实悟者，莫所适从，往往误入歧途。今体师祖普度宏愿，遵《道德经》第四十二章所示万物生化正理，以世人受胎成孕生形有序之理，示返还逆修三成有序正

---

①《道德经释义》，任法融注，三秦出版社，1990。

② 施肩吾撰：《钟吕传道集》，上海古籍出版社，1989。

法；并示清净之真旨实指；使求道者执此照妖镜，人人能自辨正宗旁门、清净浊染，不受迷误。

一、受胎成孕生化顺序，有三变之理

世人皆以父精母血（卵）为人与有情万物受胎成形之本。仙佛正宗修者，却认为受胎成形之本，乃历劫不坏，轮回不休的种子（即佛宗所示第八识阿赖耶识），由持种之因（相当于基因）的不同，而见与其种因相应之物的交媾，必突起淫欲之念，刹那间，挟先天一炁而同入父精母血之中，投胎受种。此先天一炁即先天性命，是受胎成形之主之本，不生不灭，无增无减。父精母血乃后天性命之基，为先天性命寄居之屋舍，其化生成长为形身，有生灭增损，故有孕育出胎、生长壮大、衰老死亡的顺向化生程序。

父母未交（媾以）前，一片虚无，既无先天性命，亦无后天性命。佛云“威音”，道名“道”，儒称“无极”，皆是借名强名。诚为“无名天地之始”的道源性海，寂湛圆明，光周沙界。迨化生出无形无象，可化生一切的“有名万物之母”，名为先天一炁、太极、“一”。父母初交时，（太极）“一”由轮回种子带入胎中。轮回种子乃阴灵之神，识神总根，生死之本，不借后天遵法返修，不能和合得此（太极）“一”（若能合一，“神得一以灵”，便为阳神，何有轮回？），只能“受此天命”带入胎中，生化后天，了历劫之因。（太极）“一”含藏先天性命（一中有二，静合不分，故称太极；胎息忽动，立判性命，一分为二），为后天性命之本。有此本，母血父精（称为三），方可受孕成胎，生化后天形身。故《道德经》第四十二章示万物生化之理为“道生一，一生二，二生三，三生万物”。示静虚无极（○）为万物生化无穷之总源。揭示后天生化大法为“万物负阴而抱阳，冲气以为和”，即以冲和气机为滋养动力，乘先后天性命静虚自动的动静之机，交媾阴阳，和合太极。

受胎成孕至发育健全的顺道，依序有三次大变化。正宗返修亦相应有三成有序之证。入胎受孕为第一次大变化。受孕后，先由受精卵（含先、后天性命），形成一个血肉腔子（腔内即虚空），与母子宫相连处即胎儿之脐，从无胎息而渐有胎息（即冲气以为和），始能生化发育。从此一有胎息起，已落后天有生灭之途（中医理论视胎孕为人生之先天，修道则视为后天中之先天）。腔子成长为肾心。此时，先天之性隐于神（第八识）而藏于心；先天之命隐于冲和元炁而藏于脐。冲炁循督任温养胎元，形成五脏、五官、百骸，直至十月胎圆将产为第二次大变化。

出胎后，剪断脐带，不得不起口鼻呼吸，另辟“冲气以为和”之道路，求生长发育。同时，识神即缘息而进，完全落入后天之生化发育中。必须借后天五谷精华，充养形身。口鼻之息一起，先天之性隐泥丸，先天之命藏炁穴，两下分离，已不能如处胎时，息息得冲和炁温养互资。后天中，人既要靠呼吸与五谷充养形身生命，又要靠识神维持正常的世俗生活；同时，呼吸也耗损元炁，识神又扰耗元神，但这是生命演化中必须的耗损，起始，充养大于耗损。直至性机能成熟，天癸通前（即男能初泄精，女能初潮月信前），后天形身充养至精全、炁全、神全，即为第三次大变化之时。此时若得真师之指，可直接行采大药功及五龙捧圣服食大药功，证地仙之果或阿罗汉果，已无“分段生死”而实证长生不死。若无缘修仙佛正道，顺人道生化，则情欲一开，精泄则炁泄神昏，已成破体之人。此后，后天充养越来越跟不上情欲泄精之下耗，和营营思虑谋求名利之上耗，使人逐步走向衰弱死亡之途。死时，先形坏识（第六识、第七识）灭，阿赖耶识由持种之因，再去轮回；先天一炁散还太虚。空负此一劫人生天赐之命；“天命之谓性”；不能转阿赖耶识为大圆智。

二、返还证道逆修顺序，遵三成全法

世人所知之炼精化炁、炼炁化神、炼神还虚合道，即初、中、上三成有序之功。但炼精化炁前有化五谷阴精为元精（动炁）之功，却鲜有知者。甚或有些知名学者，将此起手孕、调药求玄关之法即初成中第一层之法，妄加引申为三成全功。

（一）初成筑基，返还至出生前，分三层，证人仙、地仙小果

世人及气功界以为不可企求的长生不死，仙佛正宗却视为修道之初成小果，即证地仙或阿罗汉果。

初成筑胎神之基功，前辈仙真，不肯明言全言。为护天宝，仅以“炼精化炁”稍示之。慎言秘言其前之化五谷阴精为元精功。今体师祖普度之心，明言、全示为本文之重点，以接引真修实悟之仙佛真种，入正道之门。

初成筑基之功分三个层次。第一层为孕、调药求狭义玄关法。第二层为小周天功法。这两层功法，相当于由破体返修补足至十六岁，初次泄精前之精全、炁全、神全，后天完足状态。得证者即为人仙。第三层为采大药功与服食大药功，返修至相当于将出生前之胎中。得之者即证地仙之果，亦筑成仙功中胎神之基。可接修温养仙胎（道胎）的十月中成之功。

真证人仙之果者，从此精已尽化为炁而无精，通精之路已无实用，必有“马阴藏相”之瑞征（世尊三十二瑞相之一）。不得初成中第一层、第二层之诀法景旨，不能有真证。得真证者，可颐养天年；若不受世俗情欲名利之扰，可勉强保持长生不死。若再进修，实证地仙之果，则实证长生。

孕、调药求玄关功，是返修中入手入门之功，看似简单，实却至难。

除前云仙佛正宗秘法不传外，又由于行此功，必须利用生殖机能，按仙佛二宗清规及中国自古以来传统观念，都不便说。更因为破体成年之人，受情欲之困，识神之扰（第六识攀缘不停，第七识恒思己利），下漏上耗习俗难改。又因为第八识历劫持种之因的秉性难移，必操纵前七识困于习俗。故千万人中，难得有一个肯真修实悟，而且能坚持得证。传之不果，不如不传。正道之师择徒，甚难于徒择师。

前引《道德经》第四十二章前六句，亦总括逆修根本至理。即静虚无极乃生化总原，藏化无限，和合阴阳，团聚太极乃生化之根；冲和运旋之炁乃充养之本。示人后天之生化，必须用冲和之气，仿造道源无极之静虚；于其中和合先天与后天性命，假造太极；方得生化之玄妙与大用。

自入胎后，先天性命（乾坤）即隐于后天性命（坎离）中，如金之在矿，玉之藏石。真修者，行起手孕、调药求玄关之功，首先要行"初步还虚"的炼己之功。能"对境无心"，方可去情欲之困与识神之扰（六祖云"六七因上转"①）。以自然冲和之呼吸，和合神炁，于人身中，再造（假造）虚极静笃之道源无极；由后天色身中取出无生灭、不增损之先天一炁为小药丹头，方得玄关之真证。由于习俗难改、禀性难移，六、七、八识皆不肯轻易俯首就范、让尔能假造静虚无极之境。故真修者，必须于自身中，一造再造无极、太极玄况，更"观天之道，执天之行"，仿月之亏盈、修"簇月"神功。为珍秘诀法，隐名玄关。一造者，使源清精真，得孕药之证，微阳生也；再造者，使精真而能达真精之用（不老不嫩），得调药之证，小药生也。余体师祖普度慈心，于此处重申仙佛入手玄秘，冒谴普度。凡真修大成者，见此言当知；微阳未生与仅微阳生，皆非真得玄关之证。先天一炁，不能如金之出矿、玉之离石。不能得此先天之主，亦不能化生后天，补足后天也。虽行小周，亦是幻丹，

①《六祖坛经笺注》，丁福保笺注，大千世界出版社，1976。

必无真证。紫阳祖诫云“水火煮空铛”[①]也。警之！

微阳生与小药生，虽皆以后天生殖机能之阳物兴动为外景，但并非以此后天生殖之机能（古德称为“情”）为丹头。此情即矿即石也；小药丹头即金即玉也。无情即无矿石，何能采金玉于其中？仅有矿石，不知提炼之法，即孕、调药求玄关之法、诀、景、旨，亦不得矿石之用而能提出金玉。对此，古德古真多有隐示。五祖传法六祖时有偈云：“有情来下种，因地果还生。无情亦无种，无性亦无生。”六祖云：“淫性即佛性。”[②]龙牙禅师云：“人情浓厚道情微，道用人情世岂知？空有人情无道用，人情能得几多时？”[③]此“情”本后天五谷阴精所化。阴精乃五脏精华贡献于下丹田的后天精华。故孕、调药求玄关不于下丹田为外鼎求之，乃既不知法，更不知理也。未证初成之果，行中成之功，非自然炁满不思食，而强以后天之术断五谷者，乃自断后天生化阴精之补给也。一般所谓辟谷、断食乃治病之术，非求长生正功也。修者更当知，不遵一造、再造之理诀，不于静虚中，以孕药之功而“情”来实觉者：如自然之性冲动，甚或情欲之冲动，甚或以各种世法使阳物兴动者，乃后天生殖之淫精也。皆浊源假精，紫阳仙祖诫云“见之不可用也”。对破体已失生殖机能之老年修者，凡有一口呼吸气在，只要补充五谷营养（食勿过饱，炼功前之餐以八成饱为好），按孕药之诀化阴精为元精，持之以日，必能于冲和静虚中，突觉“情”来，得孕药之证微阳生景。孕药法诀，即添油续命之仙方正法也。光明如来云：“老僧会接无根树，能续无油海底灯。”[④]即指此法。

小周天炼精化炁功前之孕、调药求玄关法，实为化五谷阴精为元

① 伍冲虚，柳华阳著：《伍柳天仙法脉·悟真篇》，静虚子校注，宗教文化出版社，2007。
②《六祖坛经笺注》，丁福保笺注，大千世界出版社，1976。
③ 同上。
④ 伍冲虚，柳华阳著：《伍柳天仙法脉·慧命经》，静虚子校注，宗教文化出版社，2007。

精之法。古真古德一直未明示全示。直到传承至伍冲虚真人、柳华阳禅师，方首先明示全示理、法、诀、景、旨于《伍柳仙宗》中，真开普度之门。可惜世上无人参透书中玄关之秘。黄元吉真人体二真人慈心，于《乐育堂语录》及《道德经讲义》二书中，大弘此入手入门正法。世之崇黄真人玄关绝学者，却鲜有知此真旨者。故有以孕、调药求玄关一层之学，妄代三成有序全法者；有不求内鼎，妄指色身内外各固定处所为玄关者；各不以下丹田为外鼎，求玄关内鼎者；皆不能真得玄关之证。皆不能入天仙正道之门，实辜负了三真人普度慈心。

初成中第二层功法，乃小周天炼精化炁之功，炼元精为元炁（动为元精，静为元炁。由动至静即归根复命）。以片时一刻六候神功，团炼小药丹头为内药。此功真伪在得否玄妙真机。得玄妙真机者行之，升督有"火"景，降任有"符"相；其中，如饮醍醐，天心泰定，黄金世界，热若汤倾，历有景规；皆冲和炁机，生化之相，万不可着，更忌贪求。唯镇之以太扑，恒持假造之静虚与太极，潜移默符，自然生化，始为真得玄妙之机。

玄妙机之至秘有二：一为循督任法诀之心旨、阖辟机缄；一为程限行住规则。尤其是小周天程限行住规则，世上除《伍柳仙宗》全示其法外，尚未见古今书刊有全示其法诀者。世上亦实无真知者。有些学者，自认聪颖，不信有此规则，甚或谤以繁琐不清净（其实，连书中所示的呼吸次数的皮毛，皆不能真知），不顾二位真人谆谆教示："任尔三教，是是非非，成乎其道者，不离此方。"①更警真修者："苟不用此，万无所成！此法自汉至今，秘而不泄。佛佛秘授，祖祖口传。"②恩师由佛门转天仙门，得佛果证天仙，此皆自验之实语真语，非隐言喻言也。奈何盲而自信之学者，却谤以烦琐不清净（何为清净，下文再论）。结

① 伍冲虚，柳华阳著：《伍柳天仙法脉·慧命经》，静虚子校注，宗教文化出版社，2007。
② 同上。

果空争浮世虚名，难免轮回之苦；更贻误后之真修实悟者。可悯世之学者，终生空喊“观天之道，执天之行”[①]，空羡“攒年簇月”[②]（即小周天程限行住规则与孕、调药求玄关诀）神功；二真人示以真法，却盲而不信。甚或将此片时一刻有为助功，盗机权法，妄解为三成全功；沐浴常法；无为正功。今再体恩师慈心，明告曰：此法自汉时许真君传吴猛后，皆秘而不宣，口传嫡徒。古真古德，仅偶有片言之示。恩师本佛门大悲普度宏愿，将旌阳真君略言其事，紫阳仙翁只示其名的“攒年”神功，即小周天程限行住规则，隐闭的古佛天仙秘法，始和盘托出，全示于《伍柳仙宗》中。此法亦“观天之道，执天之行”，仿天地一日运行之规，合一年四季运行之则，行小周天火候。余今冒谴更言，有为之功，虽一息之火候，亦当如斯。真修者，可虔心苦志研求之。

得玄妙机之小周天功，三百数足，内药团聚成大药，内外皆有景征。得真景，当止小周天程限火候。证此则已补足后天三宝而精全、炁全、神全，实证人仙。

初成中第三层功法为七日采大药功，与五龙捧圣服食大药功。五龙捧圣大法乃伍祖之师，曹还阳老祖，首先公开书文传世，慈泽后学。修者真证服食大药功，则实证地仙，已筑成胎神之基。

（二）中成温养道胎返还至受孕前，证神仙之果

中成十月温养道胎之功，以温温相续之火候，神炁意相定于化中下二田为一虚空境界之黄庭界地，以冲和胎息温养道胎，以元炁之火，化呼吸养元神，点化识阴之神为阳神，故云炼炁化神。以绵密寂照之功，直至逐步食绝（炁满不思食）、息住（气住真无呼吸）、脉住（炁尽脉停），识灭念寂心无生灭，昏沉尽绝，寂湛神阳，只剩唯一阳神（此乃真正得

---

① 轩辕氏著：《黄帝阴符经集释》，上海涵芬楼，1949。
②《金丹诗诀·金丹四百字等》，中华书局，1991。

“一”，非以前行功中，假造神炁合一的假太极，更非世上以孤神即阴神识念自凝的假“一”）。胎圆景至，自主念动出胎。相当于由出生前返还至入胎受孕时状态。所区别者，凡胎乃阿赖耶识借先天一炁顺化，了历劫之因；仙胎为阿赖耶识得先天一炁点化，成湛寂阳神。其中至难者，为能灵觉胎圆前，识神幻化之扰，尤其是喜魔善魔之扰。炼己真纯者，魔扰少亦无惧魔扰。出阳神即证神仙之果，亦佛宗菩萨果位。即“形成出胎，亲为佛子”。菩萨即修佛之法王子也。此时六通俱全，一通百通，千通万通，非世之特异功能术也。

得证者有景证，外形可见，发白重黑，齿落重生（非世之以鹤发童颜为神仙者，此为采补后天术之所证也；连分段生死亦不可免）。若用世法验其真伪，置密闭透明真空箱中，不通气供氧，不给饮食，可常年生存，因其既无精（亦无屎尿等后天排泄物）亦无炁无息故也。此时若不欲修上成之功而羽化，肉身不做任何物理化学处理，也能长存不朽，柔软如生前，色泽亦不变化。非世之以不得不死，死尸僵硬腐臭而诳称羽化以欺世者也。真证神仙者，已无变易生死。

（三）上成还虚合道，圆顿真性，极证天仙佛果

上成炼神还虚合道之功，无法无相，全靠自悟。太上有教“无名天地之始”。六祖有训：“言语道断，心行处灭。”吾岂敢不遵祖训，妄言其法其旨以欺世焉！仅有法外琐言与真修者共勉。

世之所贪求仰慕之“顿法”，实当从此始。“顿法”者，入真定大定也。精尽（初成功证，第六、七识初定）无精，炁尽无炁（中成功证，真无呼吸、无脉），念寂（前七识已定）神阳，得此真正“一”者，始能真大定。不是仿道源之理假造静虚，借假修真假合太极之一，即此正宗仙功，亦非真定；更不是以孤神自凝，实为识阴之神强自止念，以第六识于现量清静境做游戏，最高者自耽于无记空业性中，又皆呼吸浩浩难绝，

自欺欺人的所谓“一”；何谓真定？

已得真“一”之阳神，自凝于虚极静笃的无极之中，虽“虚空界尽，我此修行，永无有尽”[①]。使历劫持种之因的阿赖耶识由得“一”而阳而纯而灵，能恒持静虚无极，转白净识即庵摩罗识；以大定破此识证法界体性智；始可转阿赖耶识为大圆镜智，转末那识为平等性智，转意识为妙观察智，转前五识为成所作智（五八果上圆，六七亦由因上转，实证果上圆）。转识成智，圆顿性海，常寂之光，普照沙界。无极是真空亦非真空，真道源性海也，岂枯寂、无记空哉？

得此极证者，形神俱化，隐显由心。世之所见完全虹化者，乃隐而去；若有缘见其来者，便知既可以原形色身相见，亦可化异形万物相逢；实非以世之常理所可测度者。

三、几点浅见

（一）真修者必按三成有序功法，三宝合炼，逐成升华返还

修道根本为返性，圆顿真性。真性来自先天一炁；得初、中成之证者，真性化于第八识中；上成顿法之修，即以真定大定，化转第八识，圆顿真性，复归无极，复归于道源性海。此乃真实以无为正功行先天之修。

人道一入胎受孕，即坠入后天，受第八识主宰。先天隐于后天之中，化生神炁精形身。故必借有为功法，三宝和合，从后天中提出先天。先和合升华三宝为单一纯阳之神，方可再修上成顿法。世人皆知，人道受胎成孕、出生成长是一个有序的生化过程，不可中断；则逆修返还的三成有序功法，岂可横空切断而能得真证哉？此人人易知之理也。更何况三成有序全法，乃从大道顺向化生至理得出。由修道祖经

① 伍冲虚，柳华阳著：《伍柳天仙法脉·直论》，静虚子校注，宗教文化出版社，2007。

《道德经》第四十二章首示于世。若此正理，真修者不可稍有疑惑。世之以一成之法（所谓“最上一成顿法”或“中黄直透法”），甚或以一层之法(如初成中求玄关法)，妄代三成有序全功者，皆不知天仙理法之世学浅见、妄见。皆以贪求之心，求出世之证，何能真证？终不退坠，亦必老死；反谓无仙佛真法、正法，岂不冤哉！哀哉！

(二)清净真旨实指即遵法内修，绝不外求

世之修者，困扰于学者们清净浊染之争，而盲不知清净真旨之实指。念念寻清净正道，往往坠浊染与枯寂旁门，实可悯也。

正道清净真旨，当于道源中求之。便知人人先天性命俱足，不必外求。先天性命即先天一炁，自入胎成孕起，即落入后天性命生化的形身之中。先天性命俱全，不生不灭，不增不损。古德云：吾有一宝，秘在形山。修者于后天形身中，以逆修返还之法，逐成求之即得。何须外求？凡有外求（得道古真，所举甚多，但皆难尽其数），悉皆三千六百旁门，八万四千外道之法。

其次，人自受胎起，即落后天，胎中与生后，仅程度不同而已。返修之法，必借有为之功、颠倒之术，使金出矿、玉离石。即以有为之天仙秘法，于人身中，以冲和意息，假造静虚无极；假合阴阳太极；这就是功法清净之真旨实指。借后天形身、识心，修出先天真性命。故世间凡不三宝和合、性命双修而单修性或单修命者，凡不从后天起手按三成之序真修者，或执后天小果以为得证者，皆是旁门。

借此，就世之迷信表现，聊述浅见。前已述，万物辗转轮回，皆为历劫不坏持种之因的第八识所主宰，它是最公正的“考察使者”，凡历劫之所有作为，乃至起心动念，皆于其中打下烙印，准确记账（持藏于种子识中），毫厘不爽。它也是最铁面无私的“主宰法官”，有账（因也）必了（果也）。有现了（现报），有缓付（果熟，以后或后劫再

报）。虽然缓付多于现了，却毫不留情。它就在你（包括有情万物）自身之中，受孕时它先来寄居，死亡后，它另去择舍。据历劫持种之因，同气相求而择舍入胎。世人求神拜佛有何用？应该反求自身中的它。它既铁面无私，空求妄求皆无用。不如律己，自净其心，行必合辙，自造尘世福德之享用。真修者必以炼己为首功，自造无善无恶之静虚，逐成取先天一炁点化其识阴之性，使之得一而定。既不必求仙佛，又何必求尚非仙、佛之“大师”的加持加功，而企求长生小果哉？虽明师真师，亦不过指路示门之导游。业（善福恶祸皆业）因必自了。三成之证，逐成证果了业因也。初成定第六识；中成平第七识；上成转种根识根第八识，再真转前七识也。岂能平空即能转持历劫之因的总根，生死轮回之本的第八识哉？地仙、阿罗汉长生小果；神仙、菩萨中果；天仙、佛之极证；人人自身俱足其本其基，唯尔是否发奋真求真修耳！

金丹正功虽分门派　修持证果皆宗同法

——读各派名家丹经一得

一、绪　言

当今丹道名家，在丹道经典外，最推崇的丹功明师及其传世丹经，大约为：南宗白玉蟾所著《紫清指玄集》中之《修仙辨惑论》，“中派”李清庵所著《中和集》《莹蟾子语录》和《三天易髓》，“中派”陈虚白所著《规中指南》，文始派、隐仙派张三丰所著《玄机直讲》《道言浅近说》《玄谭集》和《无根树道情》，东派陆潜虚所著《方壶外史》中《玄肤论》及《金丹大指图》，北派伍冲虚、柳华阳所著《伍柳仙宗》，西派李涵虚所著《道窍谈》和《人元大道九层炼心文终经》，“中派”黄元吉所著《道德经讲义》和《乐育堂语录》。据有些学者研究，各派用不同功法证果，并著丹经传世。于是杜撰出种种速成顿悟功派，代替传统三成有序全套功法之艰苦修炼，以遂世人贪欲之所好。如求“玄关法”“中黄直透法”“最上上成顿悟法”，迷误了很多真修实悟者。因为大多数练功者，很难有研读以上丹经之条件，更因为这些名家在普及健身气功事业中做出过很多贡献，作者和大家一样，自然地推崇他们，并相信他们的每句话。

作者幸逢丹功发展的盛世，有条件搜集以上丹经。认真研求多年，始知众翁皆以同一天仙功法证果，皆经多年勤修苦练，逐步完成三成之证。各人所留传世丹经，虽有所偏重，且皆重入手之法，以导后学入门；但皆遵传统三成有序功法之全法。即初成筑胎神之基法，含入手求狭义玄关的孕、调药法，化五谷阴精为元精；采封、沐浴、升降六候的小周天功法，炼元精为元炁，采、服大药法筑成胎神之基。中成之炼炁化神温养道胎法，胎圆景至出神法。上成之炼纯阳之神，乳哺还虚合道法，此即世谓之顿法。遂成相接，不能躐等。

本文仅就以上丹经中，引用众仙自述，说明要修证天仙功法，不经艰苦三成修炼而得果证，绝无是处。

二、白玉蟾得传渐法，证传渐法

后世倡言丹功顿法者，皆首以白玉蟾真人之《修仙辨惑论》为宗。下文主要引述陈泥丸、白玉蟾二真人之自著，从中可以看出，白玉蟾学、炼、证、传三成全法，得传全法，已经不易。《修仙辨惑论》，实是白翁之师陈泥丸真人之著述。白真人闻传后，当年立即追记以志之，不忘师门厚恩也。此时，白仅得陈传全初成功法中的法、诀、景、旨，始能真修初成功法；尚不知中成、上成之修法，何能著顿证之法？

（1）圆顿子陈撄宁氏考证，白玉蟾真人生于宋光宗绍熙五年之甲寅年（1194）。此考证却有真知灼见，故能与陈、白二真人自著吻合。

（2）陈泥丸真人《罗浮翠虚吟》云："嘉定壬申（1212年，白翁18岁。引文中括号，皆本文作者小注。下同）八月秋，翠虚道人在罗浮。眼前万事去如水，天地何异一浮沤。吾将脱形归玉阙，遂以金丹火候诀。说与瑶山白玉蟾，使之深识造化骨。"①

（3）白翁著《谢陈仙师寄书词》云："顾玉蟾三载（1212—1215，得真传之三年）感师恩，十年（1203—1213）侍真驭，说刀圭于癸酉（1213年，白19岁，正侍师十年，追记《修仙辨惑论》之时），秋月之夕，尽吐露于乙亥（1215年，白21岁，侍师12年）春雨之天……忽承鹤

① 伍冲虚，柳华阳著：《伍柳天仙法脉》，静虚子校注，宗教文化出版社，2007。

使，掷示鸾笺（1212年，陈以《罗浮翠虚吟》召白回武夷传法），戒回会于武夷……大宋丙子（1216年，白22岁，侍师13年）润7月24日，鹤奴白玉蟾，焚香稽首再拜。”①

（四）白翁追记《修仙辨惑论》云：“海南白玉蟾自幼师事陈泥丸忽已九年（已过九年，进入十年即1213年），偶一日，在乎岩阿松阴之下，风清月朗，夜静烟寒（记秋夜之景如话，确系1213年秋夜，非1215年春雨之昼）……遂名之曰：修仙辨惑论云。”②

从以上陈、白二真自著之文可知：白翁于1213年9岁，即已师事陈泥丸，18岁时，陈将大隐，遂传书外出游学历练之白回武夷，传继真功法。侍师十年，19岁时，始真得初成之法，即“说刀圭于癸酉秋月之夜”。此时，略闻有上成之修证，集师徒问答为《修仙辨惑论》。侍师12年，21岁时，始得传全套三成功法，即“尽吐露于乙亥春雨之天”。故云“三载感师恩”，即从1212—1215年得师真传之三年也。再隔一年，22岁时，白感师门厚恩，自记此段传承过程。世人何必猜疑哉！

（五）白著《玄关显密论》云：“海南白玉蟾，自幼从事先师陈泥丸学丹法，每到日中冬至之时（孕、调药功成，小药生时，非微阳初生时），则开乾闭巽……饮刀圭，从无入有，无质生质，抽铅添汞（示小周天功），结成圣胎（示采、服大药功，初成功完，筑成胎神之基），十月既满，气足神圆，身外有身，谓之胎仙（示中成养胎，胎园景至出阳神功）。”③此处明确提出初成、中成之法，足证白玉蟾所得传、自证、传世，系三成全功；并非只用上成顿证之法。

陈泥丸翁于癸酉（1213）年，白翁19岁时，真传白下士所修初成筑胎神之基的全部法、诀、景、旨完整功法，恐白以小成小证为足，

---

① 伍冲虚，柳华阳著：《伍柳天仙法脉》，静虚子校注，宗教文化出版社，2007。
② 同上。
③ 同上。

故借问答之机示白，尚有中士修证的中成神仙之法，上士修证的上成天仙之学，以警醒之。“汝来，吾语汝。修仙有三等，炼丹有三成。”白果不负师望，虔心笃求。故陈于乙酉（1215）年白21岁时，尽授全套功法于白。白的传承为南宗第五祖。

后世学者，因对《修仙辨惑论》中之上士二字之义不明，故侈言顿法顿证。上士者，已得初成、中成果证，能出阳神之士也。此时，当行无为纯神之法，但亦应先“无功功里施工”，方能逐步真性圆顿，灵光独耀，与道合真。也绝不是行“无记空”者流，所可理解。

后世倡顿法可以成真者，可自开宗立派，不必强加于白玉蟾。自欺欺人，自误误人。

三、李清庵亦得渐法，证得渐法

李清庵私淑白玉蟾，故自号莹蟾子。后世亦视李为白之再传弟子。

李清庵著《道德会元》自序中云：“余素不通书，因广参遍访，获遇至人，点开心易，得造义经之妙。于是罄其所得，撰成《三天易髓》授诸门人。”[①] 余今稍释此文：“素不通书”指未遇师时，不得真诀则不解丹经之秘。“广参遍访”表虔心追求功法，得之不易。“获遇至人”者，以坚诚心行，孜孜苦求，感格师恩，终得真师之传也。“点开心易，得造义经之妙”者，得诀归来好看书也。既得真传，自能通晓丹经之秘。李真得法即不易，哪有顿悟之事？李翁得传后，再研丹经佛旨，其心得体会，皆示于《三天易髓》一书中，古云：于是罄其所得，撰成《三天易髓》授诸门人。则求李翁所得、所炼、所证、所传之功，当于《三天易髓》求之。后世学者所推崇的《中和集》及《莹蟾子语录》并非李翁自著，乃李翁及门蔡损庵等所作。尚幸蔡君之名，著中曾多次提及，

① 李道纯等著：《道教五派丹法精选》，中医古籍出版社，1989。

不是冒名求售者，故此著深合《三天易髓》及《道德会元》之心旨。

《三天易髓》首编即借儒家《易经》之理释三成全套传统功法。尤其是对初成功法，指示尤多。如“潜龙勿用，一阳生，宜守静，常存诚，心正定”，乃示调药法之起步也。今世之微阳初生，阳物勃兴立即行小周天功，甚或无微阳生亦行小周天功，并自夸速通小周天之法，实不知天仙功法，调药之妙秘。皆妄以“水火煮空铛”而自耗元炁。“见龙在田”示调药功成，狭义玄关现、玄牝出、小药生，“时至神知”之时，此时，先天一炁从太虚中来，采取当争一息之倾。下文中更重视示人入手功法云“下手立丹基，休将子午推。静中才一动，便是癸生时”，[①]全引刘明庵祖师诗，示人孕、调药之鼎器与小周天之鼎器并不相同。

今世不相信天仙功法之初成法中孕、调药功与小周天功的药物、鼎器、火候，本不相同者，请研李翁此著。文中“终日乾乾……含章可贞……”示小周功法。“括囊无咎……黄裳元吉……”示采大药功法。“龙战于野……”示过关服食功。至此，初成功法示全。“温养灵胎……玄珠成象……”示中成十月温养道胎功法。下文再重复示三成全功，除反复再示从入手孕、调药至中成的有为功法外（正如紫阳翁云“岂知有作是根基？”），又加全了上成功法；七调神（乳哺之功），八脱胎（还虚圆性），九了当（合道全真）。

李翁“广参遍访，获遇至人”“罄其所得，撰成《三天易髓》授诸门人”之法，本来含三成全功的有序渐法，并非不分层次，不分药物、鼎器、火候，一步到位的速成功法。

再以《中和集》为证。蔡损庵确得李翁真传。其中第二卷金丹妙诀篇反复示三成全功为：“一、炼精化炁，初关有为，取坎填离。二、炼炁化神，中关，有无交入，乾坤阖辟。三、炼神还虚，上关，无为。”[②]

---

① 李道纯等著：《道教五派丹法精选》，中医古籍出版社，1989。
② 同上。

尤其是绘图立象示孕、调药及小周天功之火候，虽不如柳师直示人身之实处，也确实难能可贵了。

顺便指出“中和”主要指狭义玄关，乃孕、调药功成，“先天一炁从太虚之来”，小药生之景证。其时“时至神知”“阳光一现”，神觉觉故曰“玄关”；亦此同时，神炁和合，蛰翕相依，炁气（呼吸息）同根，相资互用，阖辟机缄自现，橐籥之相自成，此种炁觉觉、息觉觉之相故曰“玄牝”。岂后世之以意念控制口鼻呼吸妄称玄牝之外道哉？今之学者，视玄关、玄牝为二物者，实即不知、更未证玄关、玄牝真景，而妄想杜撰之过，更辜负了古德们的一片良苦慈心。盖众仙原盼后学于此电光火石半息之倾的良机美时，速转大法轮，行片时有为之功，夺一年天地之精华。即刻以二候之功，采先天一炁于虚无之中，接行四候妙用，收此丹头为丹本。吾师有诗示云：“片时成六候，一刻会源头。大道从中出，元机莫外求。”旨哉！玄关即玄牝也。

李翁于庚寅年著《道德会元》，后十四年至大德丙午年，此时李已大隐，及门高第蔡损庵始著《中和集》。出书前，应证于杜道坚。杜君作序云：蔡君“勘破凡尘，笃修仙道，得清庵之残膏剩馥，编次成书，题曰中和集”[①]，可知“笃修仙道”且得名师教诲之蔡君，穹超过十四年（《三天易髓》著于《道德会元》前）之岁月，艰苦修证，也只得李之“残膏剩馥”，则真正著述《中和集》的蔡损庵，也绝非一顿法速成得证者可知。

可见李清庵所得、所证、所传，本系三成有序功法之全功，并非一成之学，更非顿证。后世之学者，不知《中和集》中，炼最上一乘法之“至士”，即指《修仙辨惑论》中之上士，二者具同等资格，故有此误。

---

① 李道纯等著：《道教五派丹法精选》，中医古籍出版社，1989。

著《三天易髓》之李清庵，著《中和集》之蔡损庵，自己既非顿法成真，且书中明示，由钟、吕首先公开传出的三成全套功法。后世之学者，何必以顿法强加于李清庵？吾深望尚健在的有很多普及弘道之功而资深有影响的学者，能以弘扬正宗传统功法为重。重审细研以前不实之文，既可自求正果，更可勿误后学，则道功幸甚！亦不负吾喋舌之咎。

四、黄元吉传渐法，重在传入手孕、调药法

黄元吉翁以鸿儒入道，于清道光（1821年以后）咸丰及光绪年间，两次弘道授徒于四川富顺县乐育堂，并非元代同名同姓净名派之名道士黄元吉。黄翁于光绪十年（1884）自著《道德经讲义》传世。及门弟子，集黄翁教导而作《乐育堂语录》，惜未署首次刊印年月。值得一提的是中华民国八年（1919）四川龙腾剑先生，仰慕黄翁绝学，重刊《乐育堂语录》，虽有弘道之功（刊弘原著，未加妄解，始谓有功）。可惜未得黄翁之真传。盍黄翁虽二次授徒二十年，“吾师此山设教十有余年，至今门前桃李，枝枝竞秀……吾师所以云而复来”①。可叹“吾师此山设教，其得吾真传者，仅有数人。人才之难如此”②。可惜龙先生等三人虽好道、求道、弘道，因法会已过，不能亲遇黄翁；亦未能感格遇合得黄翁真传之高弟；故不得黄翁之真传，亦不能有真果证。惜乎！缘也！致使龙先生在“重刊《乐育堂语录》跋”中，妄指清代鸿儒黄元吉翁即元代净名派名道之黄元吉翁。

何以知龙妄而非吾妄，有以下黄翁传世著文为证。

“张祖六十而始抛家访道，七十而得火龙（郑思远真人）授诀。”“伍柳示河车功法。”柳真人云：“一息去，一息来，息息相依莫徘徊。”③

---

① 黄裳著：《乐育堂语录》，上海古籍出版社，1990。
② 同上。
③ 同上。

朱元育真人清康熙时人，著《悟真篇阐幽》传世。文中，张祖为张三丰。伍仙为伍冲虚真人。柳真人为柳华阳禅师。语录中还大段引用《金仙证论·效验说第七》原文："故古云：奇哉！怪哉！玄关频变了，似妇人受胎，呼吸偶然断，身心乐融腮。神炁真混合，万窍千脉开。"①此外，黄翁二著中还引有张三丰真人《玄机直讲》之文与李涵虚真人《道窍谈》之文。

若黄翁即元代净名派名道黄元吉，岂可称证道于其后，在元末明初得道之张三丰真人为张祖哉？故知清代得道之黄元吉翁，不但在张三丰、伍祖、朱真人、柳师之后，且在李涵虚真人之后，并得到以上众翁传世丹经之助益。

考李涵虚真人生于清嘉庆丙寅年（1806），大隐于咸丰丙辰年（1856），则黄翁于道光、咸丰间人（1821—1861），故著中引朱真人之语则曰"昔"，而引证首刊于乾隆五十六年，辛亥年（1791）的《金仙证论》之文，勉强可谓之"故古云"。

今有学者，只得龙氏三人之传，却以黄门自嫡传标榜，而实却大叛黄翁二著所传，求狭义玄关之法，自误误人。吾不得已，引证黄翁二著之文，先指出其所依三师，龙氏等三人，并非黄门正传。岂有嫡传衣钵之正传，在传承不到三十五年（光绪十年［1884］至中华民国八年［1919］）内，就不知开宗祖师为何时人之理？岂非咄咄怪事！真崇黄门之学者，万勿受骗，当速求黄翁示于二著中之天仙真法。

黄翁二著，虽非系统讲授完整功法之书，但著中除多处示有三成全功中各步功法之文外，又于第76章注释中，隐示三成全功。"修炼之道，最重玄关一窍（初成功中，孕、调药法）……然二候采药（采先天一炁小药）……四候行火（初成法中小周天功）……总之十月怀胎（中成

---

① 黄裳著：《乐育堂语录》，上海古籍出版社，1990。

功法），三年乳哺，九年面壁（上层顿法中功），无非先天柔弱之炁，为丹成而仙就耳。”[①]更于第51章注释中，指出从起手孕、调药至乳哺还虚的三成全功。[②]

黄翁在第80章注释中，有一段对顿、渐二法的分析。认为顿法虽有其理，但从古至今，无顿法成功之实例。黄翁自认所传，亦是渐法。今摘录如下："若论修道，古有两等修法：有清净而修者，有阴阳而补者。清净而修，即炼虚一着，不必炼精炼气为（得中成之真证的修士，即真无精无息无炁）也。然非上等根器，不能语此。若果根蒂不凡，从此一步做去，都是顺天地自然之道，不似吾师（黄翁）今日之教，尚多作为也（黄翁自认所传玄关之学，是有作有为之渐法）……但此步（清净而修，炼虚一着顿法）工法，自古神仙，少有从此一步下手者，黄翁亲示，古今皆未见以顿法成真之实例。”[③]

黄翁二著精华是示初成法中，孕、调药求狭义玄关之法。导后学能真正入手入门。不幸的是，有些学者，却把这入手孕、调药之法，误认为全套功法，而大加宣扬。黄翁对此等人，早有告诫："无奈而今学人，只道守中（求狭义玄关、孕、调药求先天一炁小药）一则，是历代圣人心法。始而守有形之中，继也守无形之中（确系孕、调药求内鼎心印），即可成仙作圣（可惜只能温养下元，颐养天年），岂知守中得药（明示守中求玄关为得先天一炁小药），只算半边学问（还是仅指初成筑基法中的半边学问）……尤要明采取之法（采小药于一息之倾而封固之。达摩老祖云：二候采摩尼）……以之运行河车不难矣。”[④]又如"故丹经谓之阳生采药，药动河车，皆自然之道。无非气机之大小有不同，而

---

① 梅自强著：《颠倒之术》，人民体育出版社，1993。
② 同上。
③ 同上。
④ 同上。

河车之大小亦各别（微阳初生当行调药功；小药生当行小周六候之功；两成功法之鼎器、药物、火候皆不相同）”[①]。又如“所谓片晌龙虎频斗罢，夺得金精一点生（小药生后，立行采封二候之功）。此霎时间事耳。然得之虽易，守之实难。不行子午河车（小周功沐浴升降四候妙用），不用逆施造化，是犹窑头泥瓦，未经火炼，一遇雨来，仍化为泥”[②]。再看“人欲长生（并非成仙，更非还虚合道），除此守中河车二法，行持不辍，别无积精累气（可见系指初成筑基之功）之法焉。虽然，守中之火，只有温温铅鼎；唯河车逆运，则有子午卯酉，或文或武之别（示人即使在初成法中，孕、调药功与小周天功之鼎器、药物、火候，皆不相同）”[③]。

可见，黄翁二著中明示：即使在筑胎神之基的初成法中，以守中求玄关仅“半边学问”，只能求得先天一炁小药作丹头；必须接行河车法即小周天功法的另外“半边学问”，方可实炼小药丹头为丹本内药。后世学者又何必妄以求玄关法取代三成全套功法，妄图速成而自误误人？更何苦强冠黄翁之名，求售外道之学，以假乱真，贻误后学，陷黄翁于不义呢？

更有甚者，今有学者，以得龙氏三人之传为凭，自称黄门嫡传。为售张执阳后天安乐小术，弘张抑黄，再版《道德经讲义》于其所撰《颠倒之术》中，而其所谓解奥，却大悖黄翁原著之旨。更妄称黄翁所传之玄关为色身之山根，上丹田；指明即得，不修而有，知之常存；还自以为公开了不传之秘！徒用《悟真篇》中敲竹鼓琴之名词妄解其旨，还自诩为祖孙二代的发明创造。贪求外援，不知“道”修何物？故自趋旁门还自命清净，吾将另文探究之。

总之，三成全套功法证果，本广成、黄、老一脉所传之正法。首

① 梅自强著：《颠倒之术》，人民体育出版社，1993。
② 同上。
③ 同上。

先由钟、吕二老祖公开著文传出。古今得真证者，皆以此法。得证者虽因授徒而派分，但皆传同一正法。

今世以三成法中部分功法，妄图取代全法而求速成顿证之法，皆是不知真法之妄指。例如：初成法中，求狭义玄关法；中成法内，中、后期之“中黄直透法”；上成法中，无为圆性，还虚合道在顿法；皆是。

究其误妄之因有二：首先以世俗贪求之心求出世之大成，岂能不殆？其次天仙三成正法，传承极严，择徒而授。不得真传者，实不能真知。三成法中，各成之鼎器、药物、火候，亦不相同，而且各步还有法、诀、景、旨、皆鲜为人知。后世有识智之学者，妄解丹经，阐其偏见，而自误误人，古今皆然。如集理学大成之朱子，治学严谨、诚信不欺的学者，近代几希矣！晦翁深悉易理著《周易本义》与《周易启蒙》；因未得丹道真传，却只撰《参同契考翼》而不敢妄注《周易参同契》，贤哉！朱子。只此一念严谨之大善，不误后学，已绾再劫之仙缘。

上文所列历代最有影响的众仙及传世丹经中，最系统、完整传三成全功的理、法、诀、景、旨而有隐语最少者，当推伍祖柳师传世的《伍柳仙宗》。不过为防后学不虔心诚求，得之太易，致于天律而招天咎。文中将功步、火候，心印之秘，散于各章。真修实悟者，应遵柳师之嘱，“必须前后凑合，究竟层次，再求真师印证，免误此生之空修也”。[①]

再申师言：果能坚毅不二，虔心苦研，必能究竟层次，而得三成全法全旨之秘。遵法勤修苦炼，真师必应时而至。真传本是师择徒也。吾有颂为证：

已向人间留秘诀，未逢一个是知音。
玄妙天机俱漏泄，无奈学者不究竟。

① 伍冲虚，柳华阳著：《伍柳天仙法脉·慧命经》，静虚子校订，宗教文化出版社，2007。

不解个中颠倒意，反迷管见妄高论。
伍柳本申天仙法，妄云繁琐不清净。
先天一炁太虚来，小周妙行始丹本。
行住规则于程限，知行保尔驻长生。
若无初成真果证，不必侈论中上成。
若见众经宣同法，天仙功诀得髓心。

黄元吉真人玄关绝学

（仍示孕、调药功成景征）

一

黄元吉真人传世三著：《道德经讲义》《乐育堂语录》《道门语要》，当以《道德经讲义》为主，来研究黄真人之示教。《乐育堂语录》乃及门弟子记述的黄真人讲学内容，是否皆经黄真人亲自校阅认可，不能确定。但至少卷五最后数段语录，记述众弟子送师之记录，乃追记之文，必未经黄真人亲自校阅认可。虽然二著玄关之论，若合符节，但《道德经讲义》既有黄真人署名，又有黄真人自序，又有应受业弟子请求而著（见《受业弟子序》）之印证，当能完全代表黄真人讲学之精义。余今以《道德经讲义》为主，以《乐育堂语录》为辅，释黄真人玄关绝学。

天仙正法源于广成、黄、老，至魏伯阳、许逊便有专著传世。后有王玄甫少阳一脉传钟离权，再传吕洞宾、刘海蟾，世人遂分出所谓北、南、东、西各派。然而得道成真众仙，悉皆传承同一天仙正法，并无二法（若传二法，即为离经叛道，欺师背祖之徒，岂能成仙？）。众真传世丹经，为尊奉天戒，不敢言全法，不敢明言真法：常以初成地仙功法，尤其是其中第一层次及第二层次的人仙功法为主，救度后世真修者入门。常以不同文辞、术语隐示真法之实指。正如北、南、东、西四派中，最后成真的西派开山祖师，清嘉庆、咸丰时人李涵虚真人于《道窍谈》

第四章末所告诫云："一切丹经，三五错综，词虽异而事则同。"[①]李涵虚真人传世丹经，所用文辞、术语最多，故以此告诫后人，不要被表面文辞、术语所囿，应了解其内所实指之功法。

黄元吉真人所示之玄关（玄牝），即天仙正法入手入门，孕、调药功成，求得先天一炁时之景征。得孕药功成之景征示微阳生；得调药功成之景征示小药生；以后当立即行小周天河车功。微阳生即情来精至。元炁由与神静合为一，刚刚突动，判分神、炁为二，元炁化元精之时。《参同契》喻为月出庚方、九一潜龙勿用。黄真人称之为"阳生"。经调药功成而得小药生，即先天一炁从太虚中来，黄真人称为"药产"；《阴符经》称为"盗机"；《参同契》喻为"月望"（十五乾体就），九二见龙在田，利见大人；钟、吕称为勒阳关，先天一炁；张紫阳称白虎首经；伍冲虚称小药、外药。

天仙功法，自古以来，孕药以后，必经调药之功，使孕药功所得之嫩炁、阴精，能转化成刚刚圆满不老不嫩可用于行小周天河车功之元精（动炁）。若不经调药之功，径行小周天，则炁嫩无用而成幻丹；若调药功成景现，不立即行小周天，则炁老无用，即金逢望远不堪尝，虽行小周天，亦不能成内药，只能温养下元。孕药功成，微阳生之景征称为初玄关（炁足）；调药功成，小药生之景征称为正玄关（神全），二者皆可称玄关。其名之来源，最早见于《道德经》第1章。"常无欲，以观其妙；常有欲，以观其窍；此二者同出而异名，同谓之玄。玄之又玄，众妙之门。"以下引黄真人之示。

"学人下手之初，别无他术，唯有一心端坐，万念悉捐，垂帘观照心之下、肾之上，仿佛有个虚无窟子。神神相照，息息常归，任其一往一来，但以神炁两者凝住中宫为主。不顷刻间，神炁打成一片矣。

---

① 徐兆仁主编：《涵虚秘旨》，中国人民大学出版社，1990版。

于是听其混混沌沌，不起一明觉心，久之恍恍惚惚，入于无何有之乡焉。斯时也，不知神之入炁，炁之归神，混然一无人无我，何地何天景象，而又非昏聩也。……于无知无觉之际，忽然一觉而动，即太极开基。须知此一觉中，自自然然，不由感附，才是我本来真觉。道家谓之玄关妙窍（微阳生之初玄关。方括号内，为作者小注，以利读者理解），只在一呼一吸之间。……但此一觉，犹如电光石火，当前则是，转眼即非，所争只毫厘间耳。”①

又示“至于修炼始基，古云‘精生（微阳生，初玄关显像时）有调药火候，药产（正玄关显像时）有采取（行小周天河车功）之候。’始教人致虚养静，从无知觉时，寻有知觉处。《易》曰‘寂然不动，感而遂通’是也。……所谓‘玄关一动（示微阳生之初玄关），太极开基’也（以下隐示调药口诀），自此凝神入虚，合气入漠，冥心内照，观其一呼一吸之气息开阖往来，升降上下，收回中宫，沐浴温养。少倾杳冥之际，忽焉一念规中起，一炁（先天一炁）从虚中来，即精生炁也（得小药、外药、先天一炁之正玄关）。……是炁原天地人物生生之本也。得之则生，失之则亡。……古仙喻之曰药，以能医老病、养仙婴也，故曰‘延命酒、返魂浆’，又曰‘真人长生根’，诚为人世至宝，古人谓万两黄金换不得一丝半忽也。吾点功至此一诀，诚万金难得”。

二

又示，“修行人但将万缘放下，静养片时，观照此窍（下丹田炁穴）……虚极静笃之中，神机动焉，无象者有象（象即指玄关显像之景征），此离己之性光，木火浮动之象，即微阳生（初玄关景征显像）时也。……其中阳物动焉，此离光初交于坎宫者。其时气机微弱，无可采取。唯

① 黄元吉著，黄信阳主编：《道德经讲义·乐育堂语录》，蒋门马点校，宗教文化出版社，2003。

有二候采牟尼（即调药功）法，但此一觉犹如电光石火，当前则是，转眼即非，调度阴跷之气，相会于炁穴之中，调度采取为一候，归炉温养为一候。依法行持，不片晌间……此神炁交而坎离之精（小药、外药）生矣。……其中大有信（即玄关显像景征）在。……不可指名者也。”①

黄真人《道德经讲义》首章之注，即隐示了求初玄关、微阳生的孕药口诀。第43章后注及第21章后注，又隐示了“微阳生”时之调药口诀。按口诀行功，孕药功成即有微阳生初玄关之景征。见之速行调药之功，调药功成便有“小药生”、正玄关之景征。见之当于一息之倾，速行河车小周天功，化小药、外药为内药、大药。黄翁又于第22章后注示“其静而发端也，不由感触，忽然而觉，觉即曲也；其动而显像也，偶然感孚，突焉而动，动即曲也。要皆从无知无觉时，炁机自动，动而忽觉，此乃真动真觉。但其机甚微（炁嫩难为药，必调至不老不嫩，方为合用之小药），为时最速，稍转一念，易一息，即属后天，不可为人物生生之本，亦不可为炼丹之根。……古人喻为电光石火”。②

孕药功成，真机自动突觉，情来精生，得微阳生、玄关初现之景征，当立即行调药功。若不立刻行调药功，则此情来精至将迅即化为后天之人情淫精，其凶如出林猛虎，消耗人物之神炁，淫心、淫机难制也。调药功成景现，亦当于一息之倾转小周天河车功，以得到所“盗”取的先天一炁。否则反被天盗夺人之神炁。

总之，黄元吉真人所示玄关，可以归纳为以下四个要点：

（一）玄关是孕、调药功成之景征，玄关并非功法。有求初玄关显像之孕药功法，与求正玄关显像之调药功法。但术语玄关仅仅是孕、调药功成显像之景征，而非指功法。

---

① 黄元吉著，黄信阳主编：《道德经讲义·乐育堂语录》，蒋门马点校，宗教文化出版社，2003。

② 同上。

（二）玄关仅存于一息之倾，不能长存。黄翁以“电光石火”喻之。实指神炁由虚静纯一，刚刚动判为二，太极开基之一息以内。此时先天一炁从虚无中来。既知玄关只存于一息之倾，则足证玄关只能是功成之景征，而非指功法了。

（三）用玄关术语，警示真修者，当于此刹那间，速转下步功法，以“盗”取此天地之生“机”，以实受用此先天一炁。

（四）求玄关法仅仅是天仙正法入手孕、调药之法，目的是求取先天一炁作为炼丹之本，远非修真之全法，更非能取代三成全功的无上大法。仅仅为入手入门之法，即初成地仙功法中，第一层次二步功法中的第一步、第二步功法。先天一炁又称小药、外药（因其具有生后由炁穴向阳关外泄之本能，故名外药），经行河车小周天功后，称为大药（分子）、内药（已炼化其向外出阳关之本性，仅微微内动于炁穴，故名内药）。现分别引黄翁之文证之。首先引证黄翁示玄关仅存于一息之倾的部分著文如下：

“邵子云：‘冬至子之半，天根理极微，一阳初动处，万物始生时。’此即天理来复，古人喻为活子时也。……但其机甚微，其炁甚速，当前即是，转念即非，不啻石火电光，俄顷间事耳。”①

又示，“要皆从无知无觉时，炁机自动，动而忽觉，此乃真动真觉。但其机甚微，为时最速，稍转一念，易一息，即属后天，不可为人物生生之本，亦不可为炼丹之根。……古人喻为电光石火。”②

又示，“于此定静之中，忽觉一缕热气……不由感触，自然发生，斯乃玄关兆象，太极开基也。……略先一息则真机未现，采之无益；

① 黄元吉著，黄信阳主编：《道德经讲义·乐育堂语录》，蒋门马点校，宗教文化出版社，2003。

② 同上。

略后一息，则凡念已起，采之又多夹杂，不堪为我炼丹大药。”[①]“总之，此窍〔玄关窍〕只此一息之倾，以前不是，以后不是。”[②]

又示，“此个一觉（即玄关显像）在何时寻？务于至阴（即入静虚）之中，恍恍惚惚时，了无知觉，忽然有此知觉。……静时固非，动时亦非，其机在静极而动之初，其间只一息耳。”[③]

又示，“尔生果于入定时凭空一觉（即玄关显像）即是我本来真面。……以前不是，以后不是，露处只在一息。一息之后，不复见焉。”[④]

以上皆示玄关仅仅突现于一息之内。一息之内岂能成为功法？只能是功成之景征。持玄关为功法者，误矣！

黄翁示玄关仅仅是入手孕、调药法；目的是求取先天一炁、小药、外药，为行河车、小周天功之药物。二著中论述很多，现引部分著文如下：

“下手之初，不可不得其根本。根本为何？即玄关窍也。夫修真炼道非止一端（示有三成功法），岂区区（仅人仙功法中，第一层次的第一、第二步功法，仅幼儿园之学而已。故曰区区，示不足道也）。玄关妙窍可尽其蕴哉。”[⑤]

又示，“学人得此阳生，只算一边（仅人仙功中之一边工夫，还有另一边河车、小周天工夫）工夫，安望结胎成圣？唯将此阳炁引之上升，复合周身之阴精，更与泥丸绛宫之神髓灵液交合为一（隐示河车、小周天功）……才可还丹。”[⑥]

又示，“至于修炼始基，古云‘精生’（微阳生之初玄关）有调药之候，药产（小药生之正玄关）有采取（指行河车、小周天功升、降、沐浴四候）

① 黄元吉著，黄信阳主编：《道德经讲义·乐育堂语录》，蒋门马点校，宗教文化出版社，2003。
② 同上。
③ 同上。
④ 同上。
⑤ 同上。
⑥ 同上。

之候”[①]

又示，“无奈而今学人，只道守中（求玄关法）一则，是历代圣人心法，始而守有形之中（外鼎下丹田），继也守无形之中（内鼎神炁和合），即可成真作圣。岂知守中得药（正玄关显征显像）只算得半边（仅人仙功中之半边学问）学问。……尤要明采取（采微阳生，调药功法，调至不老不嫩）之法，药嫩不生，药老炁散，此中须得一苗新药之生，采之取之（至得小药生、正玄关显像之景征），以之运行河车（人仙功的另外半边学问小周天功）不难矣。”[②]

又示，“人欲长生，除此守中（孕，调药求初玄关、正玄关二候之功）、河车（小周天四候功）二法（一个完整的人仙功法，即长生不老法），行持不辍，别无积精累炁之法焉。虽然守中之火，只有温温铅鼎，唯河车逆运（还精补脑）则有子午卯酉（升、降、沐浴四候妙用），或武或文之别。”[③]

又示，“既知采药（求玄关显像，得先天一炁之孕、调药法），尤要明得炼丹（河车、小周天功法），知得服食（至此，初成地仙功法始全，始能实证长生，一得永得）。采药（即调药功）是阳生（指微阳生，情来精至的初玄关）时乾，是二候采牟尼（达摩祖师所示），前行短（吕祖所示。其鼎器、药物、火候，与小周天功法比，绝不相同）法；炼丹（行河车、小周天功）是阳壮（小药、外药生之正玄关显像，先天一炁从虚无中来之活子时）时事，行子午卯酉（达摩云四候有妙用之河车、小周天功）四正之功；服食（含采大药功，五龙捧圣过三关功，服食大药功三步）之时，是药炁收归炉（指黄庭，非炁穴。已移炉换鼎，超出欲界）内，慢慢温养。”[④]

---

① 黄元吉著，黄信阳主编:《道德经讲义·乐育堂语录》，蒋门马点校，宗教文化出版社，2003。

② 同上。

③ 同上。

④ 同上。

又云，“故丹经谓之，‘阳生（指孕药功成，微阳生，初玄关显像）采取（即行调药功），药动（调药功成，小药生、外药生时之正玄关显像）河车，皆自然之道。’”①

又示，“炁既动，阳即生（调药功成，正玄关显像），又当知子进阳火，午退阴符，卯酉沐浴（示河车、小周天功法四候妙用）诸法……此河车一法有无穷妙义。”②

以上所录八节，皆黄元吉真人示孕、调药功成，小药、外药生，玄关景征显像后，要立即行河车、小周天功；化小药、外药，为大药、内药。如果不接行小周天功，则轻者，空废以前的孕、调药功；重者，元精顺化为淫精，反耗折修者之神炁。黄翁于《道德经》最后第八十一章注后作总结时示“学者修真……既得元炁来归（调药功成，正玄关景征显像），氤氲活泼，婉转悠扬，如活龙动转，十分爽健。此元炁之充壮，可以运行河车（小周天功）矣。苟炁机大动，不行河车化精化炁（化外药为内药，化元精为元炁），化炁为神之功；仍然凝聚丹鼎。奈未经火化，阴精难固，不能长留于后天鼎（炁穴）中，一霎时凡火一起，必动淫根，生淫事而倾矣。即或强制死守，不使他动，奈后天精炁皆属纯阴，未经煅炼，不强制他必泄，即强制他亦必泄也。夫以此诀（指河车、小周功法）一行，即可以夺天地鬼神之权，参造化阴阳之法，而自主自夺，我命由我不由天矣。实为长生不老之仙（人仙功法即长生不老功法），所谓‘阎罗老子亦无奈我何’者此也。所以不许匪人得门而入，使天、神，无善恶报应之权。尔生属知道者，谅亦深明厥旨。切须隐口闭舌（无比珍贵慎密，只传有德有缘者），莫妄泄天机密钥可也。”③

① 黄元吉著，黄信阳主编：《道德经讲义·乐育堂语录》，蒋门马点校，宗教文化出版社，2003。
② 同上。
③ 同上。

又示，“夫以药生（玄关显像）不进火（不行河车小周功），止于冲举下元，壮暖肾气而已。”[①]又示，“所谓‘片向虎龙频斗罢（行调药功），夺得金精一点生’（正玄关显像），此霎时间事耳。然得之虽易守之实难。不行子午河车（小周天功），不用逆施造化，是犹窑头泥瓦未经火炼，一遇雨来，仍化为泥。其必速采此一点阳炁，以之上升泥丸，配合阴精（示河车、小周功），然后，飞者不飞，走者不走，合成一块紫金霜，不怕历遭磨折，且愈炼愈坚也。”[②]又示，“吾见生等河车之路已通，此时不用河车流通一身，灌溉丹田，势必精盈炁满，有倾倒之危。”[③]

由上所引黄元吉真人部分著文，可知玄关之实指为：玄关是孕、调药功成，求得先天一炁时之景征。其仅存于一身之倾，黄真人以“电光石火”之迅即，警醒真修者，速转河车、小周功，将此先天一炁、小药、外药、元精动炁，转化为元炁、大药、内药、元炁静炁，而得长生不老人仙果证。

三

黄元吉真人是晚清道光、咸丰时，承传天仙正法已证神仙果证之前辈仙真。尚未行还虚之功，留尘世救度有缘之人，以了大事因缘。黄翁传世著文，悉合天仙正法，悉遵三成全功。《道门语要》已按顺序指示得明明白白。《道德经讲义》《乐育堂语录》也有很多处提到三成功法，尤其第八十章后注，大段记述黄真人所学、所修、所传为天仙正法之三成渐法。故曰：“不似吾师（黄翁自称）今日之教，尚多

① 黄元吉著，黄信阳主编：《道德经讲义·乐育堂语录》，蒋门马点校，宗教文化出版社，2003。

② 同上。

③ 同上。

作为也。”[①]但是二著皆非系统讲述三成全功之著作，皆为对从学数千人之讲学而！能公开普度讲述者，天仙正法之理、法也。而最重要最关键的，遵行之即能得果证之口诀及景、旨，岂能著文普度明示哉？黄真人既承传天仙正法，岂敢违天仙门戒律耶！岂能度从学数千人入门耶！黄翁自云：“其得吾真传者，仅有数人。”[②]此数人因具慧根仙缘，此生有德行操守，故能知仙音而得到教外别传。方能真得入手孕、调药求玄关功法而入天仙之门。

余上文仅以四点，示黄真人玄关之实指，亦并未示求玄关的入手孕药功法四句口诀，及调药功法四句口诀。并指出：黄真人于第一章注中，即隐示全了天仙功法入手入门，求初玄关的孕药炼己功法的四句口诀。第四十二章后注及第二十一章后注隐示了求正玄关调药功法之口诀。本文皆率先摘出。学者当反复仔细参悟，逢真师传四句真口诀时，自有印证。须知，能真实入手入门，方有后修之望；否则只是侈谈奢望，有何益于真修哉！下面谨以当代丹功学者，误解黄著，阻断自己及其后之真修实悟者入门得果证之三个关键处，述之如下：

（一）当代丹功学者，不知道孕药功成，情来精至，玄关初现后，此时炁嫩力微，不堪为用。必要以调药之功，调至不老不嫩，方为可用之小药、外药、先天一炁、活子时，方可行小周天河车功。黄翁于第四十三章后注示：“古云‘精生有调药之候。’”考证“调药”术语，首见于伍冲虚真人二著中，伍真人本想于二著中，直示调药功法，惜未得祖师允许（事详见答伍太初第六问），不得已透出孕药后必须调药之消息；并于《天仙正理》中，隐示出调药法四句口诀。直到一百五十九年后，柳华阳禅师方于《后危险说》中，公开示全了天仙正法的入手

---

① 黄元吉著，黄信阳主编：《道德经讲义·乐育堂语录》，蒋门马点校，宗教文化出版社，2003。

② 同上。

入门的孕药功法及调药功法。世上丹经，才有了孕药、调药之名词术语。二法并非伍、柳自创，实本承传千载之天仙正法。源于《道德经》第一章："常无欲，以观其妙；常有欲，以观其徼；此两者同出而异名。同谓之玄，玄之又玄，众妙之门。"《参同契·药生象月章（第八）》云"三日出为爽"示初玄关也，"十五乾体就"示正玄关也，"蟾蜍视卦节，兔者吐生光"。故我天仙正法得道众仙，常以"蟾光"示小药生，先天一炁从虚无中来时正玄关之景征。故调药功又称簇月功。钟、吕二祖又称勒阳关。但众真为尊奉天戒，不能明示于著，指明：生于清真虚无之药，要分老、嫩，要弃老、嫩，用不老不嫩。直到柳真人时，机缘时至，为纠正世俗盲师对古法之乱指，救度真修者入仙佛正法之门，方开禁于《后危险说》中，公开明示孕、调药功之理法。

（二）天仙正法，各步功法皆有鼎器、药物、火候。鼎器有外鼎、内鼎。内鼎指不同功步中，神炁和合中，互为鼎器，交相互用混融合一之妙。外鼎器就是三田，即神、炁、精之本根处。孕、调药功中之外鼎器，就是下丹田之炁穴。不讲外鼎器，三宝和合，转化升华无处所，绝无果证。鼎器错了，不于其本根处行三宝和合，转化升华之功，乃缘木求鱼，亦绝无果证。黄翁示孕、调药求玄关显像之外鼎器，有独自之术语名词，称为"海底""鬼窟盗宝""黑山求铅"。现引黄翁数条著文如下：

"由至阴而取至阳，所谓'盗机'者此也。人能于黑山窟取阳，鬼窝里盗宝，即是盗生机于杀机之内……用一度功，自有一度之进益。"[①]

又示，"若炼命则有为有作，倘非从下处做起，贱处炼来，药犹难得，何况金丹？下即下丹田也……古人谓'阴中求阳，鬼窟盗宝'洵不诬

① 黄元吉著，黄信阳主编：《道德经讲义·乐育堂语录》，蒋门马点校，宗教文化出版社，2003。

也。”①

又示，“吾想打坐之倾，其始阳炁沉于海底。”②

又示，“大国喻元神也，下流喻以神光下照丹田，而阴精亦下（三个下字，非中，非上）流入丹田……此个丹田即玄关（炁穴）也。”③

又示，“即佛所云‘我于五浊恶世（下丹田才是恶浊之处，非泥丸、绛宫），修行而得成道果’是。又古谓‘鬼窟中盗宝，黑山下求铅’，是。”④

又最前面所引首章注示，“学人下手之初……垂帘观照心之下肾之上，仿佛有个虚无窟子（指明下丹田）……”⑤

今之以黄真人求玄关绝学，不要外鼎器者，或指黄翁玄关外鼎器在上丹田两眉间者，是公然妄诬黄翁之示教。违背天仙正法入手之修，必无果证，亦必难入门。真修者警醒之，是尔自己福缘。

四

天仙正法，入手入门之功最秘。入手孕药首步功法，便要在先天中行功，为无中生有之玄妙法。以后步步升华转化悉皆在先天中行之。紫阳仙翁云：“见之不可用，用之不可见。”余不惜罪过，冒谴饶舌一句：不入静得不到，不入虚得不全。静者太极也；虚者无极也。可悯世俗丹功学者，不识此功理，又未得真师口诀，误解了黄翁第三十四章后注中“此即炼精化炁”“所谓神生炁”“所谓炁生神”“此三件功夫，一时可行可到”之语。以为一时片刻间，即可行完三成全功；不必逐步、

① 黄元吉著，黄信阳主编：《道德经讲义·乐育堂语录》，蒋门马点校，宗教文化出版社，2003。
② 同上。
③ 同上。
④ 同上。
⑤ 同上。

逐层、逐成去修证三成全功；而创出所谓玄关绝学，可代替三成全功之“顿法”。可惜他们未细研此段后面之文字。

其后文又云：“再加归炉功法，然后合乎天地盈虚消息，与一年春夏秋冬气象，如此始完全一周（示河车、小周天功法）。”又明示“此河车之路自然而通”，由此段注文全文可知：其前所言“炼精化炁”“神生炁”“炁生神”“此三件功夫”只不过讲的是行小周天、河车功前的功夫，为行河车、小周天功做准备而已，即为孕、调药求玄关求取先天一炁、小药、外药之功。也示孕药功、调药功，每步功行功中，要注重自然冲和，且都应达到静虚还先天的境界；并非讲孕药功、调药功，就真能一步到位，修证到由凡夫至天仙、第十一地等觉佛之还虚地位。试问：既已还虚证性，还何修之有？更那里还会再行有作有为的河车、小周天功夫？

又吕老祖诗云：“自在河车几百遭。”欲证地仙初果，河车、小周天功都要靠三百个得内药小周天之功之积累。侈谈顿法，奢望一时片刻就能达还虚实证者，是否太轻视仙佛正法了。真修者，请自深研黄翁第三十四章后段注文：“今特详下手之功……此河车之路自然而通，我不过顺其所通而略为引之足矣。”[①]万勿坠于所谓玄关为无上大法，能代三成全法，能速证成真的“顿法”妄误之中，阻断自己入天仙正法之门。附说一下，天仙正法是最严密最快速成真之修法。成就只在一二年间。陈泥丸真人《翠虚吟》已明示出。但先决条件是，修者必须真知入手孕药四句口诀，并能在三十分钟内，都达到其标准。李涵虚真人修孕药炼己即“学钻杳冥七八年，然后稍有把柄”[②]，即七八年只能达到孕药炼己口诀之初步标准，不能保证三十分钟内都达标。

---

① 黄元吉著，黄信阳主编：《道德经讲义·乐育堂语录》，蒋门马点校，宗教文化出版社，2003。

② 徐兆仁主编：《涵虚秘旨》，中国人民大学出版社，1990。

要之：黄真人玄关术语之实指，为取得先天一炁、白虎首经之景征。只存于一息之倾时，并非指修炼功法。求玄关之法，即天仙正法中，入手首步孕药炼己，求微阳生、情来精至初玄关之法，黄真人称为“阳生”；第二步调药求小药、外药、先天一炁，正玄关显像之法，黄翁称为“药产”；古仙谓之蟾光、活子时、阳光一现。见此景征，即当速转河车、小周功。玄关又称玄牝，玄关实指神觉、觉之景征，玄牝实指炁觉、觉，息觉、觉，气、炁同根，相关互用，橐籥之相自现，阖辟机缄自成之景征。神炁相翕互蛰，互感潜通。玄关、玄牝同时显像，皆示先天一炁从虚无中来之景征。

求玄关现象的孕、调药四句口诀，必待真师口传。不允许直示于书，书中只能隐示口诀。前引黄翁第一章注、第四十三章后注、第二十一章后注，皆已隐示。又李涵虚真人《收心法下手工夫》第一、第二段文，亦皆隐示全了孕药四句口诀。尤其是柳华阳真人于《后危险说》中，不但隐示全了孕、调药口诀，并将功理亦阐释透彻。

孕药功成、初玄关显像之景征，调药功成、正玄关显像之景征，具体实指的是什么？佛经、丹经中，只鳞片爪，稍有提及，但均不敢于一处全部明示。此既受到戒律限制，更重要的是入手之时，大多数修者炼己不纯，第六识常狼子野心，既干扰修者真入静虚，更易以真师所示之景征，为先入之见，播弄于并未达真正景征之修者，做虚妄的第六识之游戏。故必待修者，于座中有感后，印证于传口诀之真师，方为真证。余见丹经中，所述景征最多者，唯《金仙证论》一书。黄翁二著中亦多所引用。自《天仙正理》问世后，丹经中常以“阳光一现”隐示神觉、觉之正玄关景征。惜世人鲜有知其实指者。

黄元吉真人为清代道光、咸丰年间，承传天仙正法之得道仙真。并非元代同名的净明派高道。故黄翁于二著中，称元末明初之张三丰真人为张祖。见“张祖六十而始弃家访道，七十而得火龙（郑思远真人）

授诀”[1]，称清代著《悟真篇阐幽》之朱元育真人为“昔朱元育云……”[2]称明末伍冲虚真人为伍仙，如“伍仙示河车功法……”[3]，称清代柳华阳真人为柳真人，如“柳真人云……”[4]，并于二著中，多处引用四位真人传世之著，尤其成段引用了柳华阳真人《金仙证论·效验说（第七）》原文。如“故古云：‘奇哉！怪哉！玄关顿变了，似妇人受胎。呼吸偶然断，身心乐容腮。神炁真混合，万窍千脉开。’”[5]

按：只有出生于后代之人，方会称生于其前代之人为祖、为昔，才能引用生于其前之人的著作。故著《道德经讲义》等三著之黄元吉真人，乃清代晚期，道光、咸丰间人，确证无疑矣。此外，得天仙正法并已修证成仙之真人，虽为救度有缘之人，了其大事因缘而未还虚驻世。但天仙门戒律不允许，出世真仙也不会惊世骇俗公然再现于尘世，著书立说，广开普度之门。

2006年11月20日

---

① 黄元吉著，黄信阳主编：《道德经讲义·乐育堂语录》，蒋门马点校，宗教文化出版社，2003。

② 同上。

③ 同上。

④ 同上。

⑤ 同上。

附　录

玄关、玄窍、玄牝与活子时对联选编

玄关、玄窍、玄牝与活子时

存诚子

盘古魂魄　天地初心

无言之言　可道之道

序诗

开荒下种已多年，道家仙宗丹道修持的历史，可以上溯到黄帝问道于上仙广成子，约有七千多年历史（广成子应该还有他的师父）。

我佛灯光尚未传，释迦摩尼佛祖开始传灯的历史约二千五百年前。

无缝塔前难了命，佛教自汉代传入中国，僧人去世后在其坟前立一石柱以资纪念，书其生卒年月，名无缝塔。

双林树下怎超凡？佛祖在菩提树下悟道，在双林树下涅槃。

有谁踏破窍中窍，丹田为修道之窍位、玄关。上有关藏元神的上玄关，泥丸内院；下有关藏元炁的下玄关，称为窍（外窍、下丹田）中之窍（内窍即炁穴，窍中窍）。

唯我揭开天外天，唯有我现在给你们揭破这个天大的秘密。

欲识玄关端的处，你要了解玄关现象的终极密码么？

无中生有是真诠，功夫修炼达到虚极静笃，一念不生、一觉独灵一小时左右，静中一动—无中生有，好消息来矣！

前　言

玄关、玄窍、玄牝，三位一体，原本密不可分，现在分开来进行深入探讨，不过是为了方便。

过来人言：未开为关，既开成窍。就是说关藏元神阴鱼、元炁阳鱼的机关，虚而无形，隐而实存，故曰玄关——玄妙机关。一旦修持者修至虚极静笃的先天境界，或静中一动下丹田的狭义玄关打开，元炁阳鱼冲关而出，灵丹妙药产出而“得铅”；或虚中一觉上丹田广义玄关打开，阴鱼元神灵光显现而“得汞”。这对久违了的“神仙夫妇”阴鱼二鱼，就在我们凡体之内重新团聚建立太极之家——玄关一窍，“得其一，万事毕”之“一”，形成修道之道场，如此则立即开始工作而交媾神炁，生生不息，是谓玄牝。

由此可见，玄关、玄窍与玄牝，是一而三、三而一的，略有先后之分，没有本质之别。

“药产有时，活子时至，玄关窍开，此其时也！”[①] 活子时是玄关窍开的前提，二者同等重要。我们下面来深入探讨。

活子时与“三玄”之道的重要性不言而喻，真修道者必须尽量把它们弄透弄彻，具备真知灼见，才能真开玄关，产出真种，以烹以炼，炼成金丹，实现生命的自我超越；反之，玄关不开，真种不产，无药

①《吕洞宾全集》，刘体恕汇辑，华夏出版社，2009。

可炼——无油烧干锅，而走向反面！为此我们要精研真过来人的论述：钟离真人、吕祖、张伯端、丘处机、李道纯、伍柳、李涵虚、黄元吉等诸位真人的著作！其他非过来人的言论，几乎就是天下文章一大抄，不必过多地浪费时间！

一、大爆炸——宇宙的玄关窍开

玄关，通玄达妙的机关。“家家（身家）有个家家（人人）有”的潜存着的“金矿”“宝藏”，长生久视灵丹妙药的药库，人体“生物超能、核能”储存之所，等待有志者去探索、启用而超凡入圣！

人体内潜存着的“金矿”“宝藏”，一旦得到开发利用，我们将受用无穷：重返青春，长生久视……了道成仙，悟觉成佛！

科学家研究发现，约在距今 150 ～ 120 亿年前，宇宙发生了一次大爆炸！那也许就是宇宙的“玄关窍开”“玄牝体立”，从而化生出天地万物，日月星辰……而且化化无穷，生生不息，宇宙从此就热闹起来了。

宇宙大活人，人乃小宇宙。宇宙的“玄关窍开”“玄牝体立”而化生天地万物。吾人的“玄关窍开”“玄牝体立”，亦将生生不息，升华自我生命体向更高的生命层次。

关于玄关、玄窍与玄牝，真是玄之又玄，秘中之密——丹道修持过程中三个最隐秘的秘密之一；另一个就是活子时；再一个为小周天河车搬运的程限规则！

二、无极而太极

无极○系道的本寂之体，太极⊙乃道的本智之用。无极而太极，太极混沌之炁不能永远处于本然状态，它的本智之用、自在功能——

道的演化程序，因缘成熟时一定要表现出来，演进到自为阶段，因缘和合而化为万物。万物生成之后也不能万古不变，有生必有灭、有始必有终，程序运转完毕，因尽缘散，散而为炁，返而还虚，回归本位无极之道体〇。

由此可见：万物自得以道〇，宇宙统一于炁⊙！因而从宇宙大统一场之“道炁”来看天地万物，阴之与阳，有之与无，显之与隐，实之与虚，生之与灭……无非是阴阳这两个东西的交媾、散聚，在一定条件下的相互转化而已。就大生命现象——人类生命和宇宙性命——而言，人之与物（动、植物），人之与“鬼”，人之与“仙”，人之与“魔”，人之与“神”，人之与“罗汉”“菩萨”，地球人与外星人，也是如此，他们都是宇宙心物一元大统一场能“道炁”在不同层面上的存在、表现形式。而人有其特殊的一面，可以降等为“鬼”化为纯阴之物，更能升华为“仙”晋级纯阳之体。

善能助阳，恶能生阴。为善者升华为“仙”、成“佛”，作恶者降等为“鬼”、为“魅”，以显天道之无私。升仙成佛或降等鬼魅，权柄皆操于人我自身！

现代科学对人体生命现象有一个被动的认识：人一生下来的目标就是走向死亡。无情岁月在增长中减损人的寿命，上限为 120 岁，这是人类个体生命无能为力的“自然规律”编订的固定程序。

有人说，自然规律即道也。道可没有编订过这样的程序！“一粒灵丹吞入腹，始知我命不由天”[①]，这才是道的程序。人们之所以“人生七十古来稀”，是自己浪费了自己的天赐潜能——“家家（身家）有个家家（人人）有，自是愚人识不全”[②]的先天道炁，辜负了上天的好

① 王沐、张伯端著：《悟真篇浅解》，中华书局，2009。
② 同上。

生之德，一直关藏在“玄关”里面，没有去将它们开发利用而发热放光，只能怪人们自己。

生我者道，活我者神，用我者炁。神存则人存，神去则人灭。“要得谷神长不死，须凭玄牝（生生不息之炁机）立根基。”[1]只要我们按照钟离、吕祖“五等仙阶与三成全法”，一步一印地进行修持，修到玄关现象，太极开基，就等于拿到了自主自我性命的金钥匙。

三、玄关为造化之体　玄牝是造化之器

“未开为关，既开成窍。”潜在的“金矿”“宝藏”道炁未曾启开，就一直关藏在玄关里面，成为人身最大的精神潜能与超级智慧！一旦开启玄关、道炁冲关而出，即与元神混沌为一，并寻找落脚之点，修成玄关一窍，从此阴阳交媾，神炁混融，生生不息——是为玄牝。

关于玄关——玄关现象，玄窍——玄关一窍，玄牝——玄牝体立，这个众妙之门，真是玄之又玄，奥义无穷。加之从古至今众多的掉书袋者，又说了一大堆玄奥的空话，令人更加扑朔迷离。什么天地之根，众妙之门；造化之机，大道之庭；太极至善之地，无极混沌之根，先天凝结之所；窍中之窍，天中之天……如此等等。至于玄牝，有天玄地牝，乾玄坤牝，上玄（鼻）下牝（口），左玄右牝（两肾），父玄（精）母牝（血）；玄牝之门——众妙之门；天地之根——上有天根，在两眼之间的性根、神根；下有地根，在两肾之中的炁根、精根；如此等等。

虔诚的一心修真证道者登山临水、求仙访道，就是希图得到神仙、高人的点化，希望给他点明玄关、玄窍与玄牝，以立定道基。

---

① 王沐、张伯端著：《悟真篇浅解》，中华书局，2009。

陈撄宁会长曾经讲述过一位寻仙访道者，历时二十余年朝山拜庙，也未遇上高人点化，以至抱憾终身！

“不悟法华转”[①]，未亲自经历过自己的玄关开、玄窍成、玄牝立，光是纸上谈兵，迷时千卷少，着实把人弄得天旋地转而莫知所衷。

“悟者转法华”[②]，一旦玄关开、玄窍成、玄牝立，一下子就了却千经万典之义，可谓悟后一字多。

大道无言，非言不显。这个通玄达妙的机关，还是得运用语言这个苍白的工具来进行勉强的探讨，以免道无以明而致道难以行。

四、下丹田与正丹田

人体下丹田，《难经》《类经》等古籍称之为“生气之源”“呼吸之门”“阴阳之会”“十二经之根”“生死相关之地”等。坎离上下，以此为中，气脉升降，以此为根，它与人体生理过程息息相关，也就是医家及有为法门气功锻炼者的下丹田。

丹道修炼者的丹田，系指“采药炼丹”的特定处所，即内经图上标明的“正丹田”——“神室”“炁穴”“玄关”，关藏先天道炁之处。因它潜存之处虚而无形，但启用之时灵而有相，故又有称名玄关、玄窍、玄牝者。还有种种异名和美称：生身处，复命关，天地之根，玄牝之门，心源性海，“生死不相关之地”，等等。

---

① 《六祖坛经笺注》，丁福保注，齐鲁书社，2012。

② 同上。

内經圖

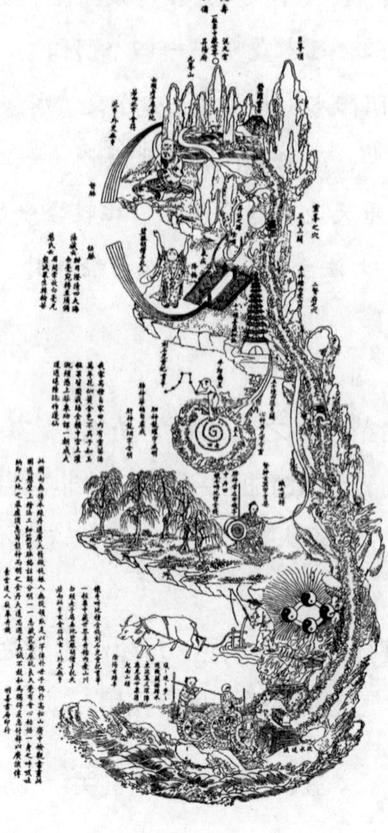

吕祖有一句名诗：“两重天地谁能配，四个阴阳我会排。”[1]解读者众说纷纭，莫衷一是！两重天地，清修者解读为先天与后天；双修者解读为男人和女人；虚无派解读为人体与虚空……这些解读都有些问题。只有把它结合吕祖老师之一崔希范真人的《天元入药镜》一起研读，才比较确切：“先天炁，后天气，得之者，常似醉。”[2]

两重天地：

①《吕洞宾全集》，刘体恕汇辑，华夏出版社，2009。

②崔希范等著：《入药镜·钟吕传道集》，上海古籍出版社，1989。

1. 先天炁。先天阴阳金（炁）木（神）并。金——水中金，坎中之满，元炁是也；木——离中虚，元神是也。金即庚辛金，庚金属阳，辛金属阴；木乃甲乙木，甲木属阳，乙木属阴——四个阴阳。

2. 后天气。后天阴阳水（肾）火（心）交。水、壬癸水，壬水属阳，癸水属阴。火、丙丁火，丙火属阳，丁火属阴——四个阴阳。

这样结合解读两重天地、四个阴阳，比较合乎吕祖原意！

本来“大道至简，大法至易”，一引入易经八卦，就把事情搞复杂了，弄得修道者恍兮惚兮！

下丹田肾区得父精母血之气的肾间动气，它有始有终，故与生死相关。正丹田关藏的先天元始祖炁道炁，并非来自父母，乃天命元神所禀，它无始无终，不生不灭，“天地有坏，这个不坏”[①]，生生化化，与天地终，故不与生死相关。

“气”为强身健体之质，“炁”乃超越生死之能，因而两者不可混为一谈，尽管炁、气互相关联，相资互用。

五、上玄关与下玄关

《性命圭旨》：“以生身之理言之，父母一念交媾（形成胚胎）之际，而圆陀陀、光灼灼先天一点灵光闯入母胞，如此⊙而已（太极真种）……先天一炁、混元至精。父母交罢，经血包于外，如此⊙而已，即吾儒所谓之太极也，由是而五脏六腑……究竟生身本原皆从太极中那一些发出来尔。”“炁一凝定，上结灵关，下结炁海。灵关（上玄关）藏觉灵性（元神），炁海（下玄关）藏生炁命（元炁）。性命虽分龙虎二弦，而性命之根则总持于祖窍之内。”[②]上弦属龙（性、神），下弦是虎（命、

① 黄帝著：《阴符经集释》，伊尹等注，中国书店，2013。

② 尹真人弟子：《性命圭旨》，上海古籍出版社，1989。

炁）；性根在上祖窍性宫，命根在下祖窍炁海。

玄关也是阴阳结构，分为存神的上玄关——关藏觉灵性的灵关，和藏炁的下玄关——关藏生命炁的炁穴。上玄关关藏的“本性灵光”，乃是修炼金丹的主宰或核心，故上玄关又称正玄关、广义玄关。下玄关又称狭义玄关，关藏的是“本命元炁”，就是修炼金丹的原料，非此不能聚炼金丹；因为元炁叫做“水中金”或“金炁”，以之凝炼成丹，故名金丹——人元金丹，火珠一粒。

下玄关常称初玄关、狭义玄关。黄元吉真人在《乐育堂语录》一书中把玄关分为“心之玄关”与“肾之玄关”，与此义同：“心有心之玄关（上），肾有肾之玄关（下）。忽然肾炁冲动，真机自现，此肾之玄关（现象）。（精至情来）以情归性，心神快畅，炁机大开，此心之玄关（现象）。”

阳光一现，上、下玄关和合为一，神炁和融而孕育真种，并修成玄关一窍——修道者的道场，也就是“得其一，万事毕”的“一”。有此“一”才能进行修道，无此“一”则修道二字免谈。

道无对待，独来独往；玄关一窍也是有独无对，道从中来。

正是：“一”字天下独为大，四方六合装不下；

老子传出“一”字诀，超越阴阳与八卦。

六、药产有时——玄关窍开此其时也

过来人曰：未开关，空打坐，没有麦子怎推磨？一点阳精，不在心肾，而在乎玄关一窍。只有玄关里面的“宝藏”才是凝炼金丹的药材——古今丹家们的共识：“药物生玄窍，火候发阳炉”；“得玄关者，即得药”；“玄关不开，圣胎不结”；“玄关一开，产出真种”。

玄关一窍的重要性怎么强调也不为过：“玄窍为体，百窍为用”；“得其一，万事毕。采取在此，交媾在此，烹炼在此，沐浴在此，温养在此，结胎在此，脱胎化形无不在此。”①

黄元吉真人《道德经讲义》开宗明义第一章：“学人下手之初，别无他术，唯一心端坐，万念悉捐，垂帘观照于心之下肾之上仿佛有个虚无窟子，神神相照，息息常归，任其一往一来，但以神炁两者凝住中宫（肚脐稍上处之黄庭）为主。不顷刻间，神炁打成一片矣。于是听其混混沌沌，不起一明觉心，久之恍恍惚惚，入于无何有之乡焉。斯时也，不知神之入炁、炁之入神，浑然一无人无我、何地何天景象，而又非昏聩也；若使昏聩，适成枯木死灰。修士于此，当灭动心，莫灭照心，唯是智而若愚，慧而不用。于无知无觉之际，忽然一觉而动，即太极开基。须知此一觉中，自自然然，不由感附，才是我本来真觉。道家谓之玄关妙窍，只在一呼一吸之间。……人欲修成正觉，唯此一觉而动之时，有个实实在在、的的确确、无念虑、无渣滓一个本来人在。故曰：天地有此一觉而生万物，人有此一觉（灵知、真意）而结金丹。但此一觉犹如电光石火，当前则是，转眼即非，所争只毫厘间耳。学者须于平时审得清，到机方能把得住。古来大觉如来亦无非此一觉积累而成也。……智人于玄关窍开时，一眼觑定，一手拿定，操存涵养不使须臾或离，所以直造无上根源，而成大觉金仙。”②

七、虚无一窍号玄关

陈撄宁会长曾言，丹法最要紧“玄关一窍”：“学者果能将玄窍之理论，一一贯通；玄窍之功夫般般实验，何患不能缩天地于壶中，运阴阳于掌内。”③

---

①《周易参同契》，中华书局，1970版。

② 黄元吉著，黄信阳主编：《道德经讲义·乐育堂语录》，蒋门马点校，宗教文化出版社，2003。

③ 陈撄宁原著，胡海牙总编，武国忠主编：《中华仙学养生》，华夏出版社，2006。

古真云：道法三千六百门，人人各执一苗根。谁知些子玄关窍，不在三千六百门。三千六百有为法门大都在“实窍（心、肾、丹田、泥丸等）”上做功夫。而玄窍是虚窍，乃无中生有之物，应当从何处下手去找呢？

吕祖云：“玄牝玄牝真玄牝，不在心兮不在肾，窍取生身受炁初，莫怪机关都泄尽。”① 跟钟祖师说的同样有点玄，仍然使人有些扑朔迷离：何谓生生受炁初？——只画龙，不点睛。

紫阳真人曰：“一孔玄关最幽深，非肾非心非脐轮，膀胱谷道空劳力，脾胃泥丸莫搜寻。”② 哪儿都不是，在身中具体之处寻找都不是，离开身中向外去找更不是！

古人有时也说了一个大致范围：“虚无一窍号玄关，正在人身天地间”；“水火二途分上下，玄关一窍在当中。”

丰祖亦言：“初打坐，学修炼，这个消息在玄关”；“玄关往来无定位，阴阳升降有时辰”。“黄庭一路即玄关”③，然而黄庭却有上、中、下之分。

丰祖又言，老子说“多言数穷，不如守中”；“内丹之谓中，窍中之窍也。窍中之窍，乃真中也。中为玄关。”好在他还明确了下手的功夫：“第一寻身中之中，脐下一寸三分处（外窍）。第二求不在身中之中……静极生动处（内窍），即以其身中之中求不在身中之中。”④或曰“静极生动，只这动处便是玄关。”玄关现象是活的，无中生有的，“静极生动处”，不是现成的；懒汉是无缘得睹玄关现象的。

明代李道纯也系“中”论者，它的著作就叫《中和集》：“夫玄关者，至玄至妙的机关也……难形笔舌，亦说不得（清），故曰玄关。所以圣

---

①《吕洞宾全集》，刘体恕汇辑，华夏出版社，2009。

② 张伯端：《悟真篇集注》，仇兆鳌集注，上海古籍出版社，1989。

③ 董沛文主编：《张三丰全集》，盛克琦、芮国华点校，华夏出版社，2010。

④ 同上。

人只书一中字示人。”[1]他所谓的“中”者，空也，虚也。“初无定位，今人多指脐轮，或指顶门，或指印堂，或指两肾中间，或指肾前脐后，以上皆是旁门。丹书云，玄关一窍，不在四维上下，不在内外偏旁，亦不在当中，四大五行不着之处是也。”《冯式锦囊》：“不依形而立，唯体道而生。”他们依然说得玄之又玄，就是不肯点破。

南五祖之一的石泰叙述的较为明白：“一孔玄关窍，三关要路头；忽然轻运动，神水自然流；心下肾上处，肝西肺左中；非肠非胃腑，一炁自流通。”在“静极生动”、一炁自流通处，得自己亲自去找。

西派宗师李涵虚的《道窍谈》：“玄关有死活之分。”“何谓死？以黄庭、气穴、丹田为此中，就是死的。以凝神聚炁，现出此中，就是活的。”[2]这与丰祖的说法颇为一致。

如此虚之又虚、玄之有玄，但却妙之又妙、中之又中的玄关现象，又应怎样下手去寻觅呢？其实古人早已给我们指明了下手的方向：假立定位假玄关；难以定位活玄关；功到机现真玄关。

“假立定位假玄关”，下手“第一寻身中之中，脐下一寸三分处（外窍）”，先假设我们的玄关就在那儿——借假（外窍）以修真（内窍）。“功到机现真玄关”，“凝神炁聚，现出此中”，即玄关现象（内窍成）。华阳禅师也有生动的描述：“炁发则成窍，机息则渺茫。”[3]玄关就在静极生动处——真炁萌发处。“于无知无觉之际，忽然一觉而动，即太极开基”——玄关现象！“智人于玄关窍开时，一眼觑定，一手拿定，操存涵养不使须臾或离，所以直造无上根源，而成大觉金仙。”[4]

由此可见，玄之又玄的玄关，乃“静极生动”“无中生有”之物，

---

① 李道纯等著：《道教五派丹法精选》，中医古籍出版社，1989。

② 董沛文主编：《圆峤内篇》，盛克琦点校，宗教文化出版社，2009。

③ 伍冲虚，柳华阳著：《伍柳天仙法脉》，静虚子校订，宗教文化出版社，2012。

④ 黄元吉著，黄信阳主编：《道德经讲义·乐育堂语录》，蒋门马点校，宗教文化出版社，2003。

得在实践中自己去亲证，不能偷懒！

玄关现象只是万里长征第一步，还须进一步修成“玄关一窍”，“得其一，万事毕”的“一”，自我体内修真证道的道场，才能进行采药炼丹。

八、活子时到玄关开

子时即午夜11时～1时，阴阳交替，阴极阳生——天地交泰，一阳初生，若此时练功，可得天助。此乃后天之固定子时。对修炼内丹者而言，更重要的是属于先天的“活子时！”，它不一定发生在午夜，后天精满气足之日，先天子时发生之时，随时都可以发生，故曰“活子时”。

古人对活子时论述甚丰：寂然不动感而通，窥见阴阳造化功；欲求大药为丹本，须认身中活子时；采药不必寻冬至，身中自有活子时；月到天心处，风来水面时；亦即无极而太极时，静极生动时！

随练功进程、阶段之不同，活子时的内涵亦不同，大致可分为：阳生活子时、药产活子时与周天活子时。其中“药产活子时”还可细分为，下玄关开的“命阳生（元炁萌发）活子时”与上玄关开的“性阳生（性光显现）活子时”，即活午时。

到了甚深层次，内真外应，人天相感，有“天机活子时”出现，这时需要好好把握！

阳生活子时：

经过入门有为法修补身体的“补亏”锻炼，至后天精气充足，气和血畅，下半夜会出现性兴奋或性冲动的晨勃现象，常称阳生活子时至，气冲阳关。此乃后天精气，非内丹药材，可顺其自然，俟其自然消失可矣。如果久勃不衰，也可试着“武火炼精”，采归黄庭伏藏。

阳关即精关。《研经言》认为，男性精关在脐下三寸关元穴，精宫在脐下二寸，精气自石门穴离宫，进入睾丸而致阳物勃起出现性冲动。比如凌晨3～5点钟，正是阳气壮旺之时，出现“阳兴”现象，可以不管它，守住丹田即可，阳兴现象会自然消失。为防止其精气漏泄，也可起坐“武火炼精”“采药归炉”，用意念+呼吸将欲外游的精气采归炉内，肚脐稍上的黄庭、中宫而伏藏，直到阳兴现象消失。

这时的阳生现象，多为生理反应，炁、气并呈的混元气，虽非炼丹的药材，能够壮健色身。

阳生活子时与药产活子时有明显区别：前者阳生勃起无快感；后者阳生、精生乐融融！

药产活子时：

所谓一阳初动的药产活子时，是指在虚极静笃的练功功态中，心如止水、一念不生，对境无心、一觉独灵，保持一个小时左右，“一阳来复”，下玄关初开的药产活子时至，先天元炁即冲关而出！此时立即勒住阳关以神意摄炁采入中宫黄庭，令神炁交媾，混沌圆融，当即内乐生起，快活恬愉，此是药产活子时的真景。

古人多次论述道：药产有时，玄关窍开，此其时也；无中出有还丹象，阴里生阳大道基；玄关火发杳冥，冲醒一灵独觉，玄关现象，不期而至。下玄关开命阳生、先天元炁萌发的活子时到，元炁冲关而出，玄关现象，谓之“得铅”。

“一阳初动即玄关，不必生疑不必难。正好临炉依口诀，自然有路透泥丸”；“脐下火发，两肾汤煎”，阴跷跳动，元炁萌发，阳物勃举……此时宜遵马天君所言：“一阳初动之时，运一点真汞（神光）于脐下迎之。”是为勒阳关之妙法也。即运神光下照以神念迎之，以期神入炁中，炁包神外，神炁融溶，育成药苗！此时身心舒畅，如痴如醉。“先天炁，后天气，得之者，常似醉！”①

① 崔希范等著：《入药镜·钟吕传道集》，上海古籍出版社，1989。

古人云：虚中一觉（性光显现），觉性显而玄关现；垂帘冥心守祖窍，见着性光是功夫。性阳生，活子时到，正玄关开，“阳光一现”，谓之“得汞”。

黄元吉《道德经讲义》：“性地初圆，谓之性阳生；后天则为性光见，大道称为精（汞精）阳生。”① 或曰“得汞”。此时须“神光终日照西川（下丹田、炁穴）”，从此精（汞精）入炁中，火降水里，再运天然神息，自阴跷摄入中宫，与离中之精（汞精）配合，自然水火既济，神炁扭结一团。如此则铅汞俱得而为真铅真汞。这般妙景，正如古人所述：一轮明月相为伴（性光光圆），午夜雷声独自知（丹田炁动）。——药产神知。

周天活子时：

玄关现，神炁交，真药孕，真种产。然后神光寂照坤宫而“调药”，随产随调，一直调到炁壮药灵，阳光一现，周天活子时到，玄关大开，即行河车搬运，周天烹炼，以去矿留金，炼成纯阳真炁，谓之金丹丹头，至300～360头满足，可令数十年来业已亏虚了的元炁，得以补足，添油接命，返还到十四五岁时那种精全、气全、神全的三全状态而返老还童，是谓人仙境界！

周天活子时至之盛景，十分丰富，故不尽相同；紫阳真人的描述尤其真切：“修炼至此，泥丸风生，绛宫月明，丹田火炽，谷海波澄，夹脊如车轮，四肢如山石，毛窍如浴之方起，骨脉如睡之正酣，精神如夫妇之欢合，魂魄如子母之留恋，此乃真境界也，非譬喻也。”②

吕祖诗曰：“花发拈花须仔细（初三新月，喻药苗初生，嫩不可采），月圆赏月莫迟延（十五月圆，喻暖炁融融，不老不嫩）。”③ 即行运转小周天炼精化炁而玉液还丹。

---

① 黄元吉著，黄信阳主编：《道德经讲义·乐育堂语录》，蒋门马点校，宗教文化出版社，2003。
② 张伯端：《悟真篇集注》，仇兆鳌集注，上海古籍出版社，1989。
③《吕洞宾全集》，刘体恕汇辑，华夏出版社，2009。

炁满药灵时，若不运转周天以炼精化炁，此时必情欲旺盛难禁，久之必因顺行入道而化为浊精，药老而失去烹炼价值，又得从头再来。

天机活子时：

修持进入甚深阶段，特别是丹产珠圆以后，十月怀胎、灵婴成长过程中，“内真外应，天人相感”时，会出现“天机活子时”，突然感到特别兴奋，或特别疲劳，四肢无力……异象，大多数是宇宙某种能量运行至此，“天机活子时”到，人天相感，必须立即练功，将其收归我有，不要当面错过！或动炼，或静坐，或入定……法无定法，需要智慧地把握！

九、得其一　万事毕

“有独无对，故曰一窍。”[①] 玄关一窍，修道者之道场。

虚中一觉，阳光一现，玄关现象，上玄关开而“无中生有”，性光光灿，阴鱼露脸。静中一动，脐下火发，玄关现象，下玄关开亦“无中生有”，元炁氤氲。上、下玄关现象，此时中宫黄婆为媒，从中穿针引线，令神炁相恋，再结良缘，和合为一，还原成太极真种，并修成玄关一窍，“无中生有”之道场，从此通天有路，修道有基——无中生有大道基。即此“功到机现”之时，一把抓住，“捉着元初那点真，万古千秋身不朽。”

阳光一现神炁相恋而合成玄关一窍之妙窍，“得其一，万事毕”的“一”，修道者之道场，即玄牝体立，窍门开阖，阖辟机缄自现，橐籥之相自成，“无孔笛颠倒两头吹”而自呼自吸，从此元炁氤氲，生生不息。

功夫至此则就比较容易读懂老子《道德经》第六章了：“谷神不死（元神虚灵不昧），是谓玄牝（元炁生生不息）。玄牝之门（一开一阖），是

① 董沛文主编：《圆峤内篇》，盛克琦点校，宗教文化出版社，2009。

为天地根（化生万物之泉源）。绵绵若存，用之不勤（而自勤），（化化无穷，生生不息）。”[①]

十、玄关一窍

古人曰：留得阳精，神仙现成。一点阳精，不在心肾，而在乎玄关一窍。自我修道的道场“玄关一窍”的重要性由此可见一斑。我们先来看看古代丹道名家、过来的人们对此的论述。

紫阳张真人最先对玄关一窍进行具体描述的，所下的“定义”得到丹家们一致公认：“此窍非凡窍，乾坤共合成，名为神炁穴，内有坎离精。”[②]

第一句“此窍非凡窍”，明言玄窍不是心、肾、丹田、泥凡等凡窍、实窍，乃无中生有的虚窍、灵窍。第二句“乾坤共合成，名为神炁穴”，指出乾与坤、性与命、神与炁单独凝聚时，都不能独自成窍。孤阴不生，独阳不长。只有神入炁中，炁包神外，神炁合融，乾坤互汇，二者和合才能形成窍穴——神炁穴、道场。末句“内有坎离精”，是说道场、神炁穴内，是坎精阴中之阳的真阳、金炁，和离精阳中之阴的真阴、木液，这对真阴真阳交媾才能生生不息，产生金精玉液“灵丹妙药”“白虎首经”而滋养脏腑，炼成人元金丹而“火珠成象”。

《道法会元》说：“此窍非凡窍，中中复一中。万神从此出，真炁与天通。”还有：“此窍非凡窍，阴阳共合成。名为二炁穴，内有真阳生。”其意义皆不出紫阳真人所述左右。

十一、玄牝之门——造化之器

“要得谷神长不死（元神虚灵不昧），须凭玄牝立根基（元炁生生

① 黄元吉著，黄信阳主编：《道德经讲义·乐育堂语录》，蒋门马点校，宗教文化出版社，2003。
② 《金丹四百字等》，《气功》杂志，浙江科技出版社，1989年第8期。

不息）。”①

元神与元炁，真铅与真汞，阴鱼与阳鱼，系“神仙夫妇”，有“两相知之微意”，此感则彼应，彼感则此应，这正如古人所言：“铅自能引汞，汞自能引铅，两般皆灵物，不用他人牵。”而由静寂中的元神真意（黄婆）引牵。

如果上玄关先开，阳光一现，阴鱼出现，性光光圆，即以神光下照坤宫去寻找她的另一半——阳鱼，氤氲元炁，找到了就能够阴阳和合，合为太极真种子，并修成玄关一窍。

修持者如果功理不明，功境不深，胎息不固，元神真意不灵，神炁不融，当然也就不能修成玄关一窍，还有可能各行其道而当面错过，白辛苦一场。

玄关一窍修成，立即启用，关门洞开，上为玄关、天门，下为牝户、地门。《养生秘汇讲义》：“玄即天也（神门），牝即地也（炁门），天地合而玄牝出（生生不息），玄牝出则阖辟成，一上一下，一往一来，旋循于虚无窟子，即玄牝之门也。”炁机从此生生不息，就能够对色身进行脱胎换骨地彻底改造而向上升华。

黄元吉真人说：“夫修丹之要在玄牝，玄牝乃真阴真阳混合而为太极者也。”“玄牝之门，是阴阳交媾之后，一元之炁氤氲，始有征兆。”又言：“神守玄宫，炁腾牝府，神炁交感，自然成真，与道为一，不死不生，是谓玄牝。”②

玄关、玄窍与玄牝密不可分，丹经多有明确论述。《脉望》：“玄牝无可名状，但阖辟始有动处。故即为门，为天地根，化化生生，其出无穷。”《悟真直指》：“谷神之动静，即玄牝之门也。这个门在人身四大不着之处，天地之正中，虚悬一穴，开阖有时，动静自然，

① 张伯端：《悟真篇集注》，仇兆鳌集注，上海古籍出版社，1989。

② 黄元吉著，黄信阳主编：《道德经讲义·乐育堂语录》，蒋门马点校，宗教文化出版社，2003。

号之曰玄关一窍，又号之众妙之门、玄牝之门，是为天地之根，盗机妙用，须依此处立基。”

静虚子谭立三先生多年前也曾著专文论述玄关与玄牝。文中言道，“时至神之”，“阳光一现”，神觉、觉，故曰玄关（现象），与此同时，神炁和合，蛰翕相依，炁气同根（于道），相资互用，阖辟机缄自现，橐籥之相自成，此种炁觉、觉及息觉、觉之相，故曰“玄牝”（现象）。玄关即玄牝也。也就是说，有息觉、觉之景——“胎息”；有炁觉、觉之景——下玄关开元炁萌发而“得药”；有神觉、觉之景——上玄关开阳光一现而“得全”；“三景齐全”必是真玄关、真玄牝无疑！

从内丹修持过程来看，下玄关开，先天一炁萌发，得孕药景，静寂药孕。虚中一觉，上玄关开，阳光一现，神光下照，神炁相抱，即调药也。一直调到药旺神知，周天活子时至而河车搬运，以烹以炼，炼精化炁，去矿留金，炼成纯阳真炁而玉液还丹，进一步炼炁化神金液还丹而育成道胎。如此而已，岂有它哉！

十二、人老原来有药医

“人老原来有药医！”此为张三丰祖师名言，这个药就是潜藏在“玄关”里面的“灵丹妙药”、潜存的“金矿”！绝大多数人不知道这个天大的秘密，老是端着金碗把饭讨，真是可怜又可笑！下面举几则古今例子，以嗣丹道爱好者。

南宗祖师紫阳真人张伯端，修道数十年，仍然在昆仑山脚下徘徊，怎么也找不到登峰之路，苦恼万分。正如他在诗中所写：“任君聪明过颜闵，未遇真师莫强猜！”

皇天不负有心人，终于在他 82 岁那年，才在成都遇到吕祖的师弟（或言弟子）、燕国宰相刘海蟾传于金丹大道，点明玄关、玄窍、玄牝与活子时……修至玄关窍开，妙药产出——其情其景，文中已经叙述，终成一代宗师，并写出了《悟真篇》《金丹四百字》等丹道经典而光耀万古！

可见“家家（身家）有个家家（人人）有，只是愚人识不全”的“金矿”，一直在吾人色身中潜存着，与年龄大小无关，随时都等待着我们去开发利用。如果我们不去开发，这个“金矿”最后则随人老物化而去，导致我们人身智慧与潜能的最大浪费！

老徒弟某某，如今 97 岁，仍然身康体健，耳聪目明，精神奕奕。前不久我们一行人去看望他，他要上卫生间，老旧的卫生间没有坐便器只有蹲位，我担心他蹲不稳，谁知他一蹲就下去了，像年轻人一样，我都办不到。医生给他摸脉：20 岁年轻人的脉象！

他倒是练功多年，也有一定成效。跟随我改炼丹功后，78 岁那年，下玄关开了，阳刚真炁冲关而出，元炁在下丹田氤氲回旋不已，情欲猛增，如古人的形容似“猛虎出林”，势不可挡。那时还不懂“武火炼精”，勒阳关采药归炉，沐浴温养，而致情欲难禁，只好去找老伴顺行人道，“只羡鸳鸯不羡仙”了！因相距遥远，他每三五个月给我写个汇报：老伴说你这么搞的，比年轻时还厉害，射的是精水还是开水！这一射前功尽弃，事后又懊恼不已！只好重新筑基……半年后玄关又开，又管不住自己了，之前的故事又重演了一遍！

后来老伴跌了一跤，腿骨骨折了；由于平日看书，了知此时须武火炼精、采药归炉，终于过了此关，才有今日成果，轻松地过百岁乃去。

某大公司高工，比我年龄还大一点，身体差得别人在他耳边说话重一点，他都要晕倒。那时恰逢气功大潮，也去炼了不少有为法功法，效果不大。后又改炼丹功，终致玄关开了，感到有一团“真火”从会阴燃起，并迅速烧遍全身，骨头都烧得轧轧作响，从此完全换了一个人。

我举古今这几个实例，是说明人体潜能“道炁”“金矿”始终潜存着，不会因年龄老去而消失，随时都可以开发利用，而且当下起用，立竿见影！！

有诗为证：晚年闻大道，百岁证金仙！随时可修道，莫叹桑榆晚！

对联选编

生吾者道，活我者神。理可顿悟，事贵渐修。

把握阴阳，扭转乾坤。我眼本明，因师故瞎。

道存邪正，师有真伪。有求皆苦，无欲则刚。

体虚气运，心死神活。放下便是，动念皆非。

智者无为，愚人自缚。迷生寂乱，悟无好恶。

上德不德，大我无我。变化器质，锻炼身心。

道为无极，器有阴阳。无碍是道，觉妄曰修。

道尚自然，佛讲因缘。无骨为贱，无学为贫。

有道即富，有愿即贵。

不被诸境惑，方名自由人。受苦是了苦，享福是消福。

亭非邀翠入，山自送青来。小屋容我静，大地任人忙。

为善者心安，有德者天助。无相方称性，有情便是心。

辛勤二三载，快活千万劫。脐蒂乃仙蒂，命门即死门。

清者浊之源，动者静之基。处无为之事，行不言之教。

巧从花下路，引进洞中天。无求卑亦贵，知足欠还盈。

粗尝宁知味，细嚼始见香。四大原无实，诸根岂有真。

作伴云和月，为邻虚与空。有为生世法，无为显天机。

天书无一字，真经本来空。风雨闹人事，逍遥悟禅机。

观物外之物，思身后之身。虚则无挂碍，空能生妙有。

本来无挂碍，随处任方圆。心清水现月，意定天无云。

不俗即仙骨，多情乃佛心。空何妨色在，妙岂废身存。

夏去休言暑，冬来始讲寒。五蕴明明幻，诸缘处处痴。

迷时三界有，悟后十方空。慈悲生祸害，方便出下流。

本来无束缚，何须求解脱。登涅槃山顶，行无上佛道。

迷悟只一途，凡圣无二路。青山常不动，白云任去来。

且向自身中，识取本面目。远离依他起，即是圆成实。

读经贫里乐，修定静中忙。在此境界中，方知其中味。

唯愿人皆健，何妨我独贫。

真能三身成就，可曰佛学到家。真性不落思维，妄心本无处所。

万法由心而生，一切为识所造。大道唯简为易，小术愈繁愈难。

性命之道双圆，形神之真俱妙。打开玄关识锁，参见本来面目。

还天地以正气，立大功于国家。

断除烦恼重增病，趋向真如亦是邪。

以出世精神度己，做入世事业度人。

梦里说梦重重梦，家外忘家处处家。

兴去不妨归静虑，情来何止发真疯。

与人有法还同妄，执我无心总是痴。

欲除烦恼须无我，各有来因莫羡人。

性从偏处克将去，心自放时收回来。

一念动时皆是火，万缘歇处即生春。

涉有则一念清净，居空而万行繁兴。

无情何必生斯世，有心终须累此身。

且教妄念同灰尽，直令真心并日悬。

一方土净方方净，当念心真念念真。

处己何妨真面目，待人总要大肚皮。
先向肾中求造化，再从心地觅先天。
道向无为为处为，丹从不炼炼中炼。
不离文字难为道，尽舍语言始是经。
每当天地交合时，盗取阴阳造化机。
吞吐天地息长久，呼吸宇宙气永存。
养成大拙方为巧，学到如愚始见奇。
且随春风归洞府，勿留遗憾在人间。
至药无根得地生，灵杆有节通天去。
心在灵关身有主，气归元海寿无穷。
荆棘丛中下足易，月明帘下转身难。
不知佛法无多子，空逐名言堕有无。
无人无我观自在，非空非色见如来。
浑身是病浑身药，心地开花心地春。
须知灵动动亦静，原来大定定还忙。
不来不去称方便，无言无说露玄关。
知缘无实名何碍，达妄无依念自平。
凿开天外长生地，炼就身中不死丹。
苦乐双忘名极乐，死生俱尽说无生。
坐破蒲团觅自性，澄清定水现真心。
秋似美人无碍瘦，山如好友不嫌多。
温室佳卉不禁冷，野外娇花却耐寒。
莫道正邪皆归死，须信清浊各异书。
凡事从认真上做，为人从吃苦中来。
因果分明休问佛，行藏自信罢占书。
水为能下方成海，山不矜高自极天。

佛不能代尔解脱，法可以使人升华。

一失足成千古恨，再回头是百年身。

研身心内真学问，做宇宙间妙文章。

心术不可得罪于天地；言行要留好样与儿孙。

气脉真通，色即是空；智慧现前，空即是色。

道本无多，路标很多；法无差别，悟解有别。

大智若愚，大邪若正；异教同理，异域同天。

法身无相，法眼无暇；真佛无形，真道无名。

妄也不取，真也不立；智而不为，慧而不用。

无极为空，无为为法；心净得药，心定得丹。

一法不立，无法不融；心机无为，天机自转。

道通身乐，气通身笑；不患不成，唯患不勤。

天人一理，一此阴阳；医易同源，同此变化。

人在道中，无所谓失；道在人中，无所谓得。

潜神于心，心中有道；聚气于身，身中有妙。

头头是道，归元无二；法法皆通，方便多门。

豁然大悟，不空而空；放下便是，不定自定。

回头是岸，岸在哪里？举足即路，路现眼前。

性自真空，缘起无常；识连根尘，空也非真。

生者寄也，破空而来；死者归矣，还虚而去。

菩提烦恼，冰缘自水；涅槃生死，法即是空。

三界唯心，诸相皆幻；万法实有，众象亦真。

色身无常，有生有灭；法体有妙，无知无觉。

善恶相报，如影随形；祸福无门，唯人自招。

法不孤起，仗境方生；道不虚行，遇缘则应。
守无为之道，一念不生；得自然之理，万惑俱息。
性无来去，曰空空之心；命有修证，系深深之息。
本寂之体，如来藏无为；本智之用，世间法有作。
横身三界外，已经息妄；独脱万机前，更莫觅真。
色即是空，破掉旧皮囊；空即是色，立起新道器。
性无染着，欲界是仙都；心有挂碍，乐境成苦海。

意静无形迹，入于混沌，返归自然；
气动有作为，重立性命，再造乾坤。

本有珍宝，昔时迷之，故似失非失；
自家心珠，今日现也，曰无得为得。

一勺水便具四海水味，世法不必尽尝；
千江月总是一轮月光，心珠宜当独明。

因人言起悟，悟还有迷，不如我悟了了；
以外境而得，得还复失，还须自得休休。

炼精气神以保其身，命根永固，不生不死；
持戒定慧而虚其心，性体常明，无去无来。

世间万象，以俗眼观，纷纷各异，难加分别；
人伦众情，用慧目看，种种是常，无须取舍。

真正的健康，只有人味，没有臭味，赤血化白乳；
最大的福德，始于悟道，终于证道，无意跻圣阶。

妙高顶上，从来不许商量；第二峰头，诸祖略容话会。

真修不必勤，勤即近执着；实修不得忘，忘必落无明。

大道无形，迷之则生死始；元神有智，悟之者轮回息。

盗天地之机，合性命双修；夺阴阳之妙，炼魂魄一体。

法法法本无法，法即自性；空空空不落空，空乃实相。

生搬周易参同契，前途有限；硬套万古丹经王，后患无穷。

道气自冲虚，老子长生在采药；禅机原活泼，如来不语且拈花。

天书无一字，道可道，非常道；真经本来空，名可名，非常名。

休心于恬淡之乡，共宇宙浑融；息智于虚无之境，与阴阳同德。

失却自性，身虽出家，心未入道；找回本元，近具根中，远该诸法。

修持金丹大道，莫管它五眼六通；习练旁门小术，必使你七颠八倒。

道家重命，命依性修，道乃佛也；佛家主性，性以命立，僧即仙矣。

天道无为而寡欲，所以天长地久；人智有作且多妄，故此人生短暂。

意凝气凝神凝，炉中炼就长生药；念住息住脉住，鼎内修成不坏身。

勤修戒定慧，由信生解，由解立行，由行以证无上道果；

熄灭贪嗔痴，因破而显，因显而悟，因悟而入菩提境界。

老子用演绎术，简要指示出天命道体，和阴阳造化之机；

佛祖以归纳法，精详分析了自性真心，及宇宙生成之理。

英雄可以征服天下，征服天下易，英雄易当——易当勿当；

圣人能够战胜自己，战胜自己难，圣人难学——难学亦学！

结束语

人体生命内能之气的几大来源

人体生命内能，粗分为后天之氣（生物能）与先天之炁（生物超能、核能）。前者为强身健体之能，有为而有以为；后者具脱胎换骨之功，无为而无不为——大有为。

下手兴工健康色身的后天“精氣（气）”，系米字旁，乃后天五谷营养精华所化，与意识、呼吸相关——一呼一吸，一生一灭。先天之炁来自先天，藏于人体玄关里面，与意识、呼吸无关。后天之息一呼一吸，故一生一灭；先天元息不呼不吸，故不生不灭。

先天元息又称“胎息”，又分为尚未结胎的粗胎息或初胎息，与大周天丹产珠圆之后的真胎息。真胎息无息！无息则不再消耗元炁，只要一口炁在，生命就会长存！

入门下手首先修持后天精气，培元补气，精气充足，精力旺盛，“正气存内，邪不可干”，自然诸邪难侵，身康体健，打下继续深造的“脱胎换骨”之基！

对于中老年一心奉道者，经络不够畅通，脏腑功能欠佳，首先得充实后天精气！充分运用中医药疏通经络、培元补气的功能，以理顺气机，止漏补亏！

强化脾胃功能，增进五谷营养，凝聚阴精，为尔后的炼精化气打好物质基础。故此阶段要特别注重营养，忌讳饮食过于清淡。我们看看自己的前辈、周围的健康老人，凡是长寿者，一定是从不择食、食欲旺盛者，从古至今无一例外！《二百五十岁老人李青云传》中的李老，军阀杨森把他老人家请到万县县城，在众目睽睽之下连吃了三碗饭……[①]

脾胃不健，营养不足，阴精不盛，炼精化氣没有物质基础，对于中、老年人必然难以重建青春，何遑返老还童！

动练脊柱，青春常驻。脊柱内里的脊髓红细胞，终生保有造血机能，其血液的品质决定着吾人色身的健康状况。故各种动功皆宜围绕脊柱而练为妙！

百病生于气也！生于肾水干涸，化气不足，如此则水（肾气）不涵木（肝气），木不生火（心气），火不生金（肺气），金不生水（肾气），致使人体生理处于恶性循环之中，生理功能因而每况愈下。故此根本的根本在于充足肾水！

肾水主要来自何处？——足底涌泉！

人老先老腿。人们由于年纪老了，腿部经络逐渐闭塞，涌泉之水难以上达，致使下丹田肾水逐渐干涸，肾气随之亏虚而致百病资生！解决之道也很简单：站桩！

一旦经络站通，阴灵的泉水上潮入丹田，令肾水渐渐充足起来，化为肾间动气，循任督斡运全身，从而滋水涵木，木而生火……气机运化渐趋正常，人之生理遂而能够重返良性循环状态而身康体健！

苏元朗真人名言："精自足底生，涌泉通会阴；左肾右命门，肾精始发生。"张三丰祖师："蒙师传我一段功，先从足底涌泉冲……"可见站桩之重要性！

华阳禅师说：呼吸之火，可以化后天谷精为阴精、元精，以健康色身！

---

① 刘成勋："忆二百五十六岁的长寿老人李庆远（即李青云）"，《气功》杂志，浙江科技出版社，1986年第6期。

阴精来自何处？——五脏的气化功能！后天五谷精华经五脏的提炼、升华，除了强化自身功能之外，多余部分由经络系统流注入命门下面的元精穴而储存起来，化为阴精，是为后天气的“五气朝元”。如此日集月储，阴精、肾气充足，必情欲旺盛，“顺则凡，逆则仙，只在之间颠倒颠”，亟须以武火炼精，意念加呼吸将其提向肚脐稍上之中宫黄庭，以正念炼去杂质，化阴精为元精，平息向外冲动之欲望，用文火令其伏藏不动，元精遂变而为元炁，实现初步的后天气之炼精化炁。动为元精，静为元炁！

呼吸，儒、释、道、武、医下手功夫修持的不二法门！佛家修身法门叫“安般守意”，具体为《六妙法门》——数息入门。道家强调“守窍调息”，至“息调”而入门。两家下手修持之根本区别在于，佛家以“明心见性”为宗，不太注重“臭皮囊”，认为色身迟早都要丢弃，迟丢早丢无所谓，所以不主张“守窍”，只需数息而随息，息调则“心平气和”，气和则身康体健。

道家则不然，强调性命双修，必须“守窍调息”，由调息至息调而致开“玄关”，开发出不生不灭的先天元炁“生物超能、核能”，将色身改造成百病难侵的金刚不坏之体，达到老子的长生久视实诣，再修持至佛祖不生不灭的究竟境界；没有道家长生久视功夫为实诣，佛家的不生不灭则虚而不实！

伍冲虚真人：“达观往昔千千圣，呼吸分明了却仙！”大道至简，从一呼一吸的后天之气，炼至不呼不吸之先天之炁，即入道门了。大法至易，自始至终在“呼吸”二字上做功夫！凡有空闲，不论行、住、坐、卧，便守窍调息，持之以恒，日久功深，必然由浅呼吸而致深呼吸，由每分钟十七八次（80～100岁）悠慢到十来次、三五次（乌龟每分钟呼吸五次，可活到300岁左右）的“龟息”状态，健康长寿不期而至！

持之以恒，日久功深，有朝一日，不加任何意念，便深长地“自呼自吸”起来，这便意味着关藏先天元炁的玄关开了一条缝了，元炁逐渐透露出来，露出了“阖辟机缄”，丹田开阖的内动力，并形成由外呼吸升华至内呼吸的“橐籥现象”，“无孔笛颠倒两头吹”，遂而由后天气之“人练气”而达炁气浑圆之“炁炼人”层次而更上一层楼，此时即进入十二时中不炼自炼的甚深境界，人之生理亦同步发生质的变化！

丹田呼吸日益增强，会感到“心”（心炁）不断地向下沉降……直到沉入下丹田，实现了真正的“心肾相交”，杂念则不消而自消！

另一种情况则是，丹田呼吸，穴位呼吸，毛孔呼吸——体呼吸形成，直接“不采自采”而采摄宇宙元炁入体，修持者则成为一个炁球似的，就不需要经络之气来维持生理过程，自然“息停脉住”，“息不止则念不止，息一定则念即定！”，此时修持者即是想起一点杂念都起不来。

达此境界，静中一动，玄关窍开，药苗即产，进入大道之门。

华阳禅师：“玄关一开永开，运行自有径路。”——一条长生久视的坦途呈现面前：小周天炼精化炁一百天，玉液还丹成就人仙；大周天入圜七天，金液还丹成就地仙；经“十月怀胎”而仙胎分娩，阳神、法身出现，成就“道生一”之“一”，超越阴阳、五行而成之唯一阳神，地藏王菩萨拜拜。

“大道至简，大法至易。”古真们没有欺骗我们，之所以“修道者如牛毛，得道者如麟角”，成了不肖子孙，原因也是多方面的，得自己仔细斟酌，以去伪存真。

“我眼本明，因师故瞎！”不要盲目拜师，拜到只知道要钱、要弟子供养的歪师、刁师，花点钱无所谓，对于中老年人时间耗不起，拜错菩萨走错庙，空来人世间一遭！

“一念至诚，真师来临！”有缘遇到真师，传以真法，法财侣地条件具备，并进行真修，一真一切真，“辛苦二三载，快活千万年（吕祖语）”，即使“笨”一点，两个或三个“辛苦二三载”，完全有希望成就人仙（基础）、地仙！

至于八八六十四岁以后的老年奉道者，所谓卦气已尽，剩点余气在苟延残喘，就困难一些。得先救命，再论补益，一直补益到能生儿育女而重建青春，才有资格谈论修炼。这条路比较艰苦，而且没有捷径可走，只能踏踏实实、一步一印进行修持，仍然可望登上昆仑峰顶，去陪老子弈棋！

吕祖六十四岁才遇到钟离祖师；张三丰“六十七岁入终南，幸遇火龙把道传”；紫阳真人八十二岁才得到刘海蟾真人的点化，而成为南宗初祖。所以年龄老大者也不必气馁，祖师们不但给我们树立了榜样，还写成了经典著作，架起了通天灵梯，我们不去攀登，真是该打屁股！

存诚子曾庆余于成都存诚斋

2022.07.14